Aurelio Pace | Carlo Di Pietro

GENDER:

ASCESA E DITTATURA DELLA TEORIA CHE "NON ESISTE"

****

La storia, l'evoluzione, i dati, la verità

Gender: ascesa e dittatura della teoria che "non esiste"
di Aurelio Pace e Carlo Di Pietro

Prima stampa della Prima Edizione
Mese di Febbraio 2016

ISBN-13: 978-1522772538
ISBN-10: 1522772537

1. Introduzione

Cosa c'è di vero sulla cosiddetta "teoria del gender"? Nasciamo maschi o femmine, oppure siamo esseri "neutri" che decideranno, in futuro, a quale "genere" (*Gender*) appartenere? Siamo due visionari? Possiamo definirci due pericolosissimi "omofobi"? Siamo come Don Chisciotte della Mancia? Combattiamo forse contro i mulini a vento? A queste ed a tante altre domande, spesso sollecitate da alcuni gruppi di pressione, siamo tenuti a rispondere, quantomeno per educazione.

Abbiamo deciso di farlo, scrivendo questo libro, semplice il più possibile, divulgativo, corredato da immagini, didascalie e cronaca fedele. Un testo adatto a tutti, dove non troverete giri di parole, comizi in "politichese" e ridondanti soliloqui confusionari. È nostra intenzione, invece, raccontare la verità citando dati e fatti, provando a dimostrare l'evidenza.

Oggi sembra proprio questa la difficoltà principale: provare a dimostrare l'evidenza anche a chi non vuol più riconoscerla tale. Così G. K. Chesterton[1] rifletteva agli inizi del 1900: «La grande marcia della distruzione intellettuale proseguirà. Tutto sarà negato. Tutto diventerà un credo. È una posizione ragionevole negare le pietre della strada; diventerà un dogma religioso riaffermarle. È una tesi razionale quella che ci vuole tutti immersi in un sogno; sarà una forma assennata di misticismo asserire che siamo tutti svegli. Fuochi verranno attizzati per testimoniare che due più due fa quattro. Spade saranno sguainate

---

1 Gilbert Keith Chesterton (Londra, 29 maggio 1874 - Beaconsfield, 14 giugno 1936) è stato uno scrittore, giornalista ed aforista inglese. Scrisse un gran numero di opere di vario genere: romanzi, racconti, poesie, biografie e opere teatrali. Amò molto il paradosso e la polemica.

per dimostrare che le foglie sono verdi in estate. Noi ci ritroveremo a difendere non solo le incredibili virtù e l'incredibile sensatezza della vita umana, ma qualcosa di ancora più incredibile, questo immenso, impossibile universo che ci fissa in volto»[2].

Cominciamo con una breve presentazione. Siamo due uomini quasi quarantenni, classe 1976. Un avvocato (Aurelio Pace) ed un giornalista (Carlo Di Pietro). Il primo ha deciso di dedicare la sua vita innanzitutto alla famiglia, poi alla professione ed alla politica (oggi è Consigliere regionale di Basilicata); il secondo è impegnato nell'editoria ed ha scritto poco più di due decine di libri come autore e pubblicati altrettanti come editore.

Ci conosciamo da tempo e condividiamo alcuni interessi; con l'aiuto di Dio e con le nostre forze proviamo a vivere, non senza difficoltà e facendo i conti con le tante contraddizioni dell'era presente, coerentemente la nostra esistenza.

Nel Giugno del 2015, in una sera d'inizio estate, all'ora in cui il fresco delle nostre montagne stempera il caldo estivo che si fa strada, ci siamo guardati in faccia ed abbiamo pensato che forse avremmo potuto fare di più per testimoniare, con l'azione e la divulgazione, le nostre ricerche sul *Gender*. Allora perché non cominciare dalla nostra piccola Regione: la Lucania? Terra di luce, dalla storia millenaria e dalle profonde radici cristiane.

Si suppone che un politico debba lavorare per il bene comune e che un giornalista debba raccontare la verità. Pertanto, perché non riflettere insieme su queste rispettive missioni ed unire le forze per un fine nobile: la difesa dei più deboli, a cominciare dai bambini; la tutela delle famiglie, soprattutto delle più sfortunate; dare forza a chi non ha voce?

Da queste nostre intenzioni, è partita così una riflessione su cosa, oggigiorno, può rappresentare un ostacolo al raggiungimento della felicità per i bambini, per le famiglie e per i meno favoriti. Dobbiamo impegnarci per fermarli, ci siamo detti,

---

2 G. K. Chesterton, *Eretici*, Lindau, Torino, 2010, pp. 242-243 (originale del 1905).

per dare il nostro piccolissimo contributo contro il triste declino di un mondo che appare stanco, distratto e troppo avidamente individualista. "Persona" non è "individuo"; la vita ordinariamente non è una passeggiata solitaria, ma un'esaltante esperienza collettiva.

Non è nostra intenzione puntare il dito, tuttavia, dovendo scrivere di cronache contemporanee, non mancheranno nomi e cognomi. Non ci riteniamo due oracoli e non vogliamo scrivere un libro di prediche e sermoni, la nostra intenzione, una sola, è evidente: informare.

Secondo alcuni, la nostra sarebbe una «nuova crociata dei fanatici cattolici contro le persone gay, lesbiche, trans»[3], presto capirete i motivi di questa e tante altre mendaci affermazioni. Il noto sito *LGBT News Italia* scrive: «mozione omofoba Basilicata: Il consiglio regionale approva mozione omofoba proposta e sponsorizzata dall'associazione antigay *ProVita*. Tra i firmatari, insieme alle destre e ai centristi, anche un esponente del PD. Delirio dell'esponente dei Popolari: *La teoria del gender vuole che tutti noi, compresi i bambini, non diciamo più "io sono maschio" o "io sono femmina", ma "io sono come mi sento"*. Ai bambini non si potrà fare educazione al rispetto. Putin scelto come modello politico dagli omofobi italiani».

Dispiace leggere le parole dell'editorialista, Alberto de Lupis, che parla di "deliri", di "fanatici", di "omofobi", di "antigay", di "crociata", soprattutto perché questi non ci conosce, non ci frequenta, non vive la nostra realtà: giudica pretestuosamente la nostra azione ed il nostro pensiero. Dimostra, così, di sfuggire al dialogo, cedendo al rischio, tutto ideologico, del pregiudizio.

Umilmente ci rimettiamo, pertanto, al giudizio di voi lettori, sperando di aver prodotto un onesto lavoro di ricerca.

---

3   *http://www.lgbtnewsitalia.com/2015_07_31_mozione-omofoba-basilicata-il-consigliere-omofobo-il-gender-vuole-vietarci-di-definirci-maschio-o-femmina/*

Iniziamo con un'immagine esemplificativa dove si ritraggono, oltre alla tradizionale famiglia composta da padre - madre - figli, nuovi modelli di "famiglia *Gender*" che alcuni gruppi di pressione vorrebbero imporre alla società, talvolta violando e/o ignorando scientemente le vigenti leggi:

È evidente che alcuni vogliono anteporre gli interessi di pochi ai diritti dei molti. Siamo dinanzi ad un vero scontro tra due modelli di società: uno basato sull'assenza di regole e fortemente favorito da ristretti gruppi di potere, ed uno che coniuga libertà e responsabilità nella famiglia, radice profonda della prosperità delle comunità.

2. La famigerata "mozione omofoba". La Basilicata prima di tutti

Abbiamo pocanzi citato le parole di *LGBT News Italia*. Perché l'editorialista de Lupis parla di "mozione omofoba Basilicata", di "delirio" e di "fanatismo"?

Non è tutto, addirittura secondo il sito *Gayburg* «La Regione Basilicata approva una mozione che introduce l'omofobia nella scuole. Anche alcuni consiglieri PD votano a favore»[4]. Prosegue: «La Basilicata non è più un posto sicuro per i ragazzi gay. Il Consiglio regionale ha infatti approvato una abominevole mozione volta a vietare ciò che non esiste (ossia una fantomatica "ideologia gender") e ad imporre lezioni di discriminazione nelle scuole. La mozione invita infatti ad abolire qualunque contrasto all'omofobia e ad indottrinare all'odio gli studenti». Infine elenca i presunti «colpevoli» di questo fantomatico «indottrinamento secondo i dettami decisi dall'estrema destra e dai cattolici»: «mozione […] approvata con otto voti a favore e sei contrari. A chiedere la fine di qualunque contrasto al bullismo e di qualunque insegnamento al rispetto troviamo Pace (Popolari - Gm), Rosa (Fratelli d'Italia), Napoli (Forza Italia), Mollica (Udc), Bradascio (Pp), Spada (PD), Galante (RI), Castelgrande (PD)».

Questi sono solo degli esempi di come alcuni - che si autoproclamano paladini dei "diritti LGBT" - hanno etichettato la democratica decisione del Consiglio regionale di Basilicata di tutelare il più possibile bambini e famiglie, vietando l'indottrinamento gender nelle scuole.

---

4   *http://gayburg.blogspot.it/2015/07/la-regione-basilicata-approva-una.html*

Basta fare una semplice ricerca su *Google* - usando le parole «Basilicata omofoba» - per imbattersi in centinaia di offese, diffamazioni, minacce, istigazioni alla violenza. Questo succede quando si abusa dei mezzi di comunicazione, usandoli come giocattoli personali, incuranti delle conseguenze pratiche. Grazie a Dio, questo modo di fare è tipico di ristretti gruppi di persone che, per convenzione, vengono definiti "omosessualisti". Le cronache contemporanee e la scienza distinguono, difatti, l'"universo omosessuale" in: a) soggetti con orientamento omosessuale; b) soggetti con comportamento omosessuale; c) gay; d) omosessualisti. Sono proprio questi ultimi che solitamente si scagliano con maggior veemenza ed irragionevolezza contro uomini e donne di opinione contrapposta. L'omosessualismo si configura come un movimento ideologizzato, spesso "abitato" anche da soggetti eterosessuali sovente anticlericali ed insofferenti alle regole, secondo cui il comportamento omosessuale deve essere sempre oggetto di orgoglio e vanto, mai di critica e mai di ponderata valutazione. Secondo loro non è ammissibile il confronto sul tema, bensì il mondo dovrebbe sottostare a determinati diktat: l'omosessualità è giusta, è bella, le persone omosessuali hanno diritto a sposarsi, ad adottare bambini, generalmente a prevaricare la "norma". Di questo ne parleremo in seguito.

Torniamo indietro, a quella sera del Giugno 2015. A fronte di anni di studi ed approfondimenti, davanti alla discutibile riforma che di lì a poco stava per abbattersi su docenti e giovanissimi studenti italiani ("La Buona Scuola"), abbiamo pensato di scrivere una mozione - la famigerata «mozione omofoba» - utile alla naturale e non ideologizzata formazione dei bambini, scevra dal pregiudizio e basata su diritto e buon senso. Diceva Chesterton: "La cosa più saggia del mondo è gridare prima del danno. Gridare dopo che il danno è avvenuto non serve a nulla, specie se il danno è una ferita mortale"[5].

Fra email, libri, articoli, riviste, video di testimonianze, madri disperate, padri preoccupati, tanta buona volontà e con oneste intenzioni, abbiamo scritto una mozione, presentata poi in Consiglio regionale di Basilicata da 9 Consiglieri firmatari, approvata definitivamente il 28 Luglio 2015. Una mozione - nota come "mozione Pace" - trasversale, redatta anche grazie alla consulenza esterna di *ProVita* e di altre Associazioni, con cui la Regione Basilicata ha dimostrato che anche nelle Istituzioni il buon senso può prevalere sulle preclusioni ideologiche, un buon senso che va d'accordo col vigente diritto.

Cosa prevede questa mozione? Si propone l'intento di impegnarsi affinché nelle scuole di ogni ordine e grado in Basilicata:

"- non venga introdotta la "teoria del gender" e che venga rispettato il ruolo della famiglia nell'educazione all'affettività e alla sessualità, riconoscendo il suo diritto prioritario ai sensi dell'art. 26 della Dichiarazione Universale dei Diritti dell'Uomo e dei decreti che riconoscono le scelte educative dei genitori (artt. 1.2, 3.3 e 4.1 del DPR 275/99, art. 3 del DPR 235/97, artt. 2.3, 2.6 e 3 del DPR235/2007 e il Prot. AOODGOS n. 3214 del 22.11.2012);

"- sia oggetto di spiegazione e di studio la ragione per la quale la nostra Costituzione, all'art.29, privilegi la "famiglia come società naturale fondata sul matrimonio", della quale "riconosce" gli speciali diritti, diversamente da ogni altro tipo di unione;

"- si educhi a riconoscere il valore e la bellezza della differenza sessuale e della complementarietà biologica, funzionale, psicologica e sociale che ne consegue. In questo modo gli studenti impareranno anche che la madre e il padre, nella famiglia, ancor più che nel mondo del lavoro o in altri contesti, apportano la loro propria ed insostituibile ricchezza specifica;

---

5 G. K. Chesterton, *Eugenetica e altri malanni*, Cantagalli, Bologna, 2008, p. 59.

«- si educhi al rispetto del corpo altrui ed al rispetto dei tempi della propria maturazione sessuale ed affettiva. Questo implica che si tenga conto delle specificità neurofisiologiche e psicologiche dei ragazzi e delle ragazze in modo da accompagnarli nella loro crescita in maniera sana e responsabile, prevedendo corsi di educazione all'affettività e alla sessualità, concordati con i genitori e non imposti senza alcuna informazione al riguardo e senza consenso esplicito e consapevole».

L'approvazione di questa «abominevole mozione» - al dire di alcuni "blogger" - «volta a vietare ciò che non esiste (ossia una fantomatica "ideologia gender") e ad imporre lezioni di discriminazione nelle scuole», renderebbe «la Basilicata un posto non più sicuro per i ragazzi gay».

Non solo ad oggi non ci risultano, per fortuna, fenomeni di aggressione e/o discriminazione LGBT, non solo non esistono fenomeni migratori di massa dei «ragazzi gay della Basilicata», ma addirittura il Sindaco di Potenza (Capoluogo di Regione), Dario De Luca, ha fatto esporre lo striscione dell'Arcigay al balcone del Palazzo di Città, nella "giornata internazionale contro l'omofobia e la transfobia". Titola difatti *Il Quotidiano del Sud* (Basilicata): «Lo striscione dell'Arcigay sul Comune divide il web»[6]. Possiamo, dunque, rassicurare gli omosessuali di Basilicata invitandoli a non prendere in considerazione alcuni articoli faziosi presenti sul web, principio di allarmismo sociale ingiustificato. Contestare la *teoria gender*, non significa affatto essere nemici degli omosessuali.

Dove sarebbe la cosiddetta "emergenza omofobia" in Basilicata ed in Italia in generale? E cosa intendono certi soggetti per "omofobia"? Anche il significato di questa parola è poco chiaro: "omofobo" sarebbe chi si macchia di atti di violenza contro un omosessuale? "Omofobo" sarebbe chi discrimina sul lavoro un omosessuale? O piuttosto "omofobo" sarebbe chi non

---

6   *http://www.ilquotidianodellabasilicata.it/news/cronache/737314/ Lo-striscione-dell-Arcigay-sul-.html*

condivide l'ideologia omosessualista? E così via. Le domande sono tante e cercheremo di rispondere in seguito.

Le statistiche dimostrano che questa "emergenza" non esiste. Da una ricerca del Febbraio 2014[7] - come fanno osservare il sito dell'U.C.C.R.[8] e l'Oscad (*Osservatorio per la sicurezza contro gli atti discriminatori istituito presso il Dipartimento di Pubblica Sicurezza del Ministero dell'Interno*)[9] - apprendiamo che in Italia in più di tre anni sono pervenute 28 segnalazioni[10] (all'anno) di "discriminazione omofoba" (solo segnalazioni, non verificate, seppur anche un solo atto di violenza sarebbe comunque troppo). Inoltre, il centro di ricerche *Pew Research*[11] ha collocato l'Italia tra i Paesi del globo aventi la maggior percentuale di accettazione dell'omosessualità:

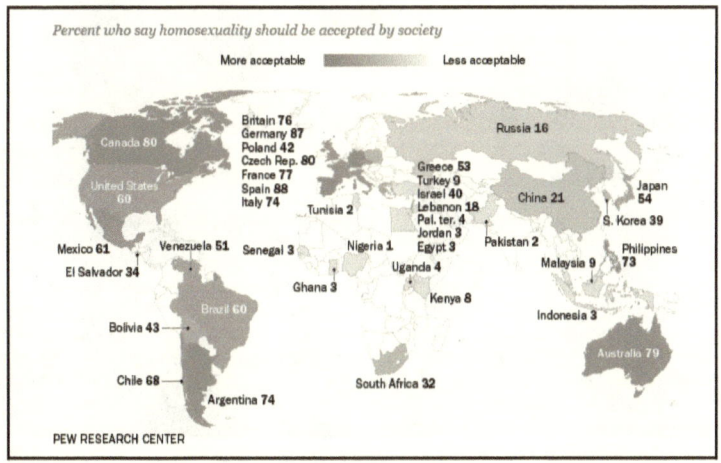

7 *http://www.documentazione.info/i-dati-sullomofobia-in-italia-unemergenza*

8 *http://www.uccronline.it/2014/02/01/hitzlsperger-fa-coming-out-in-italia-non-esiste-lomofobia/*

9 *http://cdn.tempi.it/wp-content/uploads/2013/12/omofobia-oscad.pdf*

10 *http://www.uccronline.it/2014/01/20/lomofobia-in-italia-solo-28-segnalazioni-allanno/*

11 *http://www.pewglobal.org/2013/06/04/the-global-divide-on-homosexuality/*

C'è invece chi si diverte a fomentare, con pericoloso pregiudizio, una vera e propria "caccia alle streghe", pubblicando su internet addirittura foto segnaletiche cerchiando la mia testa - scrive Aurelio - a mo' di mirino di fucile da cecchino:

La Regione Basilicata approva una mozione che introduce l'omofobia nella scuole. Anche alcuni consiglieri Pd votano a favore

29 luglio 2015   Condividi

3. La retrograda "mozione Pace" ed il "peccato" dei selfie

In questo capitolo riportiamo la copia anastatica della mozione firmata da nove Consiglieri regionali, presentata in aula il 21 Luglio 2015 e protocollata il 23 Luglio, Prot. n° 8697/c. Ricordiamo che la Basilicata è notoriamente una "Regione rossa" e che i Presidenti di Consiglio e Giunta sono espressione del PD.

Come noterete, il nostro libro contiene anche tante immagini. La scelta è dettata dal fatto che molto spesso alcuni soggetti disinformati o anche gruppi di potere, in assenza di argomenti da opporre, tendono a coalizzarsi per delegittimare tesi ed idee altrui partendo, però, dal discredito personale. Dunque si passa facilmente dall'offesa alla minaccia, dalla diffamazione alla calunnia, all'accusa di mentire. Questa strategia, adottata nei secoli in numerosi contesti, laddove contro l'evidenza non ci sono confutazioni che tengano, mira a distruggere un'idea ed una tesi colpendo però la persona/soggetto e non l'idea o la tesi dello stesso. Presentare immagini originali e fotografie inconfutabili aiuta a limitare questi atteggiamenti anti-democratici e favorisce, invece, il civile dialogo.

Opporre "ideologie settarie" e menzogne contro la mozione che leggerete, soprattutto contro i firmatari, che non sono affatto «omofobi» o «pericolosi per i giovani gay di Basilicata», è inopportuno e scorretto. La mozione, difatti, non discrimina nessuno; anzi vuol tutelare bambini e famiglie da alcuni "indottrinamenti di lobby", peraltro in fase di studio scientifico, che puntano esplicitamente a discriminare la libertà d'essere e di pensare di milioni di soggetti e famiglie italiane cosiddette eterosessuali, pur di strizzare l'occhio a poco meno di 10.000 "unioni omogenitoriali" presenti in Italia. Le coppie dello stesso sesso certificate dall'ultimo censimento Istat sono difatti 7.591[12]. Invece, ricordiamo che 13.990.000 unioni sono composte da un uomo e da una donna[13]. A noi sembra pertanto che, piuttosto che di "omofobia", si debba parlare, in questi casi, di fobia della verità: i numeri sono argomenti testardi e non sono interpretabili.

Secondo *Il Quotidiano del Sud* (Basilicata)[14], l'approvazione della "mozione Pace" sarebbe «due passi indietro per la Basilicata in merito alle questioni che attengono alla libera sessualità degli individui e alla parità dei diritti». Ancora, «[…] la mozione di Aurelio Pace è sembrata una sorta di risposta di matrice cattolica e di destra (con un voto a favore comunque trasversale per sensibilità evidentemente anche extra politiche) alla mozione Polese[15]. Con tanto di "selfie" che i consiglieri a favore della mozione Pace [...] si sono fatti fare tra i banchi del Consiglio». Viene da chiedersi: il cronista è stato disturbato più dai "selfie" o dal merito della mozione?

Secondo Gianluca Marrese, Consigliere comunale di Policoro (MT), la mozione «sferra un violento attacco ideologico, che porta indietro la nostra terra di cento anni, che annulla la libertà di insegnamento nelle scuole pubbliche [...]»[16]. L'allora Segretario regionale del PD bacchettava i suoi: «la mozione contribuisce a dipingere la democratica, aperta, civile e tollerante Basilicata, come regione omofoba, appigliandosi alla "teoria del Gender". Ritengo che i consiglieri del PD che hanno firmato per tale mozione debbano ritirare la propria adesione»[17]. I suoi

---

12 *http://www.forumfamiglie.org/allegati/rassegna_32439.pdf*

13 *http://www.rinocammilleri.com/2015/07/istat/*

14 *http://www.ilquotidianodellabasilicata.it/news/politica/739414/Passa-in-consiglio-la-mozione-di.html*

15 Altra mozione presentata precedentemente in Consiglio da Polese che, in origine, prevedeva le "quote gay" nella P.A.

16 *http://www.ilmetapontino.it/politica/15410-marrese-omofoba-la-mozione-pace.html*

17 *http://www.regione.basilicata.it/giunta/site/Giunta/detail.jsp?otype=1012&id=2998772*

Consiglieri hanno giustamente dichiarato che piuttosto avrebbero ritirato la tessera del partito e non la sottoscrizione della mozione.

Leggiamo la pericolosa "mozione omofoba":

REGIONE BASILICATA

GRUPPO CONSILIARE PERMANENTE MISTO

73

Presentata in aula il 21.7.2015

CONSIGLIO REGIONALE DI BASILICATA
ARRIVO
2 3 LUG. 2015
Prot n° 8698/c
Cat _____ Cl _____ N _____

<u>Mozione</u>

Premesso che:
- la "Repubblica riconosce i diritti della famiglia come società naturale fondata sul matrimonio" (Costituzione italiana, art. 29);
- con l'espressione "società naturale", i Padri costituenti, mediante la Carta fondamentale, hanno voluto chiaramente affermare che la famiglia è una realtà che preesiste al diritto, una oggettiva realtà che il diritto non crea;
- la famiglia è inequivocabilmente una realtà, un "elemento fondamentale" dell'organizzazione sociale e dell'esperienza umana;
- la famiglia fondata sul matrimonio tra un uomo ed una donna rappresenta l'unica istituzione naturale aperta alla trasmissione della vita;
- la "famiglia è il nucleo naturale e fondamentale della società" e, in quanto tale, "ha diritto ad essere protetta dalla società e dallo Stato", come stabilito dalla Dichiarazione Universale dei Diritti dell'Uomo (10.12.1948, art. 16, § 3);
- è compito della famiglia - "società naturale fondata sul matrimonio" fra un uomo ed un donna - trasmettere la vita, i valori culturali, etici, sociali, spirituali e religiosi, essenziali per lo sviluppo ed il benessere dei propri componenti;
- le istituzioni devono, perciò, provvedere allo stanziamento di fondi pubblici per garantire quanto finora premesso e non per, al contrario, finanziare programmi di indottrinamento che vanno contro il diritto stesso;
- non si ha intenzione di sollevare polemiche politiche bensì di sollecitare l'aula al rispetto, alla luce di quanto finora esposto, della vita umana, delle famiglie, dei bambini e, infine, del diritto.

Considerato che:
- ci troviamo, oggi e purtroppo, davanti ad alcuni interrogativi mai sorti prima poiché oggettivamente illogici ed anti-scientifici: Maschio o femmina si nasce o si sceglie di diventarlo? O, più in generale, che cosa è la persona umana? È una struttura dotata di una precisa identità sessuata, maschile o femminile, oppure è un'entità astratta, modellabile nel tempo in base al desiderio ed alla libera scelta dell'orientamento sessuale di un soggetto?

Consiglio Regionale della Basilicata
Via Vincenzo Verrastro n°4; 85100 Potenza
Segreteria: tel. 0971.51817; fax 0971.447282
gruppo.popolaripertitalia@gmail.com - aurelio.pace@regione.basilicata.it

- è nostro dovere non glissare su tali pretestuosi interrogativi ma tutelare società, famiglie e bambini, preso atto dell'esistenza della "teoria del gender" che pone gli interrogativi su accennati e numerosi altri ancora;

- la "teoria del gender" afferma, infatti, che le differenze biologiche fra maschio e femmina hanno poca importanza e ciò che conta sarebbe il proprio "genere", ossia la percezione che una persona avrebbe di sé;

- la "teoria del gender" vuole, come imposizione dall'alto, che tutti noi, compresi i bambini, non diciamo più "io sono maschio" o "io sono femmina", ma "io sono come mi sento";

- basti pensare che Simone de Beauvoir, ideologa del "genere", pronunciò la famosa frase "donne non si nasce, lo si diventa";

- tali teorie non sono solamente contrarie al diritto naturale (tutelato dalla Carta fondamentale secondo le intenzioni esplicite dei Padri costituenti), ma sono anche anti-scientifiche. L'umanità è sempre stata caratterizzata da un chiaro dimorfismo sessuale (differenza morfologica fra individui appartenenti alla medesima specie ma di sesso differente), maschio/femmina, il cui determinante biologico è rappresentato dal cromosoma Y: la sua presenza costruisce il maschio, la sua assenza realizza la femmina;

- la promozione della "teoria del gender" nelle scuole potrebbe essere attuata mediante progetti chiamati educativi, che vorrebbero promuovere codeste pretese per renderle invece "norma";

- le famiglie ordinariamente non hanno neanche idea di cosa sia questa "teoria del gender" e di cosa si vuol insegnare, oggi ed in futuro, ai propri bambini, così sottoponendo, di fatto, genitori e figli ad un vero inganno voluto dalla disinformazione sull'argomento;

- in alcune scuole vengono proposte, e si vorrebbero imporre per legge, fiabe come "Perché hai due mamme", "Perché hai due papà" o altre che promuovono apertamente la transessualità come "Nei panni di Zaff" o "Il bell'anatroccolo" che indirettamente invitano i bambini e gli studenti a "scegliere il proprio genere", ignorando le proprie origini biologiche;

- questo tipo di insegnamento oggettivamente confonde e ferisce la crescita e l'innocenza dei bambini;

- il sesso rimanda a criteri biologici, ovvero tutte quelle caratteristiche anatomiche e fisiologiche che indicano se si è maschi o se si è femmine, mentre il "genere" sarebbe un costrutto psicologico che cambierebbe e si modificherebbe a seconda delle epoche e dei contesti culturali.

Ciò premesso e ciò considerato, i firmatari impegnano la Giunta affinché nelle scuole di ogni livello e grado in Basilicata:

- non venga introdotta la "teoria del gender" e che venga rispettato il ruolo della famiglia nell'educazione all'affettività e alla sessualità, riconoscendo il suo diritto prioritario ai sensi dell'art. 26 della Dichiarazione Universale dei Diritti dell'Uomo e dei decreti che riconoscono le scelte educative dei genitori (artt. 1.2, 3.3 e 4.1 del DPR 275/99, art. 3 del DPR 235/97, artt. 2.3, 2.6 e 3 del DPR235/2007 e il Prot. AOODGOS n. 3214 del 22.11.2012);

Consiglio Regionale della Basilicata
Via Vincenzo Verrastro n°4, 85100 Potenza
Segreteria: tel. 0971.51817, fax 0971.447282
gruppo.popolariperitalia@gmail.com - aurelio.pace@regione.basilicata.it

- sia oggetto di spiegazione e di studio la ragione per la quale la nostra Costituzione, all'art.29, privilegi la "famiglia come società naturale fondata sul matrimonio", della quale "riconosce" gli speciali diritti, diversamente da ogni altro tipo di unione;

- si educhi a riconoscere il valore e la bellezza della differenza sessuale e della complementarietà biologica, funzionale, psicologica e sociale che ne consegue. In questo modo gli studenti impareranno anche che la madre e il padre, nella famiglia, ancor più che nel mondo del lavoro o in altri contesti, apportano la loro propria ed insostituibile ricchezza specifica;

- si educhi al rispetto del corpo altrui ed al rispetto dei tempi della propria maturazione sessuale ed affettiva. Questo implica che si tenga conto delle specificità neurofisiologiche e psicologiche dei ragazzi e delle ragazze in modo da accompagnarli nella loro crescita in maniera sana e responsabile, prevedendo corsi di educazione all'affettività e alla sessualità, concordati con i genitori e non imposti senza alcuna informazioni a riguardo e senza consenso esplicito e consapevole.

Potenza lì, 17/07/2015   Il Capogruppo
                               Avv. Aurelio Pace

Consiglio Regionale della Basilicata
Via Vincenzo Verrastro n°4, 85100 Potenza
Segreteria: tel. 0971.51817, fax 0971.447282
gruppo.popolariperitalia@gmail.com - aurelio.pace@regione.basilicata.it

Foto di otto dei nove Consiglieri firmatari della mozione

Foto della conferenza stampa tour "No gender" in Basilicata

4. La "teoria gender non esiste". I Consiglieri firmatari sono tutti clerico-visionari?

Allora, che cos'è la cosiddetta "teoria del gender"? Secondo Michela Marzano, Docente di filosofia all'Università Descartes di Parigi, Parlamentare del PD e autrice del libro "Papà, mamma e gender", «La teoria gender non esiste. Questa battaglia ideologica rischia di bloccare la legge sulle unioni civili»[18]. La giornalista free lance che scrive di scienza, salute e questioni di genere, Simona Regina afferma: «La teoria del gender. Non esiste. Nessuno, in ambito accademico, parla di teoria del gender. È infatti un'espressione usata dai cattolici (più conservatori) e dalla destra più reazionaria per gridare "a lupo a lupo" e creare consenso intorno a posizioni sessiste e omofobe»[19].

La sociologa Chiara Saraceno sostiene che: «La teoria gender non esiste. C'è il timore che l'eterosessualità non sia poi così sicura, così garantita. Temere che le persone omosessuali possano esprimere il proprio orientamento liberamente, facendo anche famiglia se vogliono in modo altrettanto legittimo e riconosciuto delle persone eterosessuali, significa, per chi teme gay e lesbiche, ritenere che l'eterosessualità sia molto meno forte di quanto non vorrebbero farci credere. Un'altra paura è quella di diventare omosessuali [...]»[20].

A noi risulta - citando Giorgio M. Carbone ed il suo libro "Gender", E.S.D. 2015 - che nel Marzo del 1969, Frederick Jaffe, primo Presidente del *Guttmacher Institute* e Vicepresidente della

---

18 *http://www.ilfattoquotidiano.it/2015/11/10/michela-marzano-late oria-gender-non-esiste-questa-battaglia-ideologica-rischia-di-bloccare-la-legge-sulle-unioni-civili/2207011/*

19 *http://www.wired.it/attualita/politica/2015/03/13/teoria-del-gender/*

20 *http://www.repubblica.it/cronaca/2015/05/17/news/giornata_con tro_l_omofobia_chiara_saraceno_la_teoria_gender_non_esiste_-114469481/*

International Planned Parenthood Federation (enti statunitensi noti per la promozione di campagne abortiste e contraccettive) redige per Bernard Berelson, presidente del *Population Council*, e per l'*Organizzazione Mondiale della Sanità*, un memorandum strategico per ridurre la fertilità umana. Tra i mezzi funzionali allo scopo di ridurre le nascite Jaffe individua i seguenti: «Ristrutturare la famiglia, posticipando o evitando il matrimonio; alterare l'immagine della famiglia ideale; educare obbligatoriamente i bambini; incrementare percentualmente l'omosessualità» [21]. La parola d'ordine sembra proprio "omosessualizzare".

Secondo il Sottosegretario all'Istruzione Davide Faraone: «[…] la teoria del gender non esiste, siamo contrari allo sciacallaggio della Regione Lombardia. Si tratta di un falso storico - scrive Faraone sul suo profilo Facebook - ed è bene ribadirlo fino allo stremo: la teoria gender non solo non esiste nelle scuole, ma non esiste proprio. La regione Lombardia, inoltre, non ha nessuna competenza in materia. Tutto quello che riguarda la scuola è appannaggio di scuola e famiglia» [22]. Questa è la risposta scomposta di Faraone davanti all'approvazione di una mozione simile a quella lucana presso il Consiglio regionale della Lombardia [23].

Nel contempo - fine Ottobre 2015 - pure la Liguria boccia la cosiddetta "teoria del gender" e la vieta nelle scuole: «Teoria del

---

21 Jaffe F. S., Activities relevant to the study of population policy for United States, Memorandum to Bernard Berelson (11 marzo 1969); ID., in «Family Planning Perspective» 1970, 2, 4, 25-31. Il Memorandum è tradotto e ampiamente riportato in Puccetti R., Carbone G., Baldini V., Pillole che uccidono, Edizioni Studio Domenicano, Bologna 2012, 2a ed., 190-193. Dal libro «Gender», Giorgio M. Carbone, p. 43.

22 *http://www.corriere.it/scuola/medie/15_ottobre_07/scuola-gender-regione-lombardia-faraone-b2d5226e-6ce3-11e5-8dcf-ce34181ab04a.shtml*

23 *http://www.ansa.it/lombardia/notizie/2015/10/06/lombardia-approva-mozione-anti-gender_febcc904-e89f-42b8-8f6a-96d16fea158c.html*

gender nelle scuole, la Liguria va contro il ministero e dice "no"», titola *Il Secolo XIX*[24]. Anche in questo caso l'opposizione adduce motivazioni "scientifiche" inconfutabili: «Si tratta di una bufala inventata solo per creare paura», ha detto il Consigliere del M5S Marco De Ferrari; mentre il Consigliere del PD Sergio Rossetti ha definito, quella avviata dal centrodestra, «una discussione ideologica» annunciando che «da cattolico praticante avrebbe votato contro».

Cattolici praticanti e pro-gender? Binomio impossibile, come dimostreremo minuziosamente nel capitolo dedicato alla Chiesa ed all'omosessualismo. «Il dispositivo retorico messo a punto dal Vaticano sulla inesistente "ideologia del gender" - spiega Aurelio Mancuso, omosessuale cattolico - nasce negli anni '90 negli USA dai movimenti evangelici reazionari ed è stato predisposto per delegittimare le analisi e le ricerche che studiano le forme di naturalizzazione delle norme sessuali e le rivendicazioni politiche portate dai movimenti femministi e LGBT»[25].

A dire il vero, il tentativo di delegittimazione della verità è stato fatto, al contrario, dai movimenti di femminismo radicale e dalle nascenti organizzazioni LGBT, sulla base delle presunte «ricerche che studiano le forme di naturalizzazione delle norme sessuali», fallaci e dagli esiti catastrofici, elaborate da John Money[26] sulla differenza tra sesso e genere. Basti pensare al caso

---

24   *http://www.ilsecoloxix.it/p/genova/2015/10/28/ASDiXsD-liguria_ministero_gender.shtml*

25 *Ivi.*

26 John William Money (Morrinsville, 8 luglio 1921 - Towson, 7 luglio 2006) è stato uno psicologo e sessuologo neozelandese, specializzato nella ricerca riguardante l'identità di genere. È stato oggetto di dure polemiche a causa del caso di riassegnazione del sesso di David Reimer che finì suicida nel 2004 dopo una vita di lotte e sofferenze.

di Bruce/Brenda/David di cui accenneremo in seguito[27]. Spiega Carbone nel suo libro: «La teoria di Money è accolta come il "fondamento scientifico" della tesi del femminismo radicale: la dicotomia uomo-donna non è fondata sulla natura, sulla biologia o sulla fisiologia, ma è una costruzione prodotta artificialmente dalla cultura e dalla società»[28].

Si può ricordare ad Aurelio Mancuso - che si definisce omosessuale cattolico - ed a tutti quelli che «il gender non esiste», il pensiero di Simone de Beauvoir, madrina del gender: «Donna non si nasce, lo si diventa. Nessun destino biologico, psichico, economico definisce l'aspetto che riveste in seno alla società la femmina dell'uomo; è l'insieme della storia e della civiltà a elaborare quel prodotto intermedio tra il maschio e il castrato che chiamiamo donna. Unicamente la mediazione altrui può assegnare a un individuo la parte di ciò che è Altro»[29].

Nel contempo anche in Veneto è stata approvata una mozione simile alla lucana "mozione Pace". Titola *Il Fatto Quotidiano* il 4 Settembre 2015: «Regione Veneto, ok a mozione anti-teoria gender nelle scuole [...]»[30]. Spiega il giornalista Corlazzoli: «Il Consiglio regionale ha approvato la mozione, presentata dal Consigliere Sergio Berlato [...], che obbliga gli istituti a "non introdurre ideologie pericolose per lo sviluppo degli

---

27 La storia è stata raccontata dal giornalista John Colapinto nel libro «As nature macie him», 2011, ora tradotto in italiano con il titolo: «Bruce, Brenda e David : il ragazzo che fu cresciuto come una ragazza», San Paolo, Cinisello Balsamo, 2014. Dal libro «Gender», Giorgio M. Carbone, p. 20. Leggere anche «Gay e trans. La parola ai protagonisti», AA. VV., *ProVita*, pp. 3 e 4.

28 *Op. cit.*, p. 26.

29 «Il secondo sesso» [Gallimard, Paris 1949], trad. di R. Cantini e M. Andreose, Il Saggiatore, Milano 2002, 325. In Carbone, Opera citata, alla pag. 27.

30 *http://www.ilfattoquotidiano.it/2015/09/04/regione-veneto-ok-a-mozione-anti-teoria-gender-nelle-scuole-favorisce-abusi-sessuali-e-pedofilia/2008001/*

studenti quali l'ideologia gender". La motivazione: "In Paesi dove simili strategie sono state applicate hanno portato ad una sessualizzazione precoce della gioventù". A Venezia il Sindaco Brugnaro aveva messo all'indice i libri».

A proposito del Sindaco Brugnaro, ad Agosto 2015 Elton John ha utilizzato il suo profilo Instagram per esprimere tutto il suo disappunto quanto alla decisione del primo cittadino lagunare di bandire dalle scuole 49 libri, ridottisi alla fine a 2, che hanno come protagonisti coppie dello stesso sesso: «Ha stupidamente scelto di politicizzare libri per bambini, vietando titoli di libri che raccontano di famiglie omosessuali che vivono felici e contente [...] Il sindaco di Venezia è bigotto e cafone».[31]

Elton John, dall'alto della sua "tolleranza", ma se non la pensi come lui probabilmente sei «bigotto e cafone», parla di «famiglie omosessuali che vivono felici e contente». Felici tutti, tranne "suo figlio", il piccolo Zac. Racconta difatti il giornalista Mario Adinolfi nel suo libro «Voglio la Mamma»[32]: «In numerose interviste il cantante britannico ha ripetuto che per due anni il bambino non ha fatto che piangere, un pianto inconsolabile, al punto che grazie alle decisive provviste di denaro Elton John decise di far prelevare dal seno della "madre biologica" (che per inciso vive a diecimila chilometri di distanza da Londra) il latte e farlo arrivare quotidianamente via jet privato in Inghilterra, per provare a lenire la sofferenza del piccolo Zac». Un membro della sua "famiglia", il piccolo Zac, il debole ed indifeso neonato, comprato da una madre mescolando lo sperma dei "due padri", «per due anni non ha fatto che piangere, un pianto inconsolabile». Questo è l'esempio di «famiglie omosessuali che vivono felici e contente», secondo Elton John. Ancora una volta stiamo dimostrando che è fondamentale tutelare - per legge - i più deboli e gli indifesi da questa vera e propria aggressione del gender, dove

---

31 *http://www.ilfattoquotidiano.it/2015/08/17/sir-elton-john-vs-luigi-brugnaro-il-sindaco-di-venezia-e-bigotto-e-cafone/1963769/*
32 Pagine 79 ed 80.

nella presunta «felicità della famiglia omosessuale» non si prende nemmeno in considerazione la disperazione di un neonato: dal pianto inconsolabile[33].

Anche nel caso del Veneto la risposta, a nostro parere ideologica e non scientifica, di Amnesty International Veneto e Trentino Alto Adige, è la seguente: «[siamo, NdA] profondamente preoccupati per la mozione, non solo per l'infondatezza delle argomentazioni in essa contenute, ma anche, e soprattutto, per il carattere apertamente discriminatorio delle considerazioni poste a sostegno delle stesse»[34]. Il Parlamentare padovano Alessandro Zan, leader del movimento omosessuale: «Scelta omofoba, va contro la Costituzione. Ricorreremo alla Consulta». Il Consigliere regionale Piero Ruzzante dichiara: «un obbrobrio che discrimina quanti vivono forme di convivenza diversa dalla famiglia fondata sul matrimonio tra uomo e donna».[35] Il Trentino Alto Adige non sta a guardare. Approva, difatti, la mozione anti-gender del Consigliere Rodolfo Borga (Civica Trentina) e dice no alla sostituzione delle parole "madre" e "padre" con "genitore 1" e "genitore 2" nella modulistica dei servizi forniti dalla Regione[36].

Pure la maggioranza dei Consiglieri regionali di Veneto e Trentino (dopo Basilicata, Lombardia e Liguria) hanno approvato due mozioni anti-gender analoghe alla "mozione Pace". Sono tutti clerico-visionari?   O sono, piuttosto, rappresentanti legittimi liberamente votati dal popolo? Nel rapporto fra rappresentanti e rappresentati, vale ancora il principio della fedeltà al mandato

---

33 *http://www.notizieprovita.it/notizie-dal-mondo/il-figlio-di-elton-john-utero-in-affitto-acquistato-ed-anni-di-sofferenza-per-il-bambino/*

34 *http://arcigayverona.blogspot.it/2014/11/amnesty-international-sulla-mozione.html*

35 *http://corrieredelveneto.corriere.it/veneto/notizie/cronaca/2014/14-ottobre-2014/regione-passa-mozione-che-tutela-famiglia-uomo-donna-230345087468.shtml*

36 *http://www.notizieprovita.it/notizie-dallitalia/il-trentino-alto-adige-dice-no-a-genitore1-e-genitore2/*

ricevuto? Dunque, le scelte dei Consigli regionali sono inequivocabilmente legittime e democratiche.

È coerente che le Istituzioni decidano, non rimanendo afone e non ignorando la loro missione di garanzia e di conseguimento del bene comune, di dibattere e deliberare correttamente su temi etici. Non c'è altro luogo maggiormente legittimato a farlo, in ambito squisitamente politico, se si vuole sfuggire all'autoreferenzialità della politica che non decide, non si esprime, non dimostra coraggio.

Noi crediamo che il deliberato di queste Regioni rappresenti lo spaccato più autentico nel nostro Paese ed in queste decisioni vive il sentire comune di quasi 14 milioni di famiglie italiane, ovvero della stragrande maggioranza, spesso "timida", dei cittadini.

Roma, Piazza San Giovanni, 20 Giugno 2015, *Family Day*

Piazza piena con il solo "passa parola", nel quasi assoluto "silenzio stampa"

5. La "teoria gender non esiste". I genitori sono una massa di oscurantisti e bigotti?

Per il momento varie Regioni hanno approvato, talvolta con voti trasversali, mozioni contro la teoria del gender che, è bene ricordarlo, secondo alcuni «non esiste». È proprio il caso di dire che questi politici sono tutti visionari? Voi avete capito di che si tratta? A noi è tutto molto chiaro, visto che sono anni che ci documentiamo ed annotiamo; ma, cerchiamo di fare chiarezza.

La prestigiosa «Enciclopedia Treccani»[37], alla voce *Genere* dice: «Il termine italiano *genere* traduce l'anglosassone *gender*, introdotto nel contesto delle scienze umane e sociali per designare i molti e complessi modi in cui le differenze tra i sessi acquistano significato e diventano fattori strutturali nell'organizzazione della vita sociale. Il *genere* ha così assunto il ruolo di categoria di analisi e interpretazione della conformazione esclusivamente sociale dei ruoli maschili e femminili, applicabile quindi a donne e uomini, considerando le une e gli altri come insiemi ampi e articolati, attraversati da differenze di ceto, culturali, etniche, religiose, di orientamento sessuale, di età, ecc. Tale accezione del *genere* ha trovato un fertile terreno di sviluppo nel contesto degli studi del settore e dei movimenti femminista e delle donne, che, riconoscendone l'indubbia portata euristica, ne hanno problematizzato la funzione di categoria. Il *genere* infatti richiama l'identità quale carattere individuante in senso forte, laddove il concetto d'identità è tra i più discussi del femminismo contemporaneo occidentale, cioè nel contesto in cui gli studi di genere o *Gender studies* sono stati più vitali e innovativi. Il femminismo, come movimento e come riflessione teorica, è costitutivo degli studi di genere che si sono avviati proprio

---

37 *http://www.treccani.it/enciclopedia/gender-genere_(Dizionario_di_filosofia)/*

sull'onda lunga femminista. La presa di coscienza della pervasiva subordinazione della donna all'uomo, con l'impatto che ha avuto sul genere femminile, ha infatti attivato un'applicazione ampia e capillare della categoria di genere, coinvolgendo i modelli normativi e performativi della mascolinità. Il rapporto tra genere e identità nella tradizione patriarcale e "logofallocentrica" s'innesta sul sesso inteso in senso biologico e naturalista, quale matrice di un complesso di caratteri identificanti il soggetto uomo e il soggetto donna. A questa accezione di genere, consolidatasi con gli sviluppi della scienza moderna, Simone de Beauvoir dedica in *Il secondo sesso* (1949) un capitolo della parte iniziale *Destino*, quel destino scandito per la donna da un'identità di genere inferiore, subordinata e dipendente rispetto a quella maschile, dove il maschile è assunto quale prototipo di umanità».

A questo punto la chiarezza, già poca (fatta eccezione per la madrina del gender, che è Simone de Beauvoir anche secondo «Treccani»), diventa ad un primo sguardo ancora più compromessa. Fa sorridere la definizione che il famosissimo sito *Medicitalia.it* fornisce alla voce *Gender*: «Si parla di *Gender* nell'espressione *Teoria Gender*. È un'invenzione di alcune componenti politiche cattoliche o fasciste che distorcono il messaggio sulla *Teoria Queer* di Judith Butler, che non è comunque neanche lontanamente alla base delle rivendicazioni culturali ed educative delle associazioni e dei professionisti LGBT (Dr. Manlio Converti)»[38].

Judith Butler, è bene ricordarlo, fece parte della *Commissione Internazionale dei diritti dei gay e delle lesbiche per i diritti umani*, ONG accreditata presso l'*Organizzazione delle Nazioni Unite*. Sostiene Butler: ««Il genere è costruito socialmente, non è né il risultato casuale del sesso né sembra essere fisso come il sesso. Se il genere rappresenta il significato culturale che assume il corpo sessuato, allora non si può più dire che il genere derivi dal sesso in

---

38 *http://www.medicitalia.it/dizionario-medico/gender*

nessun modo. Portata alle sue logiche conseguenze, la distinzione sesso/genere suggerisce una discontinuità radicale tra i corpi sessuati e i generi costruiti socialmente»[39].

Argomentiamo questa distinzione attraverso il famoso sito *Psychiatryonline.it* che il 7 Gennaio 2014 pubblicava lo studio «Le parafilie secondo il DSM V»[40] a firma Stefano Sanzovo e Carlo Rosso: «[...] In questo secondo ed ultimo intervento, ci occuperemo di parafilie e faremo un accenno al "disturbo di identità di genere" che , come vedremo, non sarà più chiamato così. [...] Due parole, infine, sul "disturbo di identità di genere" che diventa "disforia di genere". Il DSM V[41] sottolinea come la non conformità di genere non sia un disturbo mentale; il disturbo nasce se c'è significativo disagio associato alla condizione. Inoltre, sostituire il termine "disturbo" con "disforia" non solo lo rende più appropriato e familiare, ma allontana la connotazione che il paziente sia "disturbato". Infine, il disturbo di disforia di genere ha un suo proprio capitolo nella nuova classificazione, separato sia dalle disfunzioni sessuali che dalle parafilie».

Il titolato sito *Identitadigenere.com* rende disponibile lo studio «Modifiche dei criteri diagnostici dal DSM III ad oggi» [42]. Leggiamo: «Si propone che il nome Disturbo dell'Identità di Genere (GID) sia sostituito da Incongruenza di Genere (GI) perché l'ultimo è un termine descrittivo, che meglio riflette il punto focale del problema: una incongruenza tra, da una parte quale identità una persona sente e/o esprime, e dall'altra - come ci si aspetta che una persona viva rispetto al genere assegnato (in

---

39 Butler J., «Gender trouble. Feminism and the subversion of identity», 1990, 4* ed., Routledge, New York 2007, p. 7. Citato in «Gender», p. Carbone, pag. 30 e 31.

40 *http://www.psychiatryonline.it/node/4738*

41 «American Psychiatric Association Diagnostic and Statistic Manual of Mental Disorders», fifth edition, *APA* 2013.

42 *http://www.identitadigenere.com/index.php?mod=pagina&id=9*; Cf. Meyer-Bahlburg, 2009a; Winters, 2005.

genere alla nascita) [...] [L'individuo prova] un forte desiderio di appartenere all'altro genere (o qualche genere alternativo differente da quello assegnato) [...]. Una seconda proposta è quella di nominarlo Disforia di Genere, per ridurre il rischio di intendere questo disturbo come patologico; questo aspetto sottolinea la possibilità di intendere la diagnosi come non cronica, ma transitoria. L'utilità di questo termine permette di riconoscere il disagio e allo stesso tempo definisce l'utilità di mantenerlo nel manuale diagnostico, non tanto nell'accezione di disturbo psichiatrico, ma quanto di disagio».

Dunque, come noto, il «Disturbo dell'Identità di Genere» diventa per il DSM V «Disforia di Genere» - «Forte desiderio di appartenere all'altro genere» - definizione mai cancellata dal noto «Manuale di Diagnostica» [43] per via dello «stato di disagio del soggetto». Questo nostro libro non ha, comunque, l'ambizione di essere un manuale medico e tanto ci sarebbe da dire sulle forme *ego-sintoniche* ed *ego-distoniche* di quella che il DSM considerava una «patologia», poi «parafilia».

Passiamo alle cronache: dalla definizione alla vita reale. La notizia è del 29 Ottobre 2015, pubblicata su *Il Fatto Quotidiano* da Alex Corlazzoli: «Sono bastate due favole, etichettate con la parola "gender", per far scoppiare un caos all'istituto comprensivo terzo di Massa. Da una parte i genitori di una bambina che hanno ritirato la figlia dalla scuola primaria con tanto di plauso del Vescovo della diocesi di Massa Carrara, monsignor Giovanni Santucci; dall'altra l'ufficio scolastico provinciale e Irene Biemmi la direttrice della collana "Giralangolo" che conosce i due testi incriminati: "Una bambola per Alberto" e "Salverò la

---

43 «Manuale diagnostico e statistico dei disturbi mentali», noto anche con la sigla DSM derivante dall'originario titolo dell'edizione statunitense «Diagnostic and Statistical Manual of Mental Disorders», è uno dei sistemi nosografici per i disturbi mentali o psicopatologici più utilizzati da medici, psichiatri e psicologi di tutto il mondo, sia nella pratica clinica che nell'ambito della ricerca.

principessa"»[44]. Titola *Repubblica*: «Ritirano la figlia dalla scuola per la favola gender. Succede in una elementare della provincia di Massa. Il 6 novembre la riunione dell'associazione "Salviamo i nostri figli". Il vescovo: "Lecito che i genitori spostino la loro bambina in un altro istituto"»[45]. Vicenda clamorosa pubblicata dettagliatamente anche da *Il Giornale*: «Blitz delle maestre in classe: favole gender alle elementari. Il progetto è stato finanziato dalla Regione Toscana per 78 mila euro. I genitori non sapevano nulla: ritirano la figlia e la iscrivono in una scuola privata»[46]. Spiega il prof. Roberto De Mattei sul sito *Osservatorio Gender*[47]: «Una famiglia della provincia di Massa-Carrara è stata costretta a ritirare la propria figlia dalla scuola elementare per sottrarla all'indottrinamento gender di Stato. La piccola è stata infatti coinvolta, a loro totale insaputa, in un progetto regionale sul "valore delle differenze"[48], tra l'altro giunto alla sua seconda edizione e finanziato con ben 78mila euro, organizzato dalla "Fondazione Toscana Spettacolo Onlus". *Liber*tutt**, questo il nome del progetto, ideologico fin dal titolo, che interessa tutto il territorio della Provincia di Massa Carrara, si rivolge ai bambini da cinque anni in su e, come si legge sul sito della Fondazione, si suddivide "in molte tappe e in tanti episodi", attraverso l'utilizzo di "linguaggi 'artistici' (la prosa, la danza, l'audiovisivo) per superare, in modi non convenzionali, pregiudizi e convenzioni" [...] Nello specifico, le prime due iniziative, intitolate entrambe "Perché tu no?", e presentate come un "Ciclo di incontri rivolti a

---

44 *http://www.ilfattoquotidiano.it/2015/10/29/massa-in-classe-vengo no-lette-favole-gender-genitori-ritirano-figlia-da-scuola/2172067/*
45 *http://firenze.repubblica.it/cronaca/2015/10/28/news/ritirano_ la_figlia_dalla_scuola_per_la_favola_gender-126090113/*
46 *http://www.ilgiornale.it/news/cronache/no-favole-gender-i-genitori-ri tirano-figlia-scuola-1188205.html*
47 *http://osservatoriogender.famigliadomani.it/libertutt-lindottrinamento -gender-nelle-scuole-di-massa-carrara/*
48 *http://www.toscanaspettacolo.it/19698/liber-tutt/*

bambini della fascia 5-8 anni, sul tema degli stereotipi dell'immaginario collettivo legati alla differenza di genere", esprimono perfettamente quello che è lo spirito e l'intenzione generale del progetto. Scrivono, infatti, senza giri di parole, i promotori: "Il progetto nasce da un'idea di scuola, concepita come 'pubblica, laica e democratica', che per tale definizione non può basarsi su criteri di esclusione; una Scuola con la 'S' maiuscola, che si faccia portavoce, tra gli altri valori, anche del Rispetto e dell'Accoglienza del "diverso", dell'abbattimento di una visione sessista della società e degli stereotipi di genere, a favore della ricostruzione di un modello sociale in cui tutti gli uomini e le donne abbiano pari opportunità e piena legittimità in quanto individui"». La dirigente del settore cultura e pari opportunità della provincia di Massa-Carrara, Marina Babboni, ha espresso il suo dispiacere per l'accaduto: «L'episodio mi ha molto rattristata e delusa, soprattutto perché è un caso singolo, che rischia di far ammalare l'intero progetto, a cui hanno partecipato 35 scuole del territorio, 1100 alunni nel 2014, e altrettanti per questo anno scolastico; fior fiori di professionisti provenienti da tutta la Regione, pedagogisti, attori, specialisti nel linguaggio sessista; un'offerta formativa condivisa con i genitori, inserita nel POF, concordata con i livelli più alti della Regione Toscana».

Nei prossimi capitoli capirete cosa contengono questi fantomatici progetti, opuscoli e libri. Fatto sta che, come stiamo dimostrando, tali teorie vengono propinate ai bambini, senza alcun consenso da parte dei genitori, in numerose scuole, spesso attingendo a fondi pubblici, nel silenzio - fino a poco tempo fa - di stampa e addirittura della politica. I casi si sono moltiplicati e, già da anni, numerose famiglie, preoccupate, si stanno organizzando per istruire i propri figli privatamente. Noi crediamo fermamente nella libertà di scelta educativa fra pubblico e privato ma, al tempo stesso, crediamo nel diritto di ogni famiglia ad avere una scuola pubblica di qualità, che sia realmente formativa e che non rappresenti, al contrario, un'insidia, violando inoltre il patto di corresponsabilità nella formazione ed educazione dei figli, fra scuola e famiglie. La politica ha il dovere di intervenire vietando esplicitamente il silente "plagio gender".

Una ulteriore definizione precisa di *Identità di genere* viene fornita dai 27 esperti che si riunirono in Indonesia ed elaborarono i «Principi sull'applicazione della legislazione internazione dei diritti umani in materia di orientamento sessuale e di identità di genere». Cosa scrivono gli esperti nella loro definizione: «La profonda esperienza interna ed individuale di ciascuna persona che può o non può coincidere con il sesso assegnato alla nascita, incluso il senso personale del corpo (che può includere, se liberamente scelto, la modificazione dell'apparenza o delle funzioni attraverso mezzi medici, chirurgici e altro) e altre espressioni di genere, incluso il vestire, il parlare e i modi di comportarsi». Mentre l'orientamento sessuale è la «capacità di ogni persona per una profonda attrazione emotiva, affettiva e sessuale - e di relazioni intime e sessuali - verso individui di diverso genere o dello stesso genere o di più di un genere». Spiega sempre Giorgio Maria Carbone alla pagina 108 del suo libro «Gender» [49] : «L'obiettivo del documento è dare "protezione efficace contro ogni discriminazione fondata sull'orientamento sessuale o l'identità di genere"». A titolo di esempio cita il principio 24 dedicato al diritto di formare una famiglia. Gli Stati sono invitati a «A. adottare tutte le misure legislative e amministrative necessarie per garantire il diritto di formare una famiglia, anche mediante l'adozione o la procreazione assistita (compresa l'inseminazione artificiale con donatore) senza discriminazione fondata sull'orientamento sessuale o l'identità di genere; B. garantire che le leggi e le politiche riconoscano le diverse tipologie di famiglie, comprese quelle che non sono definite per discendenza o matrimonio».

---

49 *Opera* già citata.

Rispondendo all'interrogativo presente nel titolo del capitolo, *I genitori sono una massa di oscurantisti e bigotti?*, ci sentiamo di sottoscrivere la preoccupazione dei genitori, i quali non sono affatto oscurantisti e bigotti, ma sono giustamente preoccupati della qualità dell'insegnamento che viene offerto ai propri figli. Le testuali citazioni che abbiamo riportato ancora una volta nel capitolo, dimostrano due cose inconfutabili: 1) che la Teoria del Gender esiste ed è oggetto di studio ed evoluzione; 2) che la stessa è insegnata nelle scuole sovente all'insaputa dei genitori.

Guardate: «Il terribile video sull'educazione gender a scuola»:
http://www.nextquotidiano.it/il-terribile-video-sulleducazione-gender-a-scuola/

6. Norvegia, passo in avanti: la "teoria del gender" esiste, ma non è scienza. Basta soldi pubblici

L'esito del più famoso esempio di «studi di genere o *Gender studies*», di cui parla anche l'«Enciclopedia Treccani», è riassunto nel documento «Il paradosso norvegese»[50]. Di che cosa si tratta?

Spiega il portale *Zenit.org/it* : «I fautori dell'ideologia della parità di genere, qui in Italia, guardano ai Paesi scandinavi come a dei modelli da seguire. Non tutti sanno, però, che nella progressista Norvegia, ad esempio, l'ideologia gender ha sì conosciuto una fase storica di popolarità, ma oggi si sta sciogliendo come un blocco di ghiaccio nel mare di Barents all'approssimarsi della stagione estiva. Lo dimostra un fatto su tutti. Nel 2011 il Consiglio dei ministri dei governi nordici ha deciso di sospendere i finanziamenti al *Nordic Gender Institute*, fervido centro di ricerche sull'uguaglianza di genere nonché bandiera dell'ideologia gender. La decisione è avvenuta a seguito di un dibattito che ha appassionato l'opinione pubblica scandinava per diversi mesi. A suscitarlo è stata la trasmissione sulla tv nazionale norvegese di un documentario girato dal sociologo ed attore Harald Eia, famoso in patria per essere il protagonista di un programma comico. Il documentario si chiama *Hjernevask* (*Lavaggio del Cervello*) ed ha il pregio di indagare in modo meticoloso sull'eventuale presenza di fondamenti scientifici dell'ideologia gender, secondo cui donne e uomini sarebbero diversi solo dal punto di vista fisico, poiché le attitudini costituirebbero caratteri non innati bensì appresi da imposizioni culturali da eliminare. Nella prima puntata Eia prende in esame quello che lui definisce il "paradosso norvegese". La sua inchiesta

---

50 *http://www.zenit.org/it/articles/ideologia-gender-il-paradosso-norvegese*

parte dall'Università di Oslo, dove incontra Camilla Schreiner, autrice di una ricerca dalla quale emergono dati sorprendenti circa le scelte e gli interessi lavorativi dei due sessi. Dati che dimostrano che in Norvegia, dopo anni di politiche per la parità di genere, le differenze tra uomini e donne sono più marcate rispetto al passato. I cosiddetti "stereotipi" trovano conferma proprio nel Paese che guida la classifica mondiale in campo di rispetto dell'uguaglianza di genere: la dimostrazione è che il 90% degli infermieri sono donne e il 90% degli ingegneri sono uomini. La conclusione, cui giungono gli esperti, è quindi che, laddove è concessa maggiore libertà d'espressione senza condizionamenti, le donne e gli uomini esprimono scelte differenti. [...] Basterebbe questa ricerca per incrinare l'ideologia gender o quantomeno per innescare un dibattito, il quale viene però rifiutato dai suoi sostenitori. Ne danno prova, nel documentario, Cathrine Egeland, filosofa che lavora all'Istituto di ricerca del lavoro, e Jørgen Lorentzen, del Centro di ricerca interdisciplinare sul genere dell'Università di Oslo. Quest'ultimo definisce "studi superati" le teorie secondo cui le differenze tra uomini e donne sono dovute, oltre che in parte ad aspetti culturali, anche, e soprattutto, a fattori biologici. E sorride sarcastico quando l'intervistatore gli fa presente dell'esistenza di qualificate ricerche sull'origine innata delle differenze sessuali. Per andare al di là di quel ghigno superbo, Eia si mette in viaggio e decide di incontrare personalmente gli autori di quegli studi che Lorentzen ritiene esser "superati". Attraversa così la Norvegia, la Gran Bretagna e gli Stati Uniti e visita alcune tra le più prestigiose università del mondo. È qui che dialoga con professori di psicologia, medicina e sociologia. Il prof. Trond Diseth, dell'Oslo University Hospital, gli espone un suo studio, elaborato lavorando con bimbi che presentano malformazioni genitali, dal quale emerge che le scelte dei bambini riguardo i giocattoli riscontrano differenze tra maschi e femmine fin dall'età di nove mesi. Bambini ancora più piccoli sono quelli presi in esame dal prof. Simon Baron-Cohen, membro del Trinity College, il quale è giunto a dimostrare che esistono caratteristiche innate e differenti nei cervelli di neonati maschi e femmine e che queste differenze sono dovute anche alla quantità di testosterone prodotto. Tutti gli esperti intervistati da Eia affermano che le differenze sessuali sono soprattutto di carattere biologico, ma essi non escludono affatto l'esistenza di influenze ambientali. Al contrario, i pasdaran della "gender theory" si arrogano di negare ogni incidenza biologica fondando le loro tesi soltanto sugli aspetti culturali e - come dicono loro stessi - sulla teoretica, ossia su un'attività priva di finalità pratiche. Questo approccio integralista appare lampante nell'ultima parte del documentario. Eia torna dai sostenitori norvegesi del gender portando con sé i video girati con gli esperti che dimostrano la validità dell'origine biologica dell'identità sessuale. Messi di fronte alle prove scientifiche, essi sembrano brancolare nel buio. Emblematica è la risposta che dà Cathrine Egeland, la quale giustifica il suo sostegno al gender con queste parole: "Credo che le scienze sociali dovrebbero sfidare un pensiero che si basa sul dire che le differenze sessuali sono biologiche". Sfidare? Il ruolo delle scienze non dovrebbe, piuttosto, essere quello di giungere, attraverso una ricerca inclusiva di tutte le ipotesi, a una descrizione della realtà? La risposta della filosofa norvegese dimostra due cose. In primo luogo l'inconsistenza scientifica del gender e, poi, il tentativo dei suoi sostenitori di intraprendere una battaglia ideologica per rimodellare la società secondo le loro astrazioni. Di questo inganno se ne sono accorti persino lassù in Scandinavia, visto che hanno tagliato i fondi al *Nordic Gender Institute*. Quaggiù in Italia, invece, certe sirene sembrano ancora incantare».

Potete visionare il video per capire con semplicità di cosa stiamo parlando: «Paradosso e Identità di Genere in Norvegia di Harald Eia ITA», al link: *https://youtu.be/2qx6geFpCmA*.

Dunque non è vero che «la teoria del gender non esiste». Non è vero che i genitori ed i politici, contrari alla teoria del gender, sono tutti «retrogradi visionari e bigotti». È invece vero, dati scientifici e cronache alla mano, che l'Italia, con 20 anni di ritardo rispetto ai Paesi nordici (che hanno oramai fatto *dietrofront*), vuol propinare, usando fondi pubblici, questo indottrinamento anti-scientifico ai bambini delle scuole, sovente all'oscuro delle famiglie. Basti pensare che la Norvegia, dopo decine di anni di studi a sostegno di questa teoria, non solo ha smesso di finanziare il famoso *Nordic Gender Institute*, ma ha anche fatto decisamente un passo in avanti, abbandonando le ideologie gender dell'omosessualismo e tornando all'insegnamento della vera scienza.

Volendo ironizzare, potremmo dire che alcuni vorrebbero imporre agli ingenui bambini, senza dirlo ai genitori, l'oroscopo come scienza certa, oppure il minotauro come storia reale, negli studi scolastici a suon di fondi pubblici, ma questo non è possibile: non insegnerebbero la verità. Alcuni dicono che in Italia siamo sempre in ritardo. In questo caso però la politica sta guardando avanti, almeno in alcune Regioni, vietando, *apertis verbis*, queste dottrine "mitologico parascientifiche" prese da uno scantinato e portate furtivamente sulle cattedre.

Un fotogramma tratto dal documentario girato dal sociologo Harald Eia

7. La "teoria gender non esiste", ma a scuola i maschietti mettano la gonna

«Tradizionalmente *gender* è stato usato per indicare prima di tutto le categorie grammaticali di "maschile", "femminile" e "neutro"; ma negli ultimi anni la parola si è affermata nell'uso per indicare delle categorie basate sul sesso, come nelle espressioni *gender gap* e *politics of gender*. Quest'uso è supportato dalla pratica di molti antropologi, che utilizzano *sex* per riferirsi alle categorie biologiche e *gender* per riferirsi a quelle sociali e culturali. Secondo questa regola, si può allora dire "l'efficacia del farmaco sembra dipendere dal sesso (non dal genere) del paziente", ma "nelle società contadine i ruoli di genere (non di sesso) sono definiti più chiaramente". Questa distinzione è utile in teoria, ma è raramente messa in pratica, e nell'uso ci sono molte eccezioni a tutti i livelli».[51]

Secondo il già citato Money, il genere sarebbe lo «stato personale, sodale e legale di maschio, femmina o misto definito in base a criteri somatici e comportamentali più generali del semplice criterio genitale. [...] L'identità di genere è il vissuto privato del ruolo di genere, il ruolo di genere è la manifestazione pubblica dell'identità di genere di maschio, femmina o di individuo ambivalente (in misura maggiore o minore), quale viene vissuta in particolare nell'immagine di sé e nel comportamento. Il ruolo di genere è tutto ciò che una persona fa e dice per indicare ad altri o a se stessa il grado in cui è maschio, femmina o ambivalente:

---

[51] «American Heritage Dictionary of English Language», 3a ed., Houghton Mifflin, Boston - New York 1992,754. Tradotto da padre Carbone nel suo libro «Gender», alla pagina 12, nota 2.

comprende l'eccitamento e la risposta sessuale, ma non è limitato ad essi»[52].

Secondo Money, dalle cui teorie prenderà poi spunto tutta la "pseudoscienza gender" dell'omosessualismo contemporaneo, sia il «ruolo di genere» che l'«orientamento di genere» sarebbero determinati non dal sesso biologico del soggetto, bensì dall'ambiente in cui il soggetto cresce e vive, dalla cultura e da altri fattori. Difatti: «Un individuo non può differenziare un'identità/ruolo di genere senza essere esposto a stimoli di comportamento sessuale dimorfico trasmesso per via culturale. Troviamo un'analogia nel linguaggio nativo. Come nel mondo ci sono molti linguaggi nativi, ci sono anche molti contenuti o tradizioni culturali che soddisfano l'imperativo filetico della differenziazione di un'identità/ruolo di genere maschile o femminile».[53]

Questo lo sanno molto bene i divulgatori della teoria del gender nelle scuole. Numerosi progetti di indottrinamento, difatti, prevedono proprio l'«esposizione a stimoli di comportamento sessuale trasmessi per via culturale». Leggiamo qualche esempio: «Trieste, all'asilo i bimbi si scambiano i vestiti per la "parità di genere", ma i genitori insorgono»[54]. Scrive Gianpaolo Sarti su *Repubblica.it*: «Si chiama "il gioco del rispetto", i maschietti diventano streghe, le femminucce cavalieri: "Così si combattono gli stereotipi". La polemica, su cui sono già scattate interrogazioni parlamentari, esplode nelle scuole dell'infanzia del Friuli Venezia Giulia, dove sta per partire il progetto ludico-educativo "Pari o dispari, il gioco del rispetto". Tanto più se, in classe, si consentirà

---

52 Money «Amore e mal d'amore» - «Love and Love Sickness», Baltimore 1980 - Feltrinelli, Milano 1983, 298-299. Cf. G. M. Carbone, «Gender. L'anello mancante?», E.S.D., 2015, p. 17.

53 *Ivi.*, p. 30. In *Op. Cit.*, p. 18.

54 *http://www.repubblica.it/cronaca/2015/03/10/news/trieste_ all_asilo_i_bimbi_si_scambiano_i_vestiti_per_la_parita_di_genere_ma_i_genitori _insorgono-109163768/*

agli insegnanti di filmare. L'attività, si legge nella documentazione che accompagna l'iniziativa, "propone un cambiamento di atteggiamenti sul tema del genere e delle pari opportunità, persuasi che il cambiamento culturale avviene con la formazione delle nuove generazioni". Dopo una fase sperimentale, avviata in quattro strutture della Regione, è stato soprattutto il Comune di Trieste, guidato da una giunta di Centrosinistra, ad aver colto la palla al balzo. Con il progetto, al quale hanno lavorato psicologi ed educatori, si comincerà nel giro di qualche settimana in 45 classi. [...] La diocesi, con il proprio settimanale "Vita Nuova", ha storto il naso: "È il tentativo, occultato ma evidente - riporta il quotidiano *Il Piccolo* - non tanto di insegnare il rispetto tra persone, ma d'indurre la nota ideologia del gender". [...] I bimbi indosserebbero costumi "diversi dal genere di appartenenza giocando così abbigliati" ».

Anche in questo caso, ovviamente, sarebbero tutte bufale poiché «la teoria del gender non esiste», tuttavia proprio a questa teoria si uniformano gli insegnamenti nelle scuole improntati al "rispetto". Facciamo presente che se, sin dall'asilo e con strategica continuità ideologizzante, si espongono i bambini a questo tipo di esperimenti (es. il Crossdressing)[55], allora si che si stanno attuando «condizionamenti culturali» pericolosissimi - a nostro avviso - per la serenità del bambino stesso. I divulgatori della teoria del gender, invece, sostengono che se la mamma veste il figlio maschio con i pantaloni e lo invoglia a fare il meccanico o l'idraulico, per esempio, questo sarebbe un «condizionamento culturale». Il nazista Joseph Goebbels incentrava la propaganda del Terzo Reich secondo questo principio: «Ripetete una bugia

---

55 Il termine crossdressing denota l'atto o l'abitudine di indossare alternativamente vestiti comunemente associati in un determinato ambito socio-culturale al ruolo di genere opposto al proprio, pubblicamente e/o in privato, per molteplici motivi, non esclusi quelli ludici. *https://it.wikipedia.org/wiki/Crossdressing*

cento, mille, un milione di volte e diventerà una verità». Noi non ci stiamo.

Alleghiamo un estratto da «Il gioco del rispetto», a cura di Lucia Beltramini e Daniela Paci, ed. PariDispari. Non mettiamo in discussione la "buona fede" delle autrici del presente progetto, non le giudichiamo affatto, tuttavia siamo liberi e pretendiamo tutta la libertà, garantita dalla nostra democratica Costituzione, di dissentire.

2. LA TEORIA: PER UNA PEDAGOGIA "GENDER TRANSFORMATIVE"

2.1 Stereotipi di genere e dis-parità

Quando un bambino o una bambina vengono alla luce, il sesso biologico è una delle prime fonti di identità, in grado di definire la loro vita da quel momento in poi: ci si aspetta che i maschi siano per natura più forti, resistenti, aggressivi; le femmine fragili, emotive, materne. Una classificazione molto semplicistica, facile da acquisire e che trova nella biologia le sue radici, spiegazioni e giustificazioni.

In realtà, molte delle differenze tra bambini e bambine, ragazze e ragazzi, uomini e donne, nella nostra come in altre culture e società, sono frutto di costruzioni sociali, culturali e storiche, espressioni del genere di una persona piuttosto che elementi distintivi di un sesso o dell'altro (Delphy, 1991, 2008; si veda anche Garbagnoli & Perilli, 2013).

Come scrive Volpato, psicologa sociale e ricercatrice,

"I dati scientifici non corroborano le credenze diffuse sulla profonda diversità psicologica tra uomini e donne. Come si costruisce allora la differenza, una differenza - ripetiamolo - che per secoli ha sostenuto la superiorità del maschile sul femminile? Con strategie psicologiche e sociali, a volte potenti e violente, a volte manipolatorie e sottili" (p. 27, 2013).

Tra le strategie manipolatorie e sottili ritroviamo gli stereotipi di genere, fortemente presenti nelle nostre società, ma anche nelle nostre case, scuole, e talvolta anche in noi.

Il progetto è scaricabile in PDF dal sito de *Il Giornale.it*[56].

---

56 *http://www.ilgiornale.it/sites/default/files/documenti/1426079229-IL%20GIOCO%20DEL%20RISPETTO_Linee%20Guida%202_slim.pdf*

8. Il suicidio e la vicenda di Bruce Raimer, il primo esperimento del dottor Money "padre della teoria del gender"

Tempo fa l'Associazione *ProVita* Onlus ha pubblicato un opuscolo dal titolo «Gay & Trans, la parola ai protagonisti». L'esile libretto documenta minuziosamente varie e raccapriccianti vicende riguardanti la teoria del gender, raccontate dagli stessi protagonisti. Abbiamo deciso di riportare nel nostro libro il caso di Bruce Raimer. Ora, secondo alcuni siti, che si autoproclamano "Gay-friendly", *ProVita* sarebbe un'Associazione di «bigotti estremisti, dai toni apocalittici, con deliri senza senso, puerili nello scimmiottare i pilastri del bigottismo cattolico e riproporre la teoria secondo la quale tutto andrà bene se faremo più figli»[57]. Secondo noi, al contrario, *ProVita* svolge un lavoro determinante e prezioso per la tutela dei più deboli (bambini e famiglie) e propone delle ricerche utili.

Citiamo testualmente da *ProVita*: «Bruce Raimer è un neonato americano che all'età di otto mesi rimane senza pene a causa di una circoncisione mal eseguita. In seguito a ciò i genitori apprendono, dalla viva voce dello psicologo John Money[58],

---

57 *http://www.giornalettismo.com/archives/1384749/il-manifesto-omofobo-degli-estremisti-cattolici/*

58 «[...] Da dove derivi a Money questa convinzione, in contrasto con i dati comuni della scienza [...] lo ipotizza *ProVita* nel suo opuscolo». Ulteriori approfondimenti: *http://www.promiseland.it/2005/12/08/storia-del-bambino-che-qualcuno-volle-bimba/*; «Il tema della pedofilia divenne un interesse particolare, e Money ne sposò pubblicamente la causa. "Un'esperienza sessuale nell'infanzia", spiegò il medico alla rivista *Time* nell'aprile 1980, "come essere partner di un parente o di una persona più grande, non ha necessariamente un influsso negativo sul bambino". Money concesse un'intervista a *Paidika*, una rivista olandese

protagonista di una trasmissione televisiva, che il divario tra i generi è frutto esclusivamente dei condizionamenti culturali, e non della biologia, per cui ogni bambino può divenire maschio o femmina, a piacimento. Spaventati per quanto accaduto al figlio, desiderosi di aiutarlo, i genitori lo portano dal dottor Money, presso il Johns Hopkins Hospital di Baltimora. Non sanno di essere davanti a colui che conierà l'espressione "gender identity", hanno paura, ma vengono rassicurati: il sesso, spiega Money, non coincide con il sesso genetico, "né con il fatto che le ghiandole sessuali siano maschili o femminili". [...] Nel 1986, ricorda John Colapinto, autore della biografia di Bruce[59], Money pubblicherà un testo, "Lovemaps", volto a sdoganare sadomasochismo, coprofilia, feticismo, auto-strangolamento, pedofilia.

I genitori di Bruce non sanno nulla di tutto ciò. Presi dalla disperazione, semplicemente si fidano della forza con cui Money li convince di essere certo delle sue convinzioni. Accade così che il bimbo viene affidato alle sue "benevoli" cure. Anzitutto Bruce viene operato: con un bisturi gli vengono recisi i testicoli, poi vengono suturati "il funicolo e i vasi, che nell'età adulta avrebbero avuto la funzione di portare lo sperma all'uretra recisa. Nel rinchiudere lo scroto", il chirurgo agli ordini di Money, modella "una rudimentale vagina esterna". Adesso non rimane altro, secondo il Money, che cambiare il nome del bambino, che

---

di pedofilia, che riporta inserzioni della *North American Man-Boy Love Association*: "Se dovessi incontrare il caso di un ragazzo di dieci o dodici anni fortemente attratto da un uomo sui venti o trent'anni, e la relazione fosse assolutamente reciproca, il legame autenticamente e completamente reciproco, non lo definirei assolutamente patologico", disse Money alla rivista, e aggiunse: "È molto importante che, una volta che una relazione è stata fondata su basi positive e affettuose, non venga interrotta precipitosamente"» (da *http://www.ilfoglio.it/articoli /2014/04/12/il-bambino-cavia___1-v-90975-rubriche_c311.htm*).

59 J. Colapinto, «As Nature Made Him. The Boy Who Was Raised as a Girl», 2000. Nota 1 dell'Opuscolo citato.

diventerà Brenda, ed educarlo come una femmina: vestendolo da femmina, dandogli giochi da femmina, convincendolo costantemente di essere ciò che non è. Mentre l'esperimento procede, e il piccolo Bruce-Brenda non vuole adeguarsi (cerca di fare la pipì in piedi e vuole i giochi maschili del fratello), cosa fa il dottor Money? A partire dal 1972 cita il suo piccolo paziente come la dimostrazione vivente di ciò che aveva sempre sostenuto: Brenda, spiega ai colleghi, sulle riviste scientifiche, nei consessi medici, è la prova vivente del fatto che "i fattori primari che guidano la differenziazione psicosessuale sono l'apprendimento e la l'ambiente, non la biologia". Con buona pace dei cromosomi, degli ormoni, dell'organizzazione anatomica, delle differenze di genere che oggi sappiamo esistere persino nel cervello (per cui si parla di "cervello sessuato"). Ma, il povero Bruce lotta e soffre. Già a 11 anni ha tentazioni suicide; presto prova attrazione verso le ragazze; odia i suoi seni falsi e la sua falsa vagina, e, appena ne ha la forza, ricorre ad un nuovo cambio di sesso, per prendere un nome nuovo, maschile, David. Inizia a fare iniezioni di testosterone, gli crescono i primi peli sulle guance, a sedici anni si sottopone al primo intervento per la creazione del pene. Ma, non riesce più ad essere virile come vorrebbe, e neppure ad avere l'erezione. Tenta di nuovo il suicidio, per due volte. A ventidue anni si sottopone a una nuova falloplastica. Due mesi dopo conosce Jane, una ragazza madre che ha avuto tre figli da tre uomini diversi. Si innamorano e si sposano. Ma, purtroppo, tante sofferenze non hanno un esito positivo. Così, dopo mille peripezie, Bruce-Brenda-David finisce suicida, nel 2004, sparandosi in testa».

Il dottor John Money sarebbe uno dei "luminari" della pseudo-scienza del gender: i risultati ottenuti sui suoi pazienti non sembrano confermare la validità delle sue tesi. Bruce-Brenda-David *docet*.

Quando il Consiglio regionale di Basilicata ha approvato la "mozione Pace", uno dei Consiglieri di maggioranza, Vito

Santarsiero del PD, ha dichiarato alla stampa: «Ho votato contro la mozione di Pace perché ritengo la famiglia un nucleo fondamentale della nostra società la cui sacralità va difesa tenendo conto anche delle difficoltà educative che incontra. Spesso le famiglie non sono attrezzate e si sentono isolate in presenza di situazioni di chiara discriminazione, ed in particolare sessuale, dei propri figli. [...] È così che si combatte il bullismo omofobo e si prevengono suicidi di adolescenti che si sentono marginalizzati per motivi legati al sesso o per altri motivi»[60].

Diversamente da quanto sostenuto da Santarsiero, pur non dubitando della sua buona fede, dai dati in nostro possesso, al contrario, ci risulta che le percentuali di suicidio nelle cosiddette "comunità gay" sono elevatissime in quelle nazioni dove la materia è stata sdoganata da decenni ed è stata imposta anche nelle scuole e nelle famiglie, mentre sono molto risicate nelle nazioni, come l'Italia, dove ancora vige una certa concezione di famiglia e di scienza, alimentata anche da queste nostre battaglie a tutela della famiglia. «La Nuova Bussola Quotidiana» ha pubblicato nel 2013 un accurato studio[61] in cui dimostra che «il tasso di suicidi nelle persone omosessuali è 40 volte superiore a quello degli eterosessuali».

La ricerca più conosciuta circa la suicidalità omosessuale è quella di Remafedi, che ha dimostrato «come i tentativi di suicidio nella popolazione giovanile siano più frequenti tra soggetti omosessuali che tra eterosessuali: tra gli uomini ha tentato di togliersi la vita il 28% dei soggetti omosessuali rispetto al 4% dei soggetti eterosessuali, e tra le donne il 20% contro il 15%»[62].

---

60 http://www.ilquotidianodellabasilicata.it/news/politica/739414/pa%20ssa-in-consiglio-la-mozione-di.html

61 http://www.lanuovabq.it/it/articoliPdf-suicidi-dei-gay-lomofobia-non-centra-7283.pdf

62 G. Remafedi, J. A. Farrow, R. W. Deisher, «Risk factors for attempted suicide in gay and bisexual youth», in «Pediatrics», n. 87, 1991, pp. 869–875.

Anche Fergusson ha dimostrato che «soggetti gay, lesbiche e bisessuali hanno tassi significativamente superiori, rispetto al campione eterosessuale, di ideazioni suicidarie (67,9% contro 29,0%), tentativi di suicidio (32,1% contro 7,1%) e, tra i 14 e i 21 anni, di disordini psichiatrici (depressione maggiore 71,4% contro 38,2%, disturbo d'ansia generalizzata 28,5% contro 12,5%, disturbo della condotta 32,1% contro 11,0%, dipendenza da nicotina 64,3% contro 26,7%, abuso e dipendenza da altre sostanze 60,7% contro 44,3%)»[63].

Spiega Frank Doyle su «La Nuova Bussola Quotidiana» che i casi sono due: l'elevato tasso di suicidi tra persone con tendenze omosessuali è dovuto o a cause endogene (cioè è legato in qualche modo alla tendenza omosessuale stessa) o a cause esogene (all'omofobia sociale). «La prima ipotesi (endogena) è scartata a priori perché metterebbe in discussione il dogma (indimostrato) della "naturalità" dell'omosessualità: per quale motivo una tendenza "naturale" dovrebbe causare di per sé sofferenza? La ricerca scientifica, però, dice tutt'altro». Un noto studio[64] ha dimostrato che «I disturbi psichiatrici sono risultati prevalenti tra la popolazione omosessualmente attiva piuttosto che in quella eterosessualmente attiva. Gli uomini omosessuali hanno avuto, nell'ultimo anno, una prevalenza maggiore di disturbi dell'umore e di disturbi ansiosi rispetto agli uomini eterosessuali. Le donne omosessuali hanno avuto, nell'ultimo anno, una maggior prevalenza di disturbi da utilizzo di sostanze

---

63 D. Fergusson, L. Horwood, A. Beautrais, «Is sexual orientation related to mental health problems and suicidality in young people?», in «Archieves of General Psychiatry», vol. 56, n. 10, 1999, pp. 876 – 888.

64 T. G. M. Sandfort, R. De Graaf, Rob V. Bijl, Paul Schnabel, «Same-Sex Sexual Behaviour and Psychiatric Disorders», in «Archives of General Psychiatry», vol. 58, Gennaio 2001, pp. 85 – 91. Leggi anche: *http://www.notizieprovita.it/filosofia-e-morale/altissimo-tasso-di-suicidi-tra-i-gay-non-e-colpa-dellomofobia/*

rispetto alle donne eterosessuali. Nel corso della vita gli indici di prevalenza riflettono identiche differenze, con l'eccezione dei disturbi dell'umore, che sono stati osservati più frequentemente nelle donne omosessuali piuttosto che in quelle eterosessuali. [...] I risultati supportano l'ipotesi che le persone con comportamenti sessuali omosessuali corrono rischi maggiori per disturbi psichiatrici».

Prosegue l'autore del minuzioso dossier: «Questo studio è particolarmente significativo perché è stato condotto su un enorme numero di soggetti: oltre settemila (7076), tra i 18 e i 64 anni. Presenta inoltre una particolarità che lo rende decisamente interessante: è stato condotto in Olanda, paese nel quale - per ammissione degli stessi autori - "Il clima sociale nei confronti dell'omosessualità è da tempo e rimane considerevolmente più tollerante" rispetto a quello di altri stati[65]. In altri termini, persino in un paese dove la cosiddetta "omofobia" è inesistente, le persone con tendenze omosessuali presentano un livello di benessere considerevolmente inferiore agli eterosessuali».

Ancora: «Una ricerca condotta in Danimarca nel corso dei primi dodici anni di legalizzazione delle unioni omosessuali (1990-2001) ha riscontrato che per uomini con tendenze omosessuali legalmente uniti ad un altro uomo il tasso di suicidio è otto volte quello di uomini che hanno una unione eterosessuale e il doppio rispetto a quello di uomini single. Il tasso di suicidalità tra uomini con tendenze omosessuali che vivono una unione omosessuale è risultato il più alto rispetto ad ogni altro dato sulla suicidalità in soggetti con tendenze omosessuali[66]. Nello stesso paese una importante ricerca (condotta su 6,5 milioni di danesi tra il 1982 e

---

65   *http://fra.europa.eu/sites/default/files/fra_uploads/386-FRA-hdgso-part2-NR_NL.pdf*

66 Robin M. Mathy, Susan D. Cochran, Jorn Olsen, Vickie M. Mays, «The association between relationship markers of sexual orientation and suicide: Denmark», 1990-2001, in «Social Psychiatry and Psychiatric Epidemiology», 24 dicembre 2009.

il 2011) ha evidenziato come la suicidalità tra uomini sposati con un uomo sia quattro volte quella di uomini sposati con una donna e molto più alta rispetto a qualsiasi altra condizione (solitudine, divorzio, vedovanza)[67]. È da notare che la Danimarca, anche grazie alla legalizzazione delle unioni omosessuali, è considerata un paese Gay-friendly e quindi la particolare rilevanza del tasso di suicidalità di persone con tendenze omosessuali non è imputabile alla "omofobia sociale"»[68]. Lo studio prosegue citando numerose altre fonti verificate con statistiche e dati scientifici.

Nel 2008 è stato condotto un ampio studio da un team di psicologi e psichiatri britannici, dove certamente non c'è "omofobia". Lo studio, basato su più di 13.000 casi, è stato così pubblicato col titolo di «A systematic review of mental disorder, suicide, and deliberate self harm in lesbian, gay and bisexual people»[69]. Ecco alcune delle conclusioni: «Le persone LGB hanno un rischio sostanzialmente maggiore di soffrire disordini mentali, ideazione suicida, abuso di sostanze e autolesionismo rispetto alla popolazione eterosessuale. [...] Le persone lesbiche, gay e bisessuali (LGB) spesso sviluppano un senso di colpa sulla propria sessualità. A ciò si aggiungono i rischi del loro particolare stile di vita, come l'abuso di alcool e di sostanze, il rischio di contrarre malattie infettive e tendenze suicide. Abbiamo anche riscontrato un alto indice di autolesionismo e di auto-avvelenamento. L'autolesionismo nella comunità LGB è una delle

---

67 Morten Frisch, Jacob Simonsen, «Marriage, cohabitation and mortality in Denmark: national cohort study of 6,5 million persons followed for up to three decades (1982 – 2011)», in «International Journal of Epidemiology», vol. 42, n. 2, pp. 559 – 578.

68   *http://fra.europa.eu/sites/default/files/fra_uploads/370-FRA-hdgso-part2-NR_DK.pdf*

69 *http://www.atfp.it/rivista-tfp/2015/234-giugno-2015/1071-omose ssualita-suicidio-e-malattie-mentali.html*

principali cause di ammissione ai Pronto Soccorso negli ospedali della Gran Bretagna».[70]

Nel 2011 negli Stati Uniti, paese decisamente amico dei gay e dove nascono negli anni '60 e si sviluppano i movimenti cosiddetti di "liberazione della comunità omosessuale", una ricerca ha dimostrato che «gli studi negli Stati Uniti e all'estero forniscono forte evidenza dell'elevato indice di tentativi di suicidio fra le persone LGBT. [...] Dall'inizio degli anni Novanta, tutte le ricerche condotte fra i giovani americani, che comprendono anche l'identificazione dell'orientamento sessuale, hanno riscontrato negli omosessuali indici di tentativi di suicidi sette volte più elevato rispetto ai giovani che si dichiarano eterosessuali»[71]. Il sito *UCCR*[72] ha pubblicato lo studio «Suicidi gay? Il dott. Gandolfini ha ragione, non dipendono dall'omofobia», dove è possibile valutare e studiare numerosi altri dati, nonché consultare decine di link.

Siamo consapevoli che non è possibile ridurre questioni così complesse, tristi e delicate, a poche pagine di un libro, dunque rimandiamo gli interessati al privato approfondimento e confronto.

In questa sede possiamo solo esprimere profondo dolore per le vittime di suicidio, vicinanza alle famiglie, consapevoli della drammaticità dei dati riportati negli autorevoli studi da noi citati. Abbiamo dimostrato, nostro malgrado, poiché crediamo nella sacralità della vita e vogliamo difenderla, che le percentuali di casi denunciati di "omofobia" e di suicidi all'interno delle "comunità

---

70 Michael King et al., «A systematic review of mental disorder, suicide, and deliberate self harm in lesbian, gay and bisexual people», in «Bio Medical Center, Psychiatry», 18 Agosto 2008.

71 Ann P. Haas et al., «Suicide and Suicide Risk in Lesbian, Gay, Bisexual, and Transgender Populations: Review and Recommendations», in «Journal of Homosexuality», Gennaio 2011.

72 *http://www.uccronline.it/2015/04/23/il-suicidio-degli-omosessuali-non-dipende-dallomofobia/*

gay" sono molto più elevate in quelle nazioni dove la materia è sdoganata da tantissimi anni e non rappresenta più un presunto "tabù", rispetto a quelle nazioni, come l'Italia, dove il tema è ancora oggetto di pubblico dibattito e di critica.

Ora ci teniamo piuttosto a "puntare il dito" non contro nazioni come la nostra, l'Italia, ma piuttosto contro posti come l'Arabia Saudita (dove l'omosessualità è colpita anche con la morte e con punizioni corporali), il Qatar (dove c'è la reclusione fino a tre anni, nel 1995 un cittadino statunitense omosessuale in visita nel paese è stato condannato a sei mesi di prigione e 90 frustate per attività omosessuale) e tutti gli altri paesi dove è in vigore la "pena capitale o la tortura per sodomia": Afghanistan, Sudan, Yemen, Mauritania, Emirati Arabi e così via[73].

Noi preghiamo affinché l'amore di Dio, la vera carità, la tolleranza, il vero progresso e la civiltà trionfino in ogni luogo.

---

73 *https://martedidelguado.wordpress.com/2011/05/18/la-parola-proibita-lomosessualita-nei-paesi-musulmani/*

JOHN COLAPINTO

BRUCE
BRENDA
E DAVID

IL RAGAZZO CHE FU CRESCIUTO
COME UNA RAGAZZA

SAN PAOLO

STORIE VERE

9. Il "genere è liquido", ma se vuoi "tornare etero" il "genere" diventa "solido": vai perseguitato

Un'altra leggenda metropolitana propinata dalla teoria del gender è questa: «La fluidità di genere è la capacità di diventare in modo cosciente e libero uno degli infiniti numeri di genere, per il tempo che vogliano a ogni ritmo di cambiamento. La fluidità di genere non conosce limiti o regole di genere». A sostenerlo è Kate Bornstein nel suo libro «Gender Outlaw: on Men, Women and the Rest of Us»[74].

Titola *Tempi.it*: «Cambiare identità di genere tutti i giorni, perché no?»[75] - «La clinica di Chicago che educa i "bambini trans" di tre anni». Scrive Leone Grotti: «Il Lurie Children's Hospital è la più grande struttura sanitaria pediatrica di Chicago e la prima negli Stati Uniti medio occidentali ad avere aperto una clinica specializzata in "genere e sessualità". Qui il dottor Robert Garofalo prende in cura, a partire dai tre anni, bambini che si sentono bambine e bambine che vogliono diventare bambini. [...] Lo scopo della clinica è far capire a questi bambini che non importa se si sentono maschi e femmine, l'importante è che si accettino. Afferma il dottor Scott Leibowitz davanti a un bambino che a 13 anni cambia identità di genere tutti i giorni: "E perché no? Noi gli diciamo che non è grave, che possono essere quello che vogliono e che questo non deve influenzare gli altri aspetti della loro vita"». E così via. Vi invitiamo a leggere l'articolo e, se non vi fidate perché vi hanno parlato anche di *Tempi.it* come di un

---

74 Rutledge, New York 1994, p. 115. In«Gender» di padre Carbone, E.S.D., 2015, p. 38 e nota 7.

75 *http://www.tempi.it/cambiare-identita-di-genere-tutti-i-giorni-perche-no-la-clinica-di-chicago-che-educa-i-bambini-trans-di-tre-anni#.VkR2WbcvfRY*

«pericoloso covo di omofobi e bigotti», a confrontarlo con altre fonti. L'idea che «bisogna essere per forza maschi o femmine» è dura a morire. Il dottor Garofalo «ha fondato la clinica apposta per eliminarla», perché «i bambini non devono soffrire a causa di un pregiudizio ignorante».

Insomma, questa «idea che bisogna essere per forza maschi o femmine» sembra essere veramente un «pregiudizio». Ora è proprio sulla base di questo «pregiudizio», che oggi noi possiamo scrivere questo libro. Perché esistiamo, perché ci hanno messo al mondo una madre ed un padre, un maschio ed una femmina. ringraziamo il «pregiudizio» che ci ha messi al mondo.

Roberta Rossi su «Il Fatto Quotidiano», Luglio del 2014, scrive: «Cambio di sesso: il genere e la nostra identità. [...] Lo scorso anno con la pubblicazione della quinta edizione del DSM, abbiamo assistito ad una revisione dei criteri per la diagnosi dei Disturbi dell'Identità di Genere denominata ora "Disforia di Genere". Il passaggio significativo da "disturbo" a "disforia" ha tentato di diminuire lo stigma a carico di questa condizione, soprattutto quello di malattia psichiatrica che per anni lo stesso DSM ha sottolineato, spostando l'attenzione proprio sulla sofferenza percepita dal soggetto, ovvero sulla condizione emotiva che accompagna tale discrepanza» [76] . L'articolo è l'apologia (o propaganda) di un libro che spiega, anche praticamente, come «cambiare genere» a spese dei contribuenti, pure più volte nella vita. Si legge: «Viene descritta la procedura per la riattribuzione chirurgica del sesso (RCS), che è soggetta alla valutazione del giudice del tribunale di appartenenza che spesso si avvale dei consulenti tecnici nell'intento di acquisire tutte le informazioni necessarie per l'autorizzazione all'intervento chirurgico. In Italia la RCS è possibile nelle strutture pubbliche e quindi a carico del SSN, in seguito alla legge 164 del 14/4/82,

---

[76]   http://www.ilfattoquotidiano.it/2014/07/28/cambio-di-sesso-il-genere-e-la-nostra-identita/1072738/

considerata una pietra miliare nell'affermazione dei diritti delle persone transessuali, anche se sempre modificabile in meglio».

Nel momento in cui scriviamo non è facile calcolare il numero di «generi» a cui un individuo può decidere di appartenere. *Wired.it* ci fornisce un elenco (incompleto) aggiornato ad Aprile 2015: «Facebook, ecco come cambiare la tua identità di genere. Anche in Italia la piattaforma permette di identificarti come meglio credi. Ma cosa significa cisgender? E genderfluido? E pangender? Breve guida per orientarsi tra le definizioni»[77]. Ci erudisce Marta Magni: «Da questa settimana la spaventatissima famiglia no gender ha un nuovo nemico da temere. E stavolta è un nemico assai più potente, economicamente in forze e influente della scuola italiana. [...] Mark Zuckerberg si schiera apertamente in favore della libera espressione dell'identità di genere». Poi irride i contestatori: «Buona fortuna con le petizioni». In un trionfo di giubilo, spiega: «Cosa è successo: sulla falsariga di quanto già fatto nella versione inglese della piattaforma, da questa settimana gli utenti italiani di Facebook potranno scegliere fra diversi termini per caratterizzare la loro identità di genere. Potranno selezionare con quali e quanti utenti condividere questa informazione e decidere i pronomi anche al di fuori della dicotomia lei/lui. Basterà andare su Informazioni -> informazioni di contatto e di base -> sesso-> personalizzata e vedrete: l'autodeterminazione non è mai stata così semplice. [...] Le opzioni sono infinite [...] Ma cosa significa cisgender? E perché, ci sono anche persone che non sono cisgender? Eccome. Perché? Perché il genere non è innato (ma si costruisce) e non coincide necessariamente con l'identità biologica. E nemmeno con l'orientamento sessuale. Troppa confusione? Troppe caramelle?». In seguito elenca una serie di «generi», fra cui al n° 10: «Genderfluido: in costante evoluzione

---

77   *http://www.wired.it/internet/social-network/2015/04/10/face book-gender-free/*

attraverso lo spettro». Chiude ancora deridendo i pericolosi retrogradi: «Scusaci, bambino traumatizzato "no gender"».

Un approfondimento si può fare sul sito dei «bambini traumatizzati "no gender"» di *Tempi.it*: «Non ti senti né maschio né femmina? Facebook USA ti invita a scegliere tra 56 "generi" (pangender, MTF, two-spirit…)» [78]. La redazione di *Tempi.it* individua nel Febbraio 2014 ben «56 modi afferenti al "gender" per autodefinirsi», poi li elenca.

Parliamo adesso di «Genderfluido». *Rivistastudio.com* nel suo articolo «Essere gender fluid»[79] a firma Anna Momigliano ci spiega: «Se non avete mai sentito il termine *gender fluid*, non preoccupatevi. Semplicemente significa che, come la stragrande maggioranza dei comuni mortali, frequentate poco una certa scena, un po' artsy e un po' (ma non necessariamente) queer di San Francisco. In breve, non si tratta di essere uomo o donna, gay, etero o bi, si tratta di sentirsi "a volte un ragazzo, a volte una ragazza." A seconda dei momenti. Un'indecisione di genere che sta diventando sempre più comune (o di moda?) tra alcuni artisti californiani». Poi cita alcuni esempi famosi.

Wikipedia.org sostiene: «[…] lo psico-endocrinologo John Money ebbe un ruolo importante nello sviluppo delle prime teorie sull'identità di genere. Fondò nel 1965 all'interno dell'Università John Hopkins la "Clinica per l'Identità di Genere" per pazienti con sintomi transessuali. Il suo lavoro alla clinica sviluppò e rese popolare la teoria interazionista, la quale implica che, dopo una certa età, l'identità di genere è relativamente fluida e soggetta a costanti aggiustamenti. Il suo libro, *Uomo, donna, ragazzo, ragazza* (1972) divenne un testo universitario, sebbene in seguito la sua teoria si sia rivelata scientificamente errata. Il caso più famoso studiato da Money fu quello di David Reimer». Non dice che

---

78   *http://www.tempi.it/non-ti-senti-ne-maschio-ne-femmina-facebook-usa-ti-invita-a-scegliere-tra-56-generi-pangender-mtf-two-spirit#.VkR79bcvfRY*
79 *http://www.rivistastudio.com/standard/mim-weisburd-essere-gender-fluid/*

David Reimer sarebbe Bruce Peter Reimer, creato Brenda da Money, morto suicida. Un dettaglio irrilevante!

Il sito *Elementi di Critica Omosessuale* illustra adeguatamente in uno studio del 2012 - «Identità di genere fluida: la prepotenza degli stereotipi sull'articolo *Che male c'è se un bambino si veste da femmina?*» - i rischi di questa fantomatica «identità di genere liquido»[80]. Fatto sta che il «gender fluid», ovvero «d'identità di genere relativamente fluida e soggetta a costanti aggiustamenti», negli ambienti Gay-friendly è molto accettato e l'idea piace. Ma, c'è un'unica eccezione!

Il «gender fluid» è gradevolissimo e da sponsorizzare secondo gli intellettuali Gay-friendly, a patto che non riguardi il caso di un «omosessuale che decida di tornare eterosessuale». Allora no, questo non è possibile, è da biasimare. Uno dei casi più eclatanti avvenuti in Italia è quello di Luca Di Tolve, immortalato nella canzone di Povia «Luca era gay»[81]. Luca Di Tolve[82], un bel ragazzo, probabilmente "mister gay" negli anni '90, dopo una vita da omosessuale praticante, si avvicina alla fede in Gesù, cambia, si fidanza con una donna, felicemente si sposa e fa una figlia senza doverla comprare da una donna povera, senza dover affittare nessun utero. La tanto sbandierata tolleranza dei "movimenti gay" e degli "amici dei gay", come pure la gioia per l'esistenza del "gender fluid", nel caso di Luca Di Tolve vanno in naftalina. Testimonia *IlGazzettino.it*: «Contestato Luca, l'ex icona gay, famoso per la canzone di Povia. Luca Di Tolve, famoso perché a lui si ispirò Povia per una canzone che fece scalpore a Sanremo 2009»[83]. Ci dice l'editorialista Vittorio Bernardi: «Carabinieri al Meeting mariano Regina dell'Amore, per la prima volta in 22 anni.

---

80   *http://elementidicriticaomosessuale.blogspot.it/2012/10/identita-di-genere-fluida-la-prepotenza.html*

81 *https://youtu.be/Ag2jB70IJDk*

82 *http://www.lucaditolve.it/*

83   *http://www.ilgazzettino.it/VICENZA-BASSANO/VICENZA/luca_di_tolve_contestato_schio_gay/notizie/853567.shtml*

È accaduto domenica pomeriggio, con i militari a fare da scorta all'ospite Luca Di Tolve, che dalla pubblicazione della sua autobiografia "Ero gay" (da cui Povia ne trasse una canzone che fece scalpore a Sanremo 2009) ha ricevuto svariate minacce di morte dal mondo gay, nascosto la residenza». Quali sarebbero le colpe di Luca? Perché tutto questo furore? «Da quando va a parlare in pubblico deve accettare una scorta dalla Digos per il rischio di essere aggredito. Milanese, quarantenne, fino a una decina di anni fa Luca Di Tolve è stato un simbolo della galassia omosessuale italiana che dopo un cammino di fede si è sposato con Teresa e da quattro mesi è padre di una bimba». Spiega Luca Di Tolve che la sua «è una guarigione spirituale. Potrei usare un altro verbo, uso questo perché ci vogliono rubare anche le parole. Ripeto per la 256millesima volta che l'omosessualità non è una malattia». Eppure: «ha trovato contestazioni da parte di Arcigay Vicenza e il centro sociale Arcadia con il flash-mob "Schio contro l'omofobia. Boicottiamo Luca Di Tolve". Un centinaio di persone armate di striscioni, cartelli e tamburi [...]». Questa è una costante per Luca Di Tolve che, poverino, davvero deve girare con la scorta e vivere da clandestino. Ma, ricordiamoci dello spot dei tolleranti: «Schio contro l'omofobia. Boicottiamo Luca Di Tolve», poiché di «boicottaggi» per ragioni ideologiche ne parleremo in altri capitoli. Lo stesso Povia da anni denuncia[84] il boicottaggio a suo danno a causa della canzone «Luca era gay».

Esistono centinaia di testimonianze di omosessuali che poi si sono veramente sposati (ovvero con moglie di sesso femminile) ed hanno figli. Ogni caso è una «polemica», un «boicottaggio», una «farsa», un'accusa di «omofobia», un'«invenzione». Insomma, la classica tecnica della calunnia. Altro esempio? «"Ero gay, ma sono guarito". È polemica sulla

---

84 *https://www.facebook.com/Giuseppe.Povia*

conversione di Adamo Creato»[85]. Il sedicente «genere fluido», in questi casi sarebbe «privo di fondamento» e da condannare.

E la tolleranza? Ed il confronto? E il rispetto? Che fine hanno fatto?

La serata con Di Tolve finisce in polemica

Prima parte senza tensioni: poi alle domande, presentabili solo su carta è scontro tra esponenti del mondo gay e il controverso conferenziere

E' finita come si poteva immaginare, con contestazioni e urla al ritmo di 'vattene vattene' e 'vergonatevi', 'eterofobici'. C'erano circa 150 persone ieri sera sedute nella platea del cinema S. Spirito per assistere alla conferenza di Luca Di Tolve, il Luca protagonista della canzone che Povia presentò a S. Remo sollevando un sacco di polemiche. Di Tolve ha raccontato la sua esperienza durante un incontro pubblico al quale ha partecipato una folta rappresentanza di esponenti di 'Circo Massimo', associazione dell'Arci che rappresenta gay, lesbiche, trans e bisessuali. L'uomo, che racconta di essere 'guarito' dall'omosessualità e ha partecipato ad un'iniziativa organizzata dal Centro culturale 'Amici del Timone', dai frati francescani, da Alleanza Cattolica e da altre associazioni cattoliche, è giunto in città verso le 20.30 e si è riunito con i promotori della serata. Ma fuori dal cinema si era raccolta un folto gruppo di contestatori che ha atteso l'apertura della sala distribuendo vo-

svolto in modo pacifico, dall'afflusso nel cinema all'inizio della conferenza. Di Tolve è stato presentato alla sala e poi per circa un'ora ha raccontato la sua storia di fronte ad una platea attenta ma anche urtata dal racconto. Verso le 22.30 la tensione, che solo sporadicamente era emersa fino a quel momento, è esplosa. E dalla sala qualcuno gli ha urlato 'vattene'. A quel punto è stato tutto un accavallarsi di voci, con urla e reciproche accuse. La serata era presidiata da polizia e carabinieri, richiamati sul posto proprio dall'evento che aveva già creato fratture sulla stampa. «Ci hanno permesso di intervenire solo con dei biglietti, ma di fronte alle sue prese di posizione che molti hanno ritenuto offensive in platea si sono elevate proteste - ha spiegato alla fine Flavio Romani, di Circo Massimo - lui continuava a ripetere che noi siamo invidiosi perché ora è felice e che quelle terapie (sconfessate pure dagli psicologi) con lui hanno funzionato. Uno spettacolo degradante. Alla fine ci siamo fermati a parla-

La gente fuori dal cinema Santo Spirito; davanti al cinema anche la polizia; qui di fianco Luca Di Tolve controverse protagonista della serata

«È finita come si poteva immaginare, con contestazioni e urla al ritmo di 'vattene vattene' e 'vergonatevi', 'eterofobici'. C'erano circa 150 persone ieri sera sedute nella platea del cinema Santo Spirito per assistere alla conferenza di Luca Di Tolve, il

---

85 http://www.ilfattoquotidiano.it/2011/10/23/ero-gay-ma-sono-guar ito-e-polemica-sulla-conversione-di-adamo-creato/165847/

Luca protagonista della canzone che Povia presentò a San Remo sollevando un sacco di polemiche»[86].

86   http://lanuovaferrara.gelocal.it/ferrara/cronaca/2011/12/03/news/la-serata-con-di-tolve-finisce-in-polemica-1.2809634

10. Gli omosessuali non "integralisti del gender" sono "omofobi": i bambini si devono vendere

Coloro che si autoproclamano "paladini dei diritti gay", che sempre più spesso si dimostrano invece degli eterosessuali semplicemente infervorati contro la naturalità, contro le regole in generale, contro la Chiesa e contro le idee degli altri, millantano di essere tolleranti e democratici, eppure sanno essere molto ostili e totalitaristi al bisogno. Noi continuiamo, di contro, a sostenere che la democrazia e la tolleranza si praticano e non si predicano. Le mode non possono massificare il pensiero di un popolo.

Solitamente, se un omosessuale o un "Gay-friendly" si allontana dal pensiero omosessualista dominante, anche solo minimamente, scattano i «boicottaggi» e le accuse più svariate, dal «peccato di omofobia» al «razzismo», in alcuni casi ai «roghi dei loro prodotti».

Partiamo dal presupposto che abbiamo già spiegato la differenza fra "omosessuale" e "gay". Per "gaio" non si intende più "dissoluto", come nell'Ottocento - spiega Wikipedia - nell'Inghilterra del 1800, una "gay woman" era "una donnina allegra", cioè una prostituta, mentre una "gay house", letteralmente "casa allegra", era un bordello. Dice *Wikipedia.org* che «il "grande salto" nell'uso del termine "gay" avvenne comunque solo nel 1969, con la nascita negli USA del nuovo "movimento di liberazione omosessuale". I nuovi militanti rifiutarono i termini usati fin lì, come omosessuale e soprattutto omofilo. Non volendo più essere definiti con le parole usate dagli eterosessuali, spesso ingiuriose, la comunità omosessuale scelse di auto-definirsi usando un termine del loro stesso gergo, cioè appunto "gay" (omosessuale orgoglioso e militante). Era nato il *Gay Liberation Front* (G.L.F.). Sull'esempio americano [il termine,

NdA] "gay" si diffuse nel mondo ovunque esistesse un "movimento di liberazione omosessuale"»[87].

Ci erudisce Carbone nel suo libro «Gender» alla pagina 42, nota 1: «Già nel luglio del 1969 il *Gay Liberation Front*, una delle associazioni all'epoca tra le più attive negli Stati Uniti, aveva esplicitato i propri obiettivi in modo molto chiaro: "Noi siamo un gruppo rivoluzionario di uomini e donne, costituitosi prendendo coscienza che la completa liberazione sessuale per tutti non può avvenire finché le istituzioni sociali esistenti non siano abolite. Noi rifiutiamo il tentativo della società di imporre ruoli sessuali e definizioni della nostra natura. Noi stiamo oltrepassando questi ruoli e semplicistici miti"»[88].

Il totalitarismo del gender, ovvero il pensiero unico dominante del mondo omosessualista, comunque in costante e continua evoluzione (è «liquido»), oggi prevede come diktat - dogma assoluto - anche il «diritto di una coppia gay ad adottare bambini». Così deve prendere piede, secondo il loro aggressivo punto di vista, la turpe pratica dell'«utero in affitto». Nelle scuole - questo sempre perché «la teoria del gender non esiste» - stanno imponendo allo studio dei bambini alcune fiabe, fumetti e libri di indottrinamento dove si legge: «Franco e Tommaso si amavano: volevano fare una famiglia ed avere dei bambini»; «Chi porterà i bambini a scuola? Oggi papà Franco accompagna Lia: la sua scuola è molto vicina»; «Ecco la famiglia di Franco e Tommaso: due papà ed i loro bambini»; «Ecco una famiglia numerosa, con due mamme, quattro figli e tre gatti!»; «Ehi, voi siete una famiglia? Sì! - dissero le due mamme insieme al loro gattino». E così via ... condendo il tutto con simpatiche immagini ed una marea di luoghi comuni accattivanti. *Il Corriere.it* ha recentemente pubblicato

---

87 *https://it.wikipedia.org/wiki/Gay*

88 Si tratta dello «Statement of Purpose» - «Dichiarazione di intenti», riprodotto in Clendinen D., Nagourney A., «Out for Good. The Struggle to Build a Gay Rights Movement in America», Simon & Schuster, New York 1999, p. 32.

l'articolo: «Pinguini con 2 papà semini, ovetti e gatti. Ecco cosa narrano i libri messi al bando. Abbiamo letto due testi al centro delle polemiche a Venezia e in Regione»[89].

Il 9 Novembre 2015, Maurizio Fugatti, esponente del Partito Autonomista Trentino Tirolese, ha pubblicato su Facebook le immagini delle favole distribuite negli asili e che propagandano l'ideologia gender. Ne ha parlato *IlGiornale.it* in un articolo molto eloquente, dove si esibiscono anche le seducenti immagini a corredo delle frasi pocanzi citate. Titolo del pezzo: «Libri gender all'asilo: "Vogliono plagiare i nostri figli"»[90]. Ancora «Il Giornale»[91]: «Libro gender: il Comune invita la scrittrice (e le polemiche). Michela Marzano, autrice di *Papà, mamma e Gender*, era stata "sfrattata" da Padova». Il Comune di Padova si è rifiutato di accogliere in una sala la presentazione del libro di Michela Marzano «Papà, mamma e Gender». Narra la Redazione del giornale: «Chi oggi mi accusa di aver violato il diritto alla libertà di espressione, ieri manifestava perché in una sala comunale non si tenesse un incontro sulla famiglia naturale», ha dichiarato il sindaco veneto Massimo Bitonci. «Il rifiuto di Padova - afferma la consigliera PD Paola Bocci - è una decisione infelice e poco lungimirante, che alimenta i pregiudizi e l'ignoranza. Sarò felice come presidente della Commissione Cultura di invitare Michela Marzano a presentare il suo libro in una delle nostre sale, creando un'occasione di approfondimento aperto sul tema […]. Ho letto in aula le trame dei libri messi all'indice perché accusati di diffondere la cosiddetta "teoria Gender", che in realtà non esiste. E ho richiesto che il Comune regali alcuni di questi alle sue

---

89   *http://corrieredelveneto.corriere.it/veneto/notizie/cronaca/2015/4-settembre-2015/pinguini-2-papa-semini-ovetti-gatti-ecco-cosa-narrano-libri-messi-bando-2301874996116.shtml*

90   *http://www.ilgiornale.it/news/cronache/libri-gender-allasilo-vogliono-plagiare-i-nostri-figli-1191631.html*

91   *http://www.ilgiornale.it/news/milano/libro-gender-comune-invita-scrittrice-e-polemiche-1193405.html*

scuole dell'Infanzia». Come sempre le argomentazioni di questi politici e paladini Gay-friendly sono molto ragionate e scientificamente ineccepibili: «[...] la cosiddetta "teoria Gender", che in realtà non esiste», «[...] decisione infelice e poco lungimirante, che alimenta i pregiudizi e l'ignoranza». Questo è il livello del dibattito: nulla di scientifico, pura ideologia.

Veniamo alla "tolleranza" dei Gay-friendly. Ansa del 16 Marzo 2015: «Dolce e Gabbana nella bufera per frasi su adozioni gay. Elton John guida la guerra con #boycottDolceGabbana. Ricky Martin e Courtney Love appoggiano. Dolce, ho parlato per me»[92]. Cosa è accaduto? Gioia Giudici ci spiega tutto: «"Non mi convincono i figli della chimica, i bambini sintetici, uteri in affitto, semi scelti da un catalogo": le dichiarazioni di Domenico Dolce sui figli in provetta hanno scatenato le ire di Elton John, che dai suoi account social ha lanciato l'hashtag fatwa boycottDolceGabbana, cui hanno aderito artisti come Ricky Martin e Courtney Love, che ha promesso di fare un falò dei suoi vestiti firmati Dolce & Gabbana. "Come vi permettete di dire che i miei meravigliosi figli sono sintetici?", ha scritto il cantante, che ha due figli ottenuti con la fecondazione in vitro con il marito David Furnish, intimando a Dolce e Gabbana di "vergognarsi per aver puntato i loro ditini contro la fecondazione in vitro". "Il vostro pensiero arcaico è fuori tempo: proprio come le vostre creazioni di moda". Sul profilo Instagram di Elton John è comparso un commento di una sola parola, "Fascist!", firmato da quello che sembrava Stefano Gabbana, ma è stato cancellato. Nella polemica è entrata Courtney Love: "Ho appena raccolto tutti i miei vestiti Dolce e Gabbana e li voglio bruciare. Non ho parole. Boicottiamo la bigotteria insensata" ha scritto la vedova Cobain, postando un'immagine intitolata "Volta & Gabbana" che abbina la copertina di Vanity Fair del 2005, dove i due stilisti posavano in mezzo a dei bambini sotto il titolo "Il desiderio di essere padri", a

92   http://www.ansa.it/sito/notizie/cultura/musica/2015/03/15/ elton-john-contro-dolce-gabbana_e04c2d80-961d-482a-9667-1030fee6fab5.html

quella di "Panorama" con il titolo "Viva la famiglia (tradizionale)". Anche la tennista Martina Navratilova, che ha appena sposato la sua compagna, ha giurato che non indosserà mai più capi del duo: "Le mie magliette D&G finiranno nel bidone, non voglio che nessuno le indossi". A Dolce e Gabbana si è rivolto direttamente anche Ricky Martin, che è l'orgoglioso padre di due gemelli, avuti in provetta grazie a una madre surrogata: "Le vostre voci sono troppo potenti per spargere così tanto odio. Sveglia, siamo nel 2015, amate voi stessi ragazzi!"».

Dunque, anche i due famosi stilisti Dolce e Gabbana, che per anni sono stati icone del "jet set gay", per essersi leggermente dissociati (a dire il vero solo uno dei due - Dolce - ma per il mondo omosessualista è necessario fare calderoni collettivi) dal pensiero unico *gender - omosessualista*, si sono beccati accuse di «omofobia», «oscurantismo» ed «ignoranza»; fino al consueto «boicottaggio dei loro prodotti», addirittura con proclamati «falò dei vestiti firmati Dolce & Gabbana» e «magliette D&G che finiranno nel bidone», affinché «nessuno le indossi». Una condanna in piena regola, senza appelli, emessa da ambienti autoproclamatisi democratici e tolleranti!

Domenico Dolce ha detto: «Non mi convincono i figli della chimica, i bambini sintetici, uteri in affitto, semi scelti da un catalogo». Difatti esistono i cataloghi. Il noto sito *Linkiesta.it* ha da poco pubblicato l'articolo «Utero in affitto, diventare mamme costa 100mila euro. Intervista all'avvocato Susanna Lollini»[93], a firma Lidia Baratta. Si legge: «Perché tante coppie [... per comprare bambini] scelgono l'Ucraina? Il punto è che andare in Usa o in Canada costa dai 100mila euro in su. I costi in Ucraina invece sono più bassi, dai 30 ai 70mila euro al massimo. Ci sono molte variabili ovviamente: se si tratta di un solo bambino o di due gemelli; se non si riesce al primo tentativo; se si deve fare il parto cesareo; se i bambini nascono prematuri [...] ma comunque

---

93   *http://www.linkiesta.it/it/article/2013/12/10/utero-in-affitto-diventare-mamme-costa-100mila-euro/18243/*

i costi restano più bassi. Ciò nonostante rivolgersi a questi Paesi per attuare questa procedura è più rischioso».

Tommaso Scandroglio ha pubblicato nel Marzo del 2015 su *LaNuovaBq.it* l'articolo «Serve un utero in affitto per bambino su misura?»[94]. Leggiamo: «E allora vai sul sito della *BioTexCom - Center for Human Reproduction* con sede a Kiev in Ucraina e scegli dal catalogo on line il tipo di fecondazione artificiale che vuoi fare. Ti orienti sull'eterologa che va tanto di moda? Allora clicca la pagina "Servizi e costi" e troverai sotto la voce "Offerta speciale" il prodotto scelto: un bel bambino che si tiene i piedini con le mani imballato sotto l'etichetta "Successo assicurato". [...] Per gli straccioni che non si possono permettere una Fivet di lusso e al figlio tengono sì, ma un po' di meno rispetto ad una crociera ai Caraibi, c'è l'eterologa da discount a solo 6.900 euro con soli due tentativi. Scontatissimo per i clochard della provetta c'è infine il pacchetto "Economico": 4.900 euro per un unico tentativo. [...] Poi abbiamo la soluzione "All inclusive" (sic). Il prezzo lievita a 29.900 euro perché si tratta di maternità surrogata. Le spese sono più alte perché c'è da pagare l'affittuaria per il fastidio di ingravidarsi di un figlio che poi cederà. Come all'Ikea: dove puoi montarti tu la cucina oppure chiedere che il lavoro sporco e faticoso lo faccia un altro. [...] A breve, siamo certi, la BioTexCom offrirà anche il diritto di recesso: tieniti il bimbo per un anno e se non ti piace lo puoi dare indietro. I bimbi di seconda mano - però garantiti dall'etichetta "Usato sicuro" - verranno stoccati in siti dove chi non potrà permettersi i costi della provetta, potrà avere subito a prezzo ribassato il proprio bimbo già fatto e finito».

Il sito della *BioTexCom - Center for Human Reproduction* con sede a Kiev in Ucraina è *http://www.uteroinaffitto.com/*. L'immagine che riportiamo è solo parte del loro listino prezzi:

---

94   *http://www.lanuovabq.it/it/articoli-serve-un-utero-in-affitto-per-bambino-su-misura-12164.htm*

Il link preciso è *http://www.uteroinaffitto.com/servizzicosti/*, dove si fa presente che «la clinica ha una vasta banca di dati dei donatori che soddisfano tutte le singole esigenze dei pazienti. [...] Il personale poliglotta rende il soggiorno dei pazienti stranieri in clinica più confortevole. [...] Grazie agli approcci moderni e di alta professionalità i pazienti ricevono l'esito positivo garantito».

Noi crediamo che un solo termine possa descrivere compiutamente questo tipo di pratiche così esasperate, si tratta di «eugenetica». Sono quei metodi volti al perfezionamento della specie umana attraverso selezioni artificiali operate tramite la promozione dei caratteri fisici e mentali ritenuti positivi (bei bambini biondi con gli occhi azzurri, possibilmente disposti a vestirsi da donna e fare i fiorai) e la rimozione di quelli negativi (i poveri bambini handicappati o bruttini, che sognano di fare il meccanico). In alcuni casi può succedere il *patatrac*. Cosa è accaduto ad una coppia di "tolleranti" lesbiche? Ce lo dice *TgCom24* il 6 Settembre 2015: «Usa: figlio nero a due lesbiche bianche. La coppia fa causa, il giudice la boccia. No alla richiesta di "errore" e alla domanda di danni da 50mila dollari, perché il bambino è nato sano. La banca del seme aveva scambiato le provette» [95] - «Due lesbiche statunitensi si erano rivolte alla giustizia americana per uno scambio di provette alla banca del seme. Il bambino era nato nero con la fecondazione dello sperma di un afroamericano e non di un bianco, come richiesto. Ma, dal momento che il piccolo è sano, la causa non ha fondamento: così ha deciso il giudice, esprimendosi contro la coppia di donne e dicendo no alla richiesta di "errore" e di danni per 50mila dollari». La cosa mostruosa della vicenda è che il giudice della *DuPage County*, Ronald Sutter, non ha accolto la richiesta di risarcimento danni perchè «il figlio comunque è normale». Anche «I legali della banca del seme hanno sostenuto davanti alla giustizia che la rivendicazione di "nascita errata" non poteva applicarsi al caso perché il bambino era sano». Avete capito la sporca morale della vicenda di novella eugenetica? Se il bimbo comprato dalle due lesbiche razziste (perché rifiutano un figlio di colore) avesse avuto un dito in meno, oppure una gamba corta, o un occhio solo, sarebbe stata «una nascita errata» con tutto il «diritto di risarcimento» e di «restituzione alla casa madre».

Noi crediamo che questa sia esattamente la strada che conduce alla perdita di umanità, del senso dell'umano.

---

95   *http://www.tgcom24.mediaset.it/mondo/usa-figlio-nero-a-due-lesbiche-bianche-la-coppia-fa-causa-il-giudice-la-boccia_2132115-201502a.shtml*

11. Chi prega per i gay e chi desidera moglie e figli merita di essere punito: emergenza "omofobia"

Questo capitolo lo dedichiamo ad alcune recenti vicende di grottesca cronaca che riguarda la «lobby gay» ed il loro democratico rapporto con gli «ostili nemici del gender».

Caso Guido Barilla. «"No a famiglie gay negli spot". Bufera sul web contro Barilla. Fanno discutere le dichiarazioni di Guido Barilla: "Non faremo pubblicità con omosessuali, perché a noi piace la famiglia tradizionale. Se i gay non sono d'accordo, possono sempre mangiare la pasta di un'altra marca". Poi le scuse, ma intanto scoppia una bufera anche industriale». Racconta «Repubblica»[96]: «Nel frattempo arrivano le reazioni indignate delle associazioni omosessuali. "Raccogliendo l'invito del proprietario della Barilla a non mangiare la sua pasta, rilanciamo con una campagna di boicottaggio di tutti i suoi prodotti. Per intanto è già partito su twitter l'hashtag #*boicottabarilla*". Lo dice in una nota Aurelio Mancuso, presidente dell'associazione omosessuale *Equality Italia*. [...] "Il signor Barilla non è di 'pasta buona'quando dice certe cose": così il leader di SEL Nichi Vendola. [...] "Se per il signor Barilla le famiglie formate da gay e lesbiche non fanno parte della sua tavola, siamo noi a voltargli le spalle e a scegliere altri prodotti, culturalmente più sani e sicuramente più degni di stare sulle tavole degli italiani", interviene Flavio Romani, presidente di Arcigay, che rilancia il boicottaggio di prodotti del gruppo Barilla nato in poche ore sui social network. Alessandro Zan, deputato di SEL ed esponente del movimento gay, ha dichiarato: "Ecco un altro esempio di omofobia all'italiana. Aderisco al boicottaggio della Barilla e invito gli altri parlamentari,

---

96 *http://parma.repubblica.it/cronaca/2013/09/26/news/dove_c_ba rilla_c_casa_ma_non_per_gli_omosessuali-67302356/*

almeno quelli che non si dimettono, a fare altrettanto. Io comunque avevo già cambiato marca. La pasta Barilla è di pessima qualità"». E così via in un crescendo di «boicottaggi», accuse di «omofobia», minacce ed inquisizioni. La bufera è stata così potente che Guido Barilla ha dovuto ritrattare pubblicamente e scusarsi. Allora il Parlamentare Gasparri si è scagliato contro Barilla: «Subalterno alla lobby gay. Boicottiamo i prodotti. Il Senatore non ha gradito la svolta Gay-friendly dell'azienda, che ha ricevuto molti consensi in America» [97]. Se avete tempo di scandagliare tutte le pagine di Google che parlano della vicenda, vi imbatterete in scenari davvero apocalittici ed intimidatori. Noi siamo rimasti sciocchati!

Caso Iva Zanicchi. «Anche Iva Zanicchi prega per i gay, ma perché?», l'articolo è di *GayWave.it*[98]. Si legge: «Adesso sta diventando davvero fastidioso ragazzi! Anche Iva Zanicchi ha dichiarato di pregare affinché i gay trovino la retta via! Ebbene si, intervistata dal sito religioso Pontifex la famosa cantante italiana ed europarlamentare del PdL ha espresso il suo pensiero in materia di omosessualità, ed interrogata sul Gay Pride, scoprite un po' cosa ha risposto la Zanicchi: "Io non ho nulla contro i gay, che meritano rispetto. Io ho tanti amici gay e non ho mai avuto problemi. Ma sono contraria a quella carnevalata che sono i gay pride, una inutile e dannosa ostentazione che va contro gli stessi interessi dei gay i quali si auto discriminano". Insomma, la parata per l'orgoglio gay sarebbe una inutile carnevalata». Anche la Zanicchi ha dovuto ritrattare e dichiarare che lei «non prega per i gay». Capite, siamo a questi livelli: una persona non può neanche pregare per qualcuno. «La Signora rettifica e dice "parole male interpestate". Paolo Patanè, presidente della più inutile associazione omosessuale d'Europa - così la definisce il sito

97 *http://www.ilgiornale.it/news/politica/gasparri-contro-barilla-subalte rno-lobby-gay-boicottiamo-i-1070280.html*

98 *http://www.gaywave.it/articolo/anche-iva-zanicchi-prega-per-i-gay-ma-perche/32199/*

Gaiaitalia.com -, minaccia di ritirarle il *Pegaso d'Oro*, premio istituito da Arcigay per sentirsi importante, e che è conteso dagli ingegni più brillanti del mondo contemporaneo. Per questo lo hanno dato a quello che resta di una cantante di successo ora europarlamentare, della serie "In che mani siamo"», ironizza il sito *Gaiaitalia.com* [99]. Paolo Patanè aveva difatti annunciato la sua intenzione di ritirare il premio consegnato tempo prima all'artista, dimostrando, così, che certe fantomatiche premiazioni sembrano essere più ideologiche che altro: «[...] queste le motivazioni targate Arci Gay del *Pegaso d'Oro*. Dal 2010 - per non dimenticare: Iva Zanicchi, da sempre amica della comunità omosessuale italiana, ha dato netta testimonianza di sensibilità verso le problematiche omosessuali e la battaglia per i diritti gay nell'interpretazione di Liliana, mamma di un omosessuale»[100].

Caso Pippo Franco. «Pippo Franco prega per la guarigione dei gay»[101]. Racconta Roberto Russo su *QueerBlog.it*: «Pippo Franco a proposito dei gay dice: "Tema scabroso che merita maggior spazio. Ma credo che con questa tendenza si nasca, e per ogni cristiano è doveroso pregare per la conversione e la guarigione dell'omosessuale". Che tristezza sentire queste parole da un uomo che ha lavorato tanto a lungo con Leo Gullotta, omosessuale dichiarato». *River-Blog.com* afferma: «Pippo Franco, l'omofobo che (non) t'aspetti. [...] La frase antigay, detta da lui, non te l'aspetti. Insomma, Pippo Franco per me è un cazzeggione, un po' becero, che cerca di far ridere. Ecco perché, forse, ai comici si dovrebbe impedire di parlare d'attualità. [...] Di

99   *https://www.gaiaitalia.com/2011/07/06/iva-zanicchi-prega-per-i-gay-perche-ritrovino-la-retta-via/*
100   *https://gaiaspia.wordpress.com/2012/08/27/iva-zanicchi-premiata -da-*Arcigay-*firma-la-mozione-del-pdl-contro-i-matrimoni-omosessuali/*
101   *http://www.queerblog.it/post/11437/pippo-franco-prega-per-la-guarigione-dei-gay*

scabroso, forse, c'è il suo naso. E la sua ignoranza»[102]. Dunque stiamo attenti a non «pregare per i gay» perché altrimenti diventiamo «comici ed omofobi come Pippo Franco».

Caso Michaela Biancofiore. «Nomina di Michaela Biancofiore, la comunità gay insorge: è una suffragetta dell'omo-transfobia»[103]. Ancora: «La decisione del Governo di nominare sottosegretario alle pari opportunità la deputata del PdL Micaela Biancofiore ha scatenato le critiche della comunità omosessuale. "Francamente ci sfugge l'idoneità della nomina a sottosegretario alle Pari opportunità di una suffragetta dell'omo-transfobia come Michaela Biancofiore - commenta il presidente di Arcigay, Flavio Romani - la berlusconiana di ferro, oltre che ferocemente contraria alle nozze gay, ha ringhiato contro le persone trans e contro i loro affetti che definisce problematici. Quelli omosessuali tutt'al più configurerebbero una natura diversa e difficile». Quindi attenzione, chi non la pensa come l'Arcigay, viene dichiarato inadatto ai ruoli di Governo. Pare che la Biancofiore abbia sostenuto che i «rapporti affettivi delle persone trans sono problematici», scatenando così l'ira dei Gay-friendly. Cosa direbbero davanti allo studio di Paul R. McHugh, uno dei più autorevoli psichiatri a livello mondiale, con quasi mezzo secolo di accreditata professione? Già Primario di psichiatria nel celebre *Johns Hopkins Hospital* di Baltimora, oggi è *Distinguished Service Professor of Psychiatry*. Autore di sei libri, ha pubblicato più di 130 saggi in riviste specializzate. «L'ex Primario di psichiatria critica l'amministrazione Obama, Hollywood e i grandi mezzi di comunicazione, come la rivista *Time*: "Promuovendo il transgenderismo come normale, questi signori non fanno affatto un favore né al pubblico né ai transgender, nel trattare le loro confusioni mentali come un diritto che va difeso piuttosto che

---

102 *http://www.river-blog.com/2011/06/21/pippo-franco-lomofobo-che-non-taspetti/*

103 *http://notizie.tiscali.it/articoli/politica/13/05/03/biancofiore-polemiche-gay.html*

come un disturbo mentale che merita comprensione, trattamento e prevenzione". Prosegue McHugh: "Il sentimento di essere transgender costituisce un disturbo mentale in due aspetti il primo è che il cambio di sesso è semplicemente sbagliato, non corrisponde alla realtà fisica. Il secondo è che può portare a conseguenze psicologiche atroci". [...] "Allo Johns Hopkins abbiamo smesso di fare interventi di cambio di sesso. Ci sembrava che rendere persone apparentemente 'soddisfatte' ma in realtà piene di problemi psicologici e sociali non era una ragione sufficiente per amputare chirurgicamente organi perfettamente funzionanti", scrive il dott. McHugh. [...] "Il cambio di sesso è biologicamente impossibile - conclude il professore - le persone che si sottopongono a un tale intervento non si trasformano da uomo a donna, o viceversa. Piuttosto, diventano uomini effeminati e donne mascolinizzate. Affermare che tale intervento è un 'diritto' equivale a promuovere, a livello sociale, un grave disturbo mentale"»[104].

Caso Veronica Ciccone. «Gaffe di Madonna sul web: dà del gay a Putin e la comunità omosessuale insorge»[105]. L'articolo è di *LiberoQuotidiano.it*. Si legge: «Un gioco sul web costa a Madonna una clamorosa gaffe. Seguendo le regole del virtual game Buzzfeed, la popstar si è trovata a dover [attribuire] un nome o un aggettivo da associare al presidente russo Vladimir Putin. Così, nella fretta di completare la sua partita, ha digitato la parola gay. La comunità omosessuale, alle cui cause Madonna è sempre stata molto vicina, è allora insorta: "Sono sorpreso che usi la parola gay come insulto, pensavo fosse più sensibile" hanno scritto alcuni online». Anche l'Ansa[106] racconta la grottesca vicenda.

---

104   *http://www.atfp.it/rivista-tfp/2015/237-ottobre-2015/1116-il-transgenderismo-e-un-disturbo-mentale.html*

105   *http://www.liberoquotidiano.it/news/11601471/Gaffe-di-Mado nna-sul-web-.html*

106   *http://www.ansa.it/sito/notizie/mondo/2014/04/26/madonna-su-buzzfeed-putin-e-gay_ea3dc2c7-db16-4589-bf6d-db6740819d86.html*

Caso Matteo Salvini. Maggio 2015, «Salvini a Torre del Lago, insorge la comunità gay e lesbica». Alessio De Giorgi, rappresentante del mondo gay, scrive sulla sua pagina Facebook: «Matteo Salvini sabato sulla Marina di Torre del Lago? Questa è una provocazione bella e buona di un omofobo in quello che è stato, e continua ad essere, un luogo simbolo per la comunità Lgbt toscana e per coloro che hanno a cuore i diritti e le libertà delle persone [...] Tutto ciò è inaccettabile e personalmente sarò in prima fila a dire la mia. L'hashtag per la protesta della comunità Lgbt, già lanciato, è *#organizziamoci* - aggiunge l'articolista»[107]. Ci auguriamo di non dover chiedere, andando di questo passo, ad ArciGay anche il permesso di dimora o di transito. Consentiteci un minimo di ironia.

Alcuni lanciano il grido: «Omofobia, è l'Italia il paese più intollerante d'Europa»[108]. Non è affatto vero, come non è "omofoba" la nostra Regione a causa della "mozione Pace". Al bisogno si legga l'articolo «Omofobia - *La Repubblica* conferma: non è un problema italiano»[109]. Citiamo i dati ufficiali pubblicati da U.C.C.R.: «Dal settembre 2010 l'Oscad monitora tutte le segnalazioni a presunti reati a sfondo discriminatorio motivati da origine etnica o razziale, genere, convinzioni religiose, orientamento sessuale, identità di genere, disabilità, età, lingua. Il documento ha certificato[110] che in più di 3 anni di attività dell'Osservatorio sono pervenute all'Oscad 611 segnalazioni: 253 riguardano atti discriminatori costituenti reato. Tra queste, il 57% è motivato dalla razza/etnia, il 27% dall'orientamento sessuale, l'11% dal credo religioso, il 2% da disabilità. Delle 83 segnalazioni

---

107 *http://www.luccaindiretta.it/2011-08-07-02-51-05/item/46575-salvini-a-torre-del-lago-insorge-la-comunita-gay-e-lesbica.html*

108 *http://it.ibtimes.com/articles/68967/20140730/omofobia-lgbt-discri minazioni-italia-europa.htm*

109 *http://www.notizieprovita.it/notizie-dallitalia/omofobia-la-repubb lica-confe rma-non-e-un-problema-italiano/*

110 *http://cdn.tempi.it/wp-content/uploads/2013/12/omofobia-oscad.pdf*

di "omofobia" pervenute in oltre 3 anni, una media di 28 all'anno, riguardanti l'orientamento sessuale, 35 casi sono offese come ingiurie o diffamazioni; 33 casi riguardano aggressioni e/o lesioni; 5 casi sono istigazione alla violenza omofoba; 4 casi di danneggiamenti; 4 casi legati al suicidio della vittima e 2 casi di minacce»[111]. «Questi dati - ha affermato Carlo Giovanardi in commissione Giustizia - dimostrano che in Italia non esiste affatto un'emergenza di violenza e discriminazione nei confronti di omosessuali e transessuali, mentre questo disegno di legge [eterofobo ed intollerante a firma Scalfarotto, *NdA*] ideologico e liberticida mira a togliere la possibilità di espressione e di azione a chi non condivide le tesi delle associazioni gay militanti, per esempio sul matrimonio o sull'adozione».[112]

Siamo addolorati per le vittime e convinti che non bisogna abbassare la guardia, tuttavia la parola "emergenza" significa altro. Prosegue difatti U.C.C.R.: «Anche *Agapo* ("Associazione Genitori e amici di Persone Omosessuali"), d'altra parte, lo ha affermato spiegando che "l'ambiente in cui crescono oggi in Italia i giovani con tendenza omosessuale in genere non è omofobo. L'odio nei confronti dei 'gay' rappresenta un fenomeno complessivamente marginale"[113]. Una recente ricerca effettuata a livello internazionale dal prestigioso *Pew Research Center* ha certificato[114] infatti che l'Italia si colloca tra i Paesi del globo aventi i maggiori tassi di accettazione della omosessualità, appena sotto la Francia». Bisogna lavorare per azzerare gli episodi di violenza; i dati chiaramente dimostrano, però, che in Italia non esiste un'"emergenza omofobia".

---

111   *http://www.uccronline.it/2014/01/20/lomofobia-in-italia-solo-28-segna lazioni-allanno/*

112 *http://www.lastampa.it/2013/12/20/valanga-emendamenti-ncd-a-ddl-su-omofobia-legge-liberticida-PS9WR1t38gjRt2v8ThwPaN/pagina.html?exp=1*

113 *http://80.241.231.25/Ucei/PDF/2013/2013-09-17/20130917255 60960.pdf*

114 *http://www.pewglobal.org/2013/06/04/the-global-divide-on-homosexuality/*

Contrariamente a quanto afferma il "Decreto Scalfarotto", noi rivendichiamo il diritto di critica. Foto elaborate, tratte da *Google.it* -> Immagini: "gay pride".

12. La "teoria del gender" non esiste, ma se la critichi Scalfarotto ti "mette le manette"

Abbiamo brevemente capito che la cosiddetta «teoria del gender» si sviluppa negli anni attraverso visionarie intuizioni di medici "non convenzionali", rivendicazioni di sedicenti "comitati di liberazione", teorie attinte dal femminismo radicale e pretese anti-scientifiche.

Shulamith Firestone nel 1970 in «The dialectic of sex» (New York) scrive: «[dobbiamo] ritornare al pansessualismo senza ostacoli, perché la perversità polimorfa freudiana probabilmente sostituirà la sessualità etero, omo e bisessuale [...] Il fine ultimo della rivoluzione femminista non consiste nell'eliminazione dei privilegi, ma nella stessa cancellazione delle distinzioni tra sessi (11). [...] Il tabù dell'incesto oggi serve solo a preservare la famiglia. Se ci sbarazzassimo della famiglia ci sbarazzeremmo anche delle repressioni che vedono la sessualità posta in formazioni specifiche. Una volta che tutto sia livellato in parità, la maggior parte della gente potrebbe preferire il sesso opposto semplicemente perché è fisicamente più conveniente (59). [...] Il nostro passo finale deve essere l'eliminazione della stessa condizione di femminilità e di infanzia (104). [...] I tabù sessuali adulto/bambino e omosessualità sparirebbero, così come le amicizie non sessuali. Tutti i rapporti intimi indurrebbero anche la fisicità (240)».[115]

---

115 Citata da Giorgio Maria Carbone, «Gender. L'anello mancante?», E.S.D., 2015, pag. 29. Annota padre Carbone: Firestone S., «La dialettica dei sessi» - «The dialectic of sex, New York 1970», Guaraldi, Firenze 1974, pag. 12. Le citazioni successive indicano solo il numero di pagina tra parentesi tonde.

La strategia di comunicazione alla base del proselitismo omosessualista/gender contemporaneo si deve soprattutto a Marshall Kirk e Hunter Madsen. Questo è il rigido progetto comunicativo: «1) "Parlare dell'omosessualità finché il tema non sia diventato assolutamente noioso" (178); 2) "Ritrarre i gay come vittime, e non come provocatori violenti"; 3) "Dare ai potenziali simpatizzanti una giusta causa" (187); 4) "Usare immagini che distraggano, blocchino o convertano il bigotto a un livello emotivo [...] sfidare le opinioni e le azioni omofobiche su di un livello (non troppo) intellettuale, ricordando che il messaggio razionale serve a mimetizzare la nostra sottostante richiesta emotiva"». Questo è il traguardo finale: «Il punto vero è che le unioni civili sono un obiettivo simbolico formidabile. Rappresentano la legittimazione dell'identità gay e lesbica attraverso una battaglia di libertà come quelle sul divorzio o sull'aborto, che dispone di argomenti semplici e convincenti: primo tra tutti la proclamazione di un modello normativo di omosessualità rassicurante [...]. Pressappoco il messaggio è questo: i gay non sono persone sole, meschine, nevrotiche, ma persone splendide, affidabili ed equilibrate, tanto responsabili che vogliono metter su famiglia. Con questa immagine affettiva, non esente dai rischi di perbenismo, si fa appello ai sentimenti più profondi del Paese e si vede a portata di mano il traguardo della normalità (212)» [116].

A proposito delle «unioni civili, obiettivo simbolico formidabile». Monica Cirinnà, Senatrice PD, che ha messo a punto il testo sulle «Unioni Civili» in Italia, ha recentemente annunciato lo sciopero della fame: «Dobbiamo assolutamente approvarle ed uscire dal Senato entro gennaio 2016 [...] Se entro gennaio la legge non passa, farò uno sciopero della fame [...]

---

116 *Op. cit.*, pagina 45 ss.. Fra parentesi le pagine del libro: di Kirk M., Madsen H., «After the Ball. How America will conquer it fear and hatred of Gays in the 90's», Penguin, New York 1989 (il numero della pagina citata è indicato nel testo tra parentesi tonde).

Quello che mi ha fatto tribolare più di tutti è Giovanardi. E poi i conservatori, che nel Pd sono meno del 10% però»[117]. Come se non bastassero boicottaggi ed accuse di "omofobia", ci pare singolare che un membro del Governo minacci lo «sciopero della fame».

Metodo condiviso anche da Ivan Scalfarotto, Sottosegretario del PD, che nel Luglio del 2015 ha annunciato: «[...] da dieci giorni digiuno per la legge sulle unioni gay. Bevo due bicchieri di latte al giorno, uno la sera e uno la mattina. E poi bevo molto, tanta acqua [...] Ho perso un po' di peso, ma con qualche precauzione, tipo dormire molto la notte, evitare di espormi troppo al caldo, sono ormai arrivato al decimo giorno di digiuno [...] il problema è appunto l'attenzione del Paese [...] Le mie dimissioni sono sempre firmate, pronte qualora il Presidente o il Ministro preferiscano fare senza di me»[118]. Poco dopo ha ricominciato a mangiare la pasta, a patto che non sia Barilla, e non si è dimesso, mentre la legge non è stata approvata: «Interrompo il mio digiuno perché ho fiducia in Renzi e nel PD»[119]. Mario Adinolfi lo ha sbeffeggiato: «Ivan s'è rimesso a mangiare perché "io mi fido di Matteo Renzi" e forse si ricorderà del DDL Scalfarotto approvato nel settembre 2013 alla Camera e che al Senato ogni mese veniva rinviato. Sta ancora a aspetta'. Bene».

È fondamentale capire che cos'è il «DDL Scalfarotto». La proposta di Scalfarotto è determinante perchè butta giù la maschera, ci fa capire esplicitamente e finalmente che cosa intendono certi ambienti per «omofobia». Il sito di «Giuristi per la Vita» lo spiega in «Macché omofobia. La legge Scalfarotto è

117   http://www.ansa.it/sito/notizie/topnews/2015/11/09/cirinna-unioni-civili-o-sciopero-fame_448f38ea-b570-4bb7-a4f4-8b3f2c76de31.html

118   http://espresso.repubblica.it/palazzo/2015/07/08/news/ivan-scalfarotto-vi-spiego-perche-da-dieci-giorni-digiuno-per-la-legge-sulle-unioni-gay-1.220512

119   http://www.ilgiornale.it/news/politica/unioni-civili-scalfarotto-rompe-digiuno-adinolfi-sbeffeggia-1153193.html

eterofoba»[120]. Stefano Spinelli argomenta: «Con detta proposta, infatti, si vuole estendere la norma che punisce chi incita a commettere o commette atti di discriminazione per motivi razziali, etnici, nazionali o religiosi, anche a chi incita o pone in essere atti discriminatori motivati dall'orientamento sessuale o dall'identità di genere di una persona. In sostanza, chiunque si ostini a sostenere e a propagandare che chi è attratto da persone dello stesso sesso, o chi si percepisce di sesso diverso da quello che ha, non può sposarsi o non può avere il diritto di adottare figli, né di procurarseli al mercato degli embrioni o degli uteri in affitto, potrebbe essere punito perché discrimina o incita alla discriminazione degli omosessuali». Questa sì che è una proposta «barbara ed incivile». Il DDL Cirinnà, difatti, «[...] in preda a evidente eterofobia, vieta di parlare di famiglia come unico luogo di crescita equilibrata dell'uomo e di suo primo sviluppo sociale, per non discriminare gay e trans, è profondamente illiberale. Non solo viola uno dei più qualificanti diritti sanciti dall'art. 21 della Costituzione, che contraddistingue i regimi democratici da quelli totalitari, ma impone con la forza della legge una realtà diversa da quella che è, ossia l'uguaglianza dei diversi e variegati orientamenti sessuali tra loro (come ben rappresentano i variopinti *gay pride*), tanto che a sostenere il contrario si discriminerebbero i diritti di coloro che optano per scelte di genere non conformi, e si commetterebbe addirittura reato».

Bene, si è capito che la dolce strategia degli «Standard per l'educazione sessuale in Europa», come pure i famosi manifesti di Stato sull'«Educazione alle differenze» e tutti quegli ostentati fogli, foglietti ed esperimenti dove si millanta «tolleranza, prevenzione contro il bullismo e lotta all'omofobia», non sono altro che la mielata preparazione alla repressione ideologica ed al "totalitarismo del gender". Si punta ad approvare, con tracotante aggressività, minacciando anche «digiuni e boicottaggi», una

---

120   *http://www.giuristiperlavita.org/joomla/notizie-e-commenti/86-macche-omofobia-la-legge-scalfarotto-e-eterofoba*

«legge anti-discriminazione che rischia di portare a un nuovo tipo di discriminazione. Francia e Inghilterra insegnano». Il giorno 11 Luglio 2013 la Redazione di *Tempi.it* lanciò l'allarme: «Criticare le nozze gay diventerà reato? [...] Il testo della legge, contiene diversi passaggi oscuri. Sull'argomento hanno scritto Alfredo Mantovano su *Tempi.it* e su *Avvenire*, Paola Ricci Sindoni sul *Foglio*, Andrea Morigi su *Libero*. Posto che ogni tipo di discriminazione è odiosa, le domande su un progetto di legge inutile sono lecite. Anche in virtù di quanto sta accadendo in altri paesi. Basti pensare al recente caso dell'uomo arrestato a Londra perché diceva in strada che l'omosessualità è peccato, o ai tanti casi francesi (l'ultimo riguarda la delazione su internet) in seguito alla legge Taubira»[121]. Sono tutti inutili allarmismi? Vediamo altri esempi: «Predica il Vangelo in strada e dice che "l'omosessualità è peccato". Arrestato a Londra per "omofobia". Tony Miano, 49 anni, ex poliziotto della California, è stato arrestato e detenuto per sei ore a Londra per aver "espresso contenuti omofobi" pubblicamente in via Wimbledon, vicino allo stadio dove si sta svolgendo il famoso torneo di tennis»[122]. Citare San Paolo quando menziona «d'immoralità sessuale» sarebbe «reato di omofobia». A questo punto qualcuno potrebbe accusarci di usare «fonti faziose», tipico mantra "gay-gender" utilizzato per delegittimare lavoro e credibilità altrui: "sono bufale". Vediamo come gioisce *GayWave.it* per un analogo caso: «Che la Chiesa è estremamente ostile alla comunità omosessuale è un dato di fatto comune in tutto il mondo, ma in Inghilterra questa ostilità non è tollerata, ed a pagarne le spese è stato Dale McAlpine, un prete omofobo cristiano di quarantadue anni beccato a declamare che l'omosessualità è peccato. Il predicatore si sarebbe rivolto ad una folla, alla quale avrebbe raccontato la solita tiritera, tanto

---

121   *http://www.tempi.it/omofobia-legge-appello-nozze-gay-reato#.Vk W4WbcvjRZ*

122   *http://www.tempi.it/omosessualita-omofobia-londra-inghilterra-mia no-predicatore-arresto#.VkW8cbcvjRZ*

sostenuta dalla Chiesa. Il sermone del prete cristiano è stato però presto interrotto dall'agente Sam Adams, del *Police Community Support Officer*, che ha affermato che il prete stava usando un linguaggio ingiurioso nei confronti della comunità omosessuale»[123]. Secondo il sito: «Il prete ha trascorso sette ore in cella: "Sono sconvolto e umiliato. Mi hanno trattato come un comune criminale davanti alla mia gente. La mia libertà è stata calpestata da qualcuno che non apprezzava quello che stavo dicendo", ha dichiarato il prete [...] quando è stato scarcerato».

I "totalitaristi del gender", così "digiunisti" e "democratici", non scherzano neanche in Francia: «Prete cattolico portato via dalla Polizia francese per proteste sul matrimonio omosessuale [...] Il curato Didier Pirrodon, "sono stato portato al commissariato. Quello che mi aveva fatto arrabbiare, e che io trovo inammissibile, è che anche le persone in uscita dalla chiesa siano state controllate dalla polizia. E anche molte famiglie che si trovavano vicine agli uffici postali sono state trattenute per diverse ore"»[124]. Ancora: «Nicolas condannato a quattro mesi di prigione perché manifestava contro il matrimonio gay in Francia»[125]. Proseguiamo: «Francia, sindaco rifiuta di celebrare matrimonio gay e chiede l'obiezione di coscienza. Rischia il carcere»[126]. I casi sono innumerevoli! L'unico diritto violato, a nostro parere, nei casi che abbiamo riportato, è il diritto di esprimere la propria opinione e di esercitare in libertà il proprio ufficio.

---

123 *http://www.gaywave.it/articolo/prete-omofobo-arrestato-in-inghilterra/ 11209/*

124 *http://www.tempi.it/francia-didier-pirrodon-prete-arrestato-matrimoniogay #.VkW_K7cvfRY*

125 *http://www.tempi.it/francia-manif-pour-tous-nicolas-condannato-a-quattro-mesi-di-prigione-perche-manifestava-contro-il-matrimonio-gay#.VkXAibcvfRa*

126 *http://www.tempi.it/sindaco-francese-rifiuta-di-celebrare-un-matrimonio-gay -e-chiede-lobiezione-di-coscienza-rischia-tre-anni-di-carcere#.VkXA0bcvfRZ*

13. Il "gender" non è ideologia, è "scienza" e "morale". Scienza e morale contrarie sono "omofobe"

Robert Spitzer, famoso psichiatra della *Columbia University* di New York - fu uno dei promotori della derubricazione dal DSM dell'omosessualità come «disordine mentale»[127] - presentò nell'anno 2001 la ricerca «Religiously-mediated sexual orientation change»[128], di Stanton L. Jones e Mark A. Yarhouse, che «hanno seguito per sette anni un campione costituito da sessantuno individui omosessuali, sia maschi sia femmine, sottopostisi volontariamente ad una terapia basata sull'influenza della religione e dei valori morali»[129]. Tale ricerca, pubblicata dal prestigioso «Journal of Sex and Marital Therapy»[130], è stata discussa nel convegno annuale dell'*American Psychiatric Association*[131] nel 2001. «Lavorando con 200 individui - sottolinea A.T.F.P. - il dott. Spitzer aveva ottenuto un cambiamento di orientamento sessuale nel 66% dei maschi e nel 44% delle femmine. Non dobbiamo trarne conclusioni affrettate, commenta il dott. Nicholas Cummings, ex-presidente dell'*American Psychological Association*, ma questo studio apre nuove prospettive nella ricerca. Si tratta di una lettura d'obbligo per terapeuti e psicologi».

---

127 Si leggano le pagine 62 e 63 del libro «Gender. L'anello mancante?» di padre Carbone.

128 Cambiamento dell'orientamento sessuale causato da fattori religiosi.

129 *http://www.atfp.it/2012/102-marzo-2012/683-dallomosessua lita-si-puo-guarire.html*

130 Vol. 37, pp. 404-427.

131 Robert Spitzer, «Can Some Gay Men and Lesbians Change Their Sexual Orientation? 200 Participants Reporting a Change from Homosexual to Heterosexual Orientation», New Orleans, 2001.

La Commissione Nomenclatura dell'APA[132] ha cancellato l'omosessualità dai suoi manuali per eliminare «fattori di discriminazione sociale nei confronti delle persone omosessuali». Questo è stato sottolineato anche da alcuni noti attivisti gay[133]. È interessante la posizione del luminare Robert Spitzer, che nel 1973 era presidente della Commissione Nomenclatura dell'APA. In una dichiarazione rilasciata al *Wall Street Journal* il 23 maggio 2001, ha affermato: «Nel 1973, opponendomi all'opinione prevalente dei miei colleghi, appoggiai la rimozione dell'omosessualità dalla lista ufficiale dei disordini sessuali. Per questo motivo ottenni il rispetto dei *liberals* e della comunità gay, anche se ciò fece infuriare molti dei miei colleghi [...] Ora, nel 2001, ho mutato opinione e questo ha fatto sì che venissi presentato come un nemico della comunità gay e così la pensano in molti all'interno della comunità psichiatrica e accademica. Io contesto la tesi secondo cui ogni desiderio di cambiamento dell'orientamento sessuale di un individuo è sempre il risultato della pressione sociale e mai il prodotto di una razionale motivazione personale».

Le cronache - ma se le riportiamo probabilmente ci accuseranno di «omofobia», forse anche di «negazionismo» - ricordano che nel 1968 gli "attivisti gay" manifestavano alle riunioni della Commissione Nomenclatura dell'APA chiedendo di partecipare agli incontri, cosa che alla fine ottennero. Da quel momento il dibattito scientifico fu sospeso e sostituito da discussioni di carattere politico e ideologico, che negli anni '70 sfociarono nella decisione di mettere la questione ai voti. Ebbene, grazie a una votazione, 5.854 voti a favore e 3.810 contro, l'omosessualità fu derubricata dai manuali statistici: «Il 9 Aprile

---

132 L'*American Psychiatric Association* (APA) è un'Organizzazione professionale di psichiatri degli Stati Uniti d'America.

133 Simon Le Vay, «Queer Science», Cambridge, MIT Press, 1996, p. 224. Citato in «Il Sacramento del Diavolo», M. Stanzione - C. Di Pietro, Fede&Cultura, Verona, 2014, p. 165.

1974 furono annunciati i risultati dei voti. Solo 10.555 dei 17.905 membri APA hanno partecipato alle elezioni. I risultati furono i seguenti. Numero totale di membri APA con diritto di voto: 17.905. Numero di membri APA che hanno votato: 10.555. Numero di membri "astenuti": 367. Numero dei "No" - voti per mantenere "omosessualità" nel DSM come "disturbo mentale": 3810. Numero di "Si" - voti per rimuovere "omosessualità" dal DSM come "disturbo mentale": 5854. Va notato che il numero di "Si" (5854) rappresentava solo il 32,7% di tutti i membri dell'APA»[134]. Questa votazione avvenne nonostante il parere contrario della maggioranza degli psichiatri americani, i quali si espressero attraverso un sondaggio indipendente[135].

Nel DSM IV rimase tuttavia per lungo tempo la voce omosessualità «ego-distonica», espressione che «designa soggetti spinti verso uno stato depressivo a causa di un conflitto con il proprio io». Il noto psichiatra Irving Bieber commentò così la votazione del 1973: «Non si può davvero sostenere che la nuova posizione ufficiale riguardo l'omosessualità sia una vittoria della scienza. Non è ragionevole votare su questioni scientifiche come se si trattasse di mettere ai voti se la terra sia piatta o rotonda»[136].

---

134 «Long Road to Freedom: The Advocate History of the Gay and Lesbian Movement», Mark Thompson e Randy Shilts, St Martins Pr; 1st edition, 1994, p. 104. In *Op. Cit.*, pag. 164, nota 131.

135 Harold - I. Lief, «Sexual Survey no.4 current thinking on homosexuality», Medical Aspects of Human Sexuality 2 (1977), pp.110 - 111 (citato in «Growing Up Straight» by George A. Reker); Charles W. Socarides (January 24, 1922 – December 25, 2005), «The Sexual Deviations and the Diagnostic Manual», su «American Journal of Psychoterapy», (citato in «Sexual Strands: Understanding and Treating Sexual Anomalies in Men», Ron Langevin, RoutLedge Taylor & Francis Group, New Jersey, 2009, pp. 414-426). In *Op. Cit.*, pag. 164, nota 132.

136 Irving Bieber e coll, «Omosessualità», Il Pensiero Scientifico Editore, Roma, 1977 (citato in «Omosessualità & normalità. Colloquio con Joseph Nicolosi», Roberto Marchesini, su «Studi Cattolici» n. 525, novembre 2004, pp. 830 – 832). «Se una persona non

Sempre per approfondire il nostro capitolo 9 «Il "genere è liquido", ma se torni eterosessuale (v. "riorientamento") vai perseguitato e boicottato», vediamo cosa dice il dottor Robert Spitzer in una sua dichiarazione: «L'Associazione Psichiatrica Americana dovrebbe smettere di applicare una logica del doppio peso nel senso di scoraggiare la terapia di *riorientamento*, mentre attivamente consiglia la terapia di *gay-affirmative* per confermare e solidificare un'identità di gay [...] I professionisti del settore medico-sanitario mentale dovrebbero smettere di muoversi nel senso di sconsigliare la terapia che ha, come obiettivo, un cambiamento nell'orientamento sessuale. In molti pazienti, se con consenso, informati circa la possibilità che saranno delusi se la terapia non riesce, può far funzionare una scelta razionale per sviluppare il loro potenziale eterosessuale e la minimizzazione delle loro attrazioni omosessuali indesiderabili [...] la capacità di compiere una tal scelta dovrebbe essere considerata fondamentale dell'autonomia e dell'autodeterminazione del cliente».[137]

L'ex Presidente dell'*American Psychological Association*, Robert Perloff, è stato lo speaker principale all'annuale conferenza del NARTH[138], che si è tenuta a Washington D.C. il 14 dicembre 2004: «Sono qui come paladino del diritto di scelta [...] Credo fermamente che la libertà di scelta dovrebbe governare l'orientamento sessuale di una persona [...] Se gli omosessuali scelgono di trasformare la loro sessualità in eterosessualità, questa risoluzione e decisione spetta solo a loro, e non dovrebbe essere manipolata da gruppi di interesse, inclusa la comunità gay [...] Il diritto individuale all'autodeterminazione della sessualità - o

---

condivide l'ideologia gay rischia di essere additata come "omofoba"»: E. Giuliana, agg. 12 dicembre 2005, Bollettino on-line «Settimanale Padre Pio». In *Op. Cit.*, pag. 164, nota 133.

137 «Il Sacramento del Diavolo», M. Stanzione - C. Di Pietro, Fede&Cultura, Verona, 2014, p. 172 ss..

138 NARTH: Associazione per la ricerca e la terapia dell'omosessualità. Sito italiano: *http://www.gruppolot.it/wp/*.

autonomia sessuale - è, sono felice di vedere, insito nella dichiarazione d'intenti del NARTH: Narth rispetta la dignità, l'autonomia e la libertà d'azione del cliente. Tutti gli individui hanno il diritto di affermare un'identità gay, o di sviluppare il loro potenziale eterosessuale. Il diritto di cercare una terapia per cambiare il proprio adattamento sessuale è considerato ovvio e inalienabile. Sottoscrivo pienamente il manifesto del Narth precedentemente menzionato».[139]

Uno dei massimi esponenti dell'«ideologia gender» in Italia fu Mario Mieli[140], testimonial di numerosi circoli gay e ideatore

---

139 NARTH, National Association for Research & Terapy of Homosexuality, v. Perloff (*http://www.narth.com/docs/perloff.html*); Cf. «L'ex presidente dell'APA: "dall'omosessualità si può uscire, l'APA è solo politica"», *Uccronline.it*, 16 novembre 2011; vedi anche *Uccronline.it*, «Nozze gay: l'APA senza credibilità, smentita dagli studi», 3 maggio 2013. In «Il Sacramento del Diavolo», M. Stanzione - C. Di Pietro, Fede&Cultura, Verona, 2014, pp. 174 e 175.

140 Mario Mieli, figlio di industriali della seta, al liceo Parini di Milano abbraccia la dottrina marxista, aderisce a «Lotta Continua», che abbandona per fondare il «Fuori» (Fronte Unitario Omosessuali Rivoluzionari Italiani) prima e poi i «Collettivi Omosessuali Milanesi», protagonisti della contestazione dal 1971 al 1977. Muore suicida il 12 marzo 1983, dopo essersi dedicato negli ultimi anni di vita all'esoterismo e alla magia. Mario Mieli nel saggio propone una metamorfosi del vetero-comunismo nel movimento libertario antiproibizionista, cioè l'emancipazione dell'uomo tramite la «prassi sessuale contro natura» o «perversa», da lui sintetizzata nello slogan «Mens sana in corpore perverso». L'autore aggiorna il marxismo con le tesi di Freud e Reich e lo definisce «comunismo polimorfo perverso», auspicando una società di uguali in «comunione totalizzante» tra di loro. Per questo è necessario «liberare» l'uomo, il cui corpo è gerarchicamente schiavo della Logica (che Mieli chiama la *Norma*), alienante sovrastruttura storica, tramite il dissolvimento di ogni identità «in una estetica transessuale». In questa comunicazione alla Bataille di forme materiali, la corporeità umana entra liberamente in relazioni egalitarie multiple con tutti gli esseri della terra, inclusi «i bambini e i nuovi arrivati di ogni tipo, corpi defunti, animali, piante, cose» annullando "democraticamente" ogni differenza, non solo tra gli esseri umani ma anche tra le specie. A questa rivoluzione sociale sono di ostacolo i valori familiari naturali e cristiani, liquidati da Mieli come «pregiudizi di certa canaglia reazionaria» e che, trasmessi con

dello slogan: «Mens sana in corpore perverso». Il professor Tim Dean, psicoanalista dell'Università di Buffalo, nel suo contributo in Appendice al libro «Elementi di critica omosessuale» scritto da Mario Mieli (1952-1983) e pubblicato la prima volta dalle Edizioni Einaudi nel 1977 [141], basandosi sul modello libertario della sessualità gay, notava: «Nel processo politico di ristrutturazione della società [...] Mieli non esita a includere nel suo elenco di esperienze redentive la pedofilia, la necrofilia e la coprofagia» e «ridefinisce drasticamente il comunismo, descrivendolo come riscoperta dei corpi». Tutti discorsi da applicare anche ai bambini.

Questo pensiero, le sue interpretazioni e la sua applicazione, preoccupano tanto noi quanto l'attento lettore. Il vero soggetto che intendiamo tutelare da scelte arbitrarie e da

---

l'educazione, hanno la colpa di «trasformare il bambino in adulto eterosessuale». I bambini, secondo quello che sembra il pensiero di Mieli, possono però «liberarsi» e trovare la realizzazione della loro «perversità poliforme» grazie anche ai pedofili, specie se omosessuali: «Noi checche rivoluzionarie sappiamo vedere nel bambino [...] l'essere umano potenzialmente libero. Noi, sì, possiamo amare i bambini. Possiamo desiderarli eroticamente rispondendo alla loro voglia di Eros, possiamo cogliere a viso e a braccia aperte la sensualità inebriante che profondono, possiamo fare l'amore con loro. Per questo - sentenzia Mieli - la pederastia è tanto duramente condannata: essa rivolge messaggi amorosi al bambino che la società invece, tramite la famiglia, traumatizza, castra, nega». Citato in nota 121, pag. 153, nel libro «Il Sacramento del Diavolo». Link consultato il 20 Gennaio 2016: *https://it.wikipedia.org/wiki/Mario_Mieli.*

141 Il testo, un manifesto della «politica dell'esperienza» che all'epoca conobbe una diffusione limitata all'interno del circuito politico omosessualista in Italia e all'estero, «rimane a tutt'oggi il più importante saggio teorico prodotto in Italia nell'area del movimento di liberazione omosessuale», come ha scritto il redattore de «Il manifesto» Gianni Rossi Barilli, il quale è curatore, assieme a Paola Mieli, della nuova edizione del saggio. «La proposta di Mieli illustrata nel libro [...] è un'utopia da vivere partendo dal presupposto che la liberazione dell'Eros nelle sue forme neglette e represse è il solo vero antidoto al predominio mortifero della Norma e del capitalismo», tesi «oggi, ancora più di ieri, in sintonia con linee di evoluzione culturale e sociale» (La nota è del 2013, n° 121 in «Il Sacramento del Diavolo», M. Stanzione - C. Di Pietro, Fede&Cultura, Verona, 2014, p. 153).

dibattiti ideologici, è proprio colui che consideriamo più vulnerabile: il bambino. Nessuna libertà può sconfinare nella «perversità poliforme» coniata dal Mieli. Un misto di «femminismo radicale» e «cripto-pedofilia» sembrano essere alla base di certe «teorie» che, però, «non esistono». A questo punto è normale, per i sostenitori del «gender», che alla scienza si debba opporre l'ideologia, tuttavia negandolo sempre.

Punto di partenza del femminismo: «Il ricorso alla biologia [...] rende più difficili gli appelli all'uguaglianza: se le donne sono essenzialmente diverse, su quali basi si possono allora considerare uguali o pari agli uomini?»[142]. Premettendo che teniamo distinte le donne, nella loro straordinaria diversità, dal femminismo radicale, riportiamo di seguito altri pareri della scienza. Ronald Bayer in «Homosexuality and American Psychiatry. The Politics of Diagnosis»[143] dice: «Il risultato raggiunto [di derubricare l'omosessualità dal DSM, NdA] non è stato una conclusione fondata su un'approssimazione di verità scientifiche dettate dalla ragione, ma un'azione di carattere ideologico dettata dai tempi».

In «Le unioni omosessuali. Un problema di filosofia del diritto»[144], ci riferisce Gabriella Gambino: «com'è stato messo in evidenza da alcuni studiosi che hanno vissuto la genesi di questi cambiamenti, il capovolgimento della classificazione diagnostica dell'omosessualità rappresenta il risultato dell'orientamento ideologico di quegli anni, che ebbero una forte influenza sulla psicologia, scoraggiando terapia e ricerca e diffondendo la preoccupazione che l'approfondimento delle cause psicologiche dell'omosessualità potesse riportarla ad essere considerata una patologia. Alcuni dei movimenti omosessuali si sono anche chiesti se i "normali" (gli eterosessuali) potessero condurre ricerche e

---

142 Scott J. W., «Genere, politica, storia», Viellla, Roma, 2013, p. 115. In Carbone, nota 10, p. 32.

143 Princeton University Press, Princeton 1987, 4. In *Op. cit.*, Carbone, p. 64.

144 Giuffrè, Milano, 2007, p. 66 e 67.

studi sull'omosessualità. In tal senso qualche autore è giunto a proporre una "auto-comprensione militante della omosessualità" come un vero e proprio "discorso omosessuale", come Mario Mieli in "Elementi di critica omosessuale"».

Charles W. Socarides in «Homosexuality: A Freedom Too Far» testimonia: «Io e i miei colleghi, tutti coloro che considerano l'omosessualità un disturbo, siamo stati ridotti al silenzio. Siamo stati minacciati dalla leadership psichiatrica con l'ostracismo per ragioni politiche, non scientifiche»[145].

William Dannemeyer nel suo volume «Shadow in the Land: Homosexuality in America» afferma: «Gli attivisti sono stati molto abili nel tramutare ogni argomento scientifico sgradito in una questione politica e mettere in dubbio l'integrità e i motivi di tutti coloro che non sono d'accordo con le loro tesi»[146].

Per sua stessa ammissione, Isay Richard A., psichiatra e psicoanalista che vive e lavora a New York, che ha due figli e convive con il suo "compagno" [147], in «Essere omosessuali. Omosessualità maschile e sviluppo psichico» [148], sostiene: «A guidare il lavoro terapeutico con un paziente gay DEVE essere la CONVINZIONE dell'analista che l'omosessualità sia un fatto normale e naturale. Mi sembra che tale atteggiamento possa essere sostenuto in modo convincente solo da un terapeuta che condivida la prospettiva teorica che l'omosessualità sia un normale punto finale dello sviluppo di alcuni uomini. Oggi i terapeuti più orientati a vedere le cose in questo modo sono di solito omosessuali, sebbene nulla garantisca che un terapeuta gay non possa essere egli stesso ostacolato dai suoi conflitti precoci e dall'interiorizzazione dell'omofobia. Questo è un circolo vizioso che si auto perpetua».

---

145 Margrave, Phoenix 1995, 79. In *Op. cit.*, Carbone, p. 64.
146 Paperback, Ottobre, 1989, p. 56. *Ivi.*
147 *http://www.raffaellocortina.it/essere-omosessuali*
148 Raffaello Cortina, Milano 1996, pp. 115 e 116.

In «Le unioni omosessuali. Un problema di filosofia del diritto» [149] , la dottoressa Gabriella Gambino [150] onestamente ammette alla pagina 68: «In effetti, uno degli ostacoli percepiti dai movimenti gay alla loro autoaffermazione è costituito dalla presenza di "ex-gay": individui che hanno consapevolmente scelto di non vivere la loro identità gay e di intraprendere un cammino di superamento della propria omosessualità. Negli Stati Uniti, diversi psicoterapeuti stanno sperimentando con successo il cosiddetto "approccio ricostitutivo" e nonostante i critici della "conversione", gli studi nell'ambito delle "terapie del cambiamento" si stanno moltiplicando, con risultati spesso positivi, che ne evidenziano l'efficacia e l'eticità. [...]. L'approccio ricostitutivo si basa, in particolare, "sull'analisi delle dinamiche familiari, il recupero della relazione con la figura paterna, l'auto-accettazione e la rimozione dei sensi di colpa, l'auto-affermazione e la valorizzazione dell'autostima e lo sviluppo di amicizie non erotiche attraverso la costruzione di una relazione importante con il terapeuta, la verbalizzazione e la psicoterapia personale e di gruppo". [...] Si veda, su questo punto, l'ampia bibliografia riportala dal documento pubblicato dalla *Catholic Medical Association* (CMA), "Homosexuality and Hope", in "Linacre Quarterly", Maggio, 2001, commentato e presentato in sintesi da M.B. Flanagan, "The medical abnormality of homosexuality", in "Linacre Quarterly", Agosto, 2003, vol. 70, n. 3, pp. 232 ss. All'ampia bibliografia tratta dalla letteratura medica si può accedere dal sito della CMA: *http://www.cathmed.org*».

Sono tantissime le felici, veraci e durature «testimonianze di riorientamento»[151] dimostrate, per esempio, anche dai dottori Joseph Nicolosi, Chiara Atzori e dai protagonisti della cosiddetta

---

149 Giuffrè, Milano, 2007, p. 66 e 67.
150 *http://mondodomani.org/filosofiatorvergata/docenti/gambino/*
151 Qui ce ne sono tante: *http://omosessualitaeidentita.blogspot.it/*

«terapia riparativa»[152]; tuttavia nel mondo dell'"omosessualismo militante" risultano essere tabù, da infamare. Perché privare un essere umano, "una persona" non semplicemente "un individuo", della libertà di poter scegliere, facendo psicoterapia e, perché no, anche un cammino di fede?

Ecco che, puntuale come la mezzanotte, parte la "macchina del fango" Gay-friendly, "dogmatica" sebbene priva di argomenti, come al solito: «Conosciamo bene le tesi sostenute da Chiara Atzori - dichiara Aurelio Mancuso, Presidente nazionale di Arcigay - dai pregiudizi morali [che offuscano] la visione scientifica della realtà che si nutre di studi, ricerche e dati di fatto e non di convinzioni ideologiche e confessionali che impongono un sistema di valori discriminatorio [...] Abbiamo formalmente scritto - dichiara Paolo Patanè, responsabile salute di Arcigay - a tutti i soggetti interessati: alla direzione dell'Ospedale Luigi Sacco, agli Assessori regionali, provinciali e comunali competenti, ai Presidenti nazionale e provinciale dell'Ordine dei medici per ottenere una chiara presa di posizione su queste tematiche tanto delicate che riguardano la correttezza scientifica e la deontologia professionale [...] Le parole della Atzori sono inaccettabili, omofobe e prive di ogni valore scientifico. Come comunità LGBT milanese ci sentiamo offesi da queste tesi - sostiene Paolo Ferigo, presidente del CIG Arcigay Milano - e reagiremo manifestando il nostro dissenso con un presidio che si terrà».[153]

Ancora proteste e "fango" senza alcun argomento: «La delirante omofobia di Joseph Nicolosi: corsi per guarire dal cancro dell'omosessualità». Il professor Nicolosi sarebbe gravemente colpevole di aver denunciato che esistono «lobbies che traggono enormi guadagni dall'universo omosessuale, ad esempio vendendo

---

152 Qui un dettagliatissimo dossier: *http://www.gruppolot.it/wp/ wp-content/uploads/2013/05/NARTH-ITALIA-DOCUMENTI-LIBRETTO-N-1-GRUPPOLOT-ONLUS.pdf*

153 *http://www.Arcigay.it/le-indegne-affermazioni-di-chiara-atzori/*

milioni di dischi [...]» e che le «vere star sono i santi»[154]. Perbacco, che "criminale" questo Nicolosi!

Andiamo avanti: «La famiglia, il convegno omofobo, le tesi anti-gay e la protesta in piazza [...] Sabato 17 gennaio si sono dati appuntamento a Milano le sigle ultracattoliche con uno scopo preciso: "Difendere la famiglia per difendere la comunità" [...] "La Regione eviti di sporcare l'immagine di Expo e di finire nel ridicolo, rifiutando di concedere la sala e il patrocinio a un'iniziativa omofoba", chiede il senatore piddino Andrea Marcucci, che sul tema ha annunciato un'interrogazione parlamentare: "Le associazioni, che propongono tali assurde tesi, facciano queste iniziative da sole" [...] "La nostra opposizione è frontale - spiega Vicente Gonzalez Loscertales - utilizzare in modo abusivo a fine politico il logo non è accettabile ed è in contraddizione con i valori di Expo e del Bie" [...] hanno elevato a dogma i testi di Joseph Nicolosi lo psicologo statunitense, noto per le sue discusse "Teorie riparative dell'omosessualità" [...] Considerate prive di fondamento scientifico [...]»[155].

Qual era in realtà il problema? Rispondiamo riportando le parole dello stesso articolo: «La presenza di alcuni promotori di "Obiettivo Chaire", associazione che si occupa di persone che, pur avvertendo tendenze e pulsioni omosessuali, rifiutano la logica militante dell'attivismo gay e chiedono di essere accompagnati ad articolare ed a superare il loro disagio, ritrovando il disegno originario di Dio sulla loro vita». Altro problema: «d'incontro è [voluto da] nemici giurati dell'adozione da parte di coppie omosessuali, della fecondazione eterologa, delle unioni civili e soprattutto del progetto di legge Scalfarotto: allargare l'intera legge Mancino - che condanna l'istigazione all'odio e alla violenza - a omofobia e transfobia, cercando di tutelare la comunità Lgbt vittima di discriminazioni, insulti e violenze». Ecco svelato l'arcano. Non si

---

154   http://www.articolotre.com/2014/08/la-delirante-omofobia-di-joseph-nicolosi-corsi-per-guarire-dal-cancro-dellomosessualita/

155   http://espresso.repubblica.it/attualita/2015/01/15/news/il-convegno-omofobo-le-tesi-anti-gay-e-la-protesta-in-piazza-1.195294

deve parlare di certi argomenti, tutti "omofobi". Facciamo presente che nessuno dei tantissimi medici e/o luminari fino ad ora elencati manifesta intenzione di imporre il «riorientamento», né tantomeno dichiara di voler «discriminare gli omosessuali»; essi offrono solo «un'alternativa alle persone che vivono un disagio per il loro stato ed esercitano, liberamente e senza costrizioni, il diritto di scelta». Eppure sarebbero: "retrogradi totalitaristi"!

Peraltro nessuno degli "urlatori per professione" si lamenta o scatena «boicottaggi» quando «Gli psichiatri Usa sdoganano la pedofilia, da malattia a "orientamento"». [156] Si legge difatti su *IlFoglio.it*, Novembre 2013: «È successo che l'*Associazione degli Psichiatri Americani*, una delle più importanti Associazioni scientifiche del mondo, ha modificato nel suo ultimo manuale la linea sulla pedofilia: non più "disordine" ma "orientamento" [...] Come l'APA dichiarò negli anni Settanta che l'omosessualità era un orientamento sotto la forte pressione degli attivisti omosessuali, così ora, sotto la pressione degli attivisti pedofili, ha dichiarato che il desiderio sessuale verso i bambini è un orientamento [...] La pedofilia viene definita "amore intergenerazionale". Una trasformazione avvenuta sotto la spinta degli studi di Alfred Kinsey, il guru della rivoluzione sessuale occidentale che ha ispirato molti studi psichiatrici in campo sessuale. Nel suo secondo "Rapporto" c'è un paragrafo intitolato "Contatti nell'età prepubere con maschi adulti", nel quale vengono descritti rapporti sessuali tra adulti e bambini: "È difficile capire per quale ragione una bambina, a meno che non sia condizionata dall'educazione, dovrebbe turbarsi quando le vengono toccati i genitali, oppure turbarsi vedendo i genitali di altre persone, o nell'avere contatti sessuali ancora più specifici"».

Dobbiamo prestare attenzione anche ai termini utilizzati: "pedofilia" diventa "amore intergenerazionale", "utero in affitto" diventa "maternità surrogata", "adozione del figliastro", diventa "stepchild adoption". Se non riesci a convincerli, confondili. [157]

---

156 *http://www.ilfoglio.it/articoli/2013/11/05/gli-psichiatri-usa-sdoganano-la-pedofilia-da-malattia-a-orientamento___1-v-99671-rubriche_c297.htm*

157 *If you cannot convince them, confuse them* (Harry S. Truman).

14. Il "bavaglio" UNAR: «Linee Guida per un'informazione rispettosa delle persone LGBT»

Nel 2013 così tuonava il sito del "Circolo di Cultura Omosessuale" dedicato al già citato Mario Mieli: «Attraverso attacchi sconcertanti e mirati esclusivamente a ribaltare la realtà dei fatti, le *Linee Guida per un'informazione rispettosa delle persone LGBT*, pubblicate dall'UNAR e individuate grazie ai seminari realizzati negli scorsi mesi dal Redattore Sociale, sono finite sotto il fuoco incrociato dell'"Avvenire" e dell'On. Alessandro Pagano (NCD) [...] Fra le righe pubblicate dal quotidiano dei Vescovi si racconta la presunta volontà di intraprendere una rieducazione dei giornalisti con metodi volti a distinguere i professionisti dell'informazione in "buoni e cattivi" [...] "Le linee guida pubblicate dall'UNAR sono il naturale seguito dei seminari di formazione *L'orgoglio e i pregiudizi* realizzati, come ampiamente segnalato sul sito del Dipartimento per le Pari Opportunità, con il sostegno e i patrocini dell'Ordine nazionale dei giornalisti, della Federazione nazionale stampa italiana, delle amministrazioni comunali, degli Ordini regionali e dei sindacati dei giornalisti delle città di Milano, Roma, Napoli e Palermo", ha ricordato Andrea Maccarrone, presidente del Circolo di Cultura Omosessuale Mario Mieli [...] A sconvolgere ulteriormente la realtà sono arrivate le dichiarazioni dell'On. Alessandro Pagano, fra i più strenui oppositori della legge contro l'omofobia e la transfobia in Commissione Giustizia e alla Camera, che si è lasciato andare ad affermazioni deliranti sulla libertà di opinione ed espressione e su presunti metodi squadristi volti a intimidire i giornalisti che decidessero di non assecondare con un'informazione compiacente la "lobby gay" [...] Gli inaccettabili attacchi dell'"Avvenire" e del NCD rappresentano solo l'ultima di una lunga serie di scelte, studiate e criminalmente consapevoli, volte ad evitare ogni occasione di confronto al solo scopo di difendere un'informazione ideologica, basata su menzogne e false interpretazioni dei fatti. La disinformazione di cui si fa portatore il quotidiano dei Vescovi, costantemente amplificata e rilanciata dai partiti di una destra becera, omofoba e lontana anni luce dall'Europa [...]»[158].

Confrontiamo questo "anatema" con altri blog e giornali. citiamo gli articoli: «La lobby gay imbavaglia i giornalisti»[159]; «Avviso ai giornalisti cattolici. Ecco come non scrivere un articolo con "tic omofobici"»[160]; ancora: «I libelli "educativi" anti-omofobi dell'UNAR»[161] etc. Saranno tutti complottisti gli autori di questi ultimi pezzi e di tanti altri analoghi? Allora nel dubbio ci siamo procurati le «Linee Guida per un'informazione rispettosa delle persone LGBT»[162], che tutti potete scaricare direttamente dal sito dell'UNAR in formato PDF. Cerchiamo di capirci qualcosa.

L'accattivante copertina raffigura un cuore con i colori della "bandiera della pace" o comunque con alcuni "colori arcobaleno". Cuore che sovrasta i loghi del *Ministero per le Pari Opportunità* e dell'UNAR, ovvero *Ufficio Nazionale Antidiscriminazioni Razziali a difesa delle differenze*. Si legge in seconda di copertina: «Questa pubblicazione fa seguito ad una serie di seminari [...] realizzati nell'ambito del progetto "LGBT Media and Communication", finanziato dal Consiglio d'Europa [...]

---

158 *http://www.mariomieli.net/linee-guida-unar-sotto-il-fuoco-incrociato-de-lavvenire-e-del-nuovo-centro-destra-ncd.html*

159 *http://www.lanuovabq.it/it/articoli-la-lobby-gay-imbavaglia-i-gior nalisti-7973.htm*

160 *http://www.tempi.it/avviso-ai-giornalisti-cattolici-ecco-come-non-scri vere-un-articolo-con-tic-omofobici#.VkX3xrcvfRY*

161 *http://www.riscossacristiana.it/libelli-educativi-anti-omofobi-delluna r-di-gianfranco-amato/*

162 *http://www.unar.it/unar/portal/wp-content/uploads/2014/01/ lineeguida_informazionelgbt.pdf*

l'Italia ha aderito al Programma [...] nel cui ambito è stata adottata la Strategia nazionale LGBT 2013-2015». Chiari, dunque, gli intenti, gli autori, i finanziatori di questa "magna charta" da 28 pagine indirizzata ai giornalisti. Ne parla anche Pasquale Quaranta su *Repubblica.it*: «"L'orgoglio ed i pregiudizi": come comunicare senza discriminare omosessuali e transessuali. Pubblicate le linee guida del Ministero per le Pari Opportunità rivolte ai giornalisti per informare senza stereotipi»[163].

Veniamo ai contenuti partendo da vari lavori di sintesi[164] già pubblicati sul web. UNAR dice: «[...] è da evitare l'idea che essere gay o lesbica o bisessuale è una scelta che si può rivedere o cambiare, magari con l'aiuto di terapie. L'orientamento omosessuale o bisessuale, così come quello eterosessuale non è una scelta, e pretendere di modificarlo può causare gravi conseguenze sul piano psichico alle persone coinvolte». Dunque sarebbe «da evitare» di raccontare le cronache degli ultimi 30/40 anni che ci parlano di omosessuali e del «riorientamento», pur sapendo che nessuno degli specialisti, fino ad ora citati nel nostro libro, «pretende di modificare l'orientamento sessuale», come sostiene il "Libello UNAR", ma offre una libera alternativa, una scelta. Prosegue UNAR: «Il ruolo di genere riguarda l'insieme delle caratteristiche (atteggiamenti, gesti, abbigliamento, linguaggio, interazioni sociali ecc.) che sono riconosciuti in una data società e cultura come propri di uomini e donne. È quindi il modo in cui una persona esprime l'adattamento alle norme condivise su ciò che è appropriato a un genere. Fin dall'infanzia ci si aspetta, per esempio, che una bambina giochi alle bambole e che un bambino giochi ai robot o che faccia giochi violenti e

---

163   *http://www.repubblica.it/cronaca/2013/12/13/news/l_orgoglio_e_i_pregiudizi_comunicare_senza_discriminare_omosessuali_e_transessuali-73529278/*

164   *http://www.blogosocial.com/omofobia-nuove-regole-giornalisti/*; *http://www.tempi.it/avviso-ai-giornalisti-cattolici-ecco-come-non-scrivere-un-articolo-con-tic-omofobici#.VkX3xrcvfRY*

competitivi [...] È importante distinguere tra loro gli elementi descritti: sesso biologico, identità sessuale, identità di genere, orientamento sessuale, ruolo di genere. Sono tutti elementi dell'identità individuale che si possono combinare in modi molteplici, dando luogo a configurazioni inaspettate». Dunque la teoria del gender esiste anche secondo UNAR, ma non se ne deve parlare, oppure si è autorizzati a dire al massimo che «la teoria del gender non esiste». Non bisogna confondere «sesso» con «genere», dice UNAR, inoltre questi «elementi dell'identità individuale che si possono combinare in modi molteplici», non si possono invece combinare, sempre secondo UNAR, solo in un caso: «è da evitare l'idea che essere gay o lesbica o bisessuale è una scelta che si può rivedere o cambiare, magari con l'aiuto di terapie».

Andiamo avanti. Linea guida UNAR: «La questione del *coming out* è rappresentata negativamente da una parte dell'opinione pubblica, che propugna la filosofia del "Don't ask, don't tell" (non chiedere, non dire): negli Stati Uniti, è stata questa a lungo la politica in campo militare, il divieto per le persone omosessuali o bisessuali che prestavano servizio nell'esercito di dichiarare o rivelare in alcun modo le proprie inclinazioni. Questa dottrina si estende però anche molto al di là dell'ambito militare: in Italia, per esempio, risulta coerente con le opinioni conservatrici che dell'omosessualità stigmatizzano soprattutto la visibilità. È la cosiddetta "ostentazione", il luogo comune del "gay esibizionista", quella contro cui viene condotta la più importante battaglia. La convinzione che sottostà a questo pregiudizio è che esista un diritto alla vita privata di cui anche le persone omosessuali certamente godono, ma che non si debba dare alle identità LGBT alcun riconoscimento pubblico. Il *coming out* è invece promosso dall'attivismo per i diritti LGBT perché segnala l'accettazione di sé e promuove la trasformazione di atteggiamenti e comportamenti verso le differenze nella società in cui si vive». In buona sostanza si chiede ai giornalisti di interessarsi al «coming out» dei vari soggetti che scelgono di dichiarare «il proprio orientamento sessuale o la propria identità di genere», evitando tuttavia di parlare di «ostentazioni» e di «esibizionismo». Inoltre sono da condannare le «opinioni conservatrici che dell'omosessualità stigmatizzano soprattutto la visibilità»: dunque si invitano i giornalisti a dare visibilità all'omosessualità affinché tutti ne parlino, anche i bimbi all'asilo o l'utente di ogni *media.*

UNAR dice che lesbica non è una parolaccia e la parola deve essere usata con garbo e rispetto: «Fare entrare la parola lesbica nell'uso comune e nel linguaggio dei media, liberandola da connotazioni dispregiative o voyeristiche, è un passo importante verso il riconoscimento dell'omosessualità femminile e l'attribuzione di diritti alle donne che desiderano e amano altre donne». Vieta l'uso della parola "saffico" perché potrebbe "provocare" l'uomo. Si legge: «Lo stesso vale per l'aggettivo saffico, che richiama atmosfere lascive e seducenti adatte a stuzzicare anche il lettore maschio». Perché l'UNAR considera questa terminologia ancora un tabù?

UNAR pretende di insegnare anche la grammatica, volendosi sostituire all'*Accademia della Crusca*: «L'errore più diffuso nel giornalismo riguarda l'attribuzione del genere grammaticale al soggetto transessuale. Le persone che sui giornali sentiamo continuamente chiamare *I trans* in realtà sono *LE trans*. Tra l'altro, quelle di cui si parla di solito hanno tutta l'apparenza di soggetti femminili: le foto spesso ritraggono lunghi capelli, tacchi alti e minigonne. Dovrebbe venire spontaneo attribuire il femminile, e invece le contraddizioni, anche grammaticali, abbondano [...] Dal maschile al femminile, o viceversa, nella stessa frase. Per la transessualità vale il principio dell'identità. Se la persona di cui si parla transita dal maschile al femminile, non importa in che fase della transizione si trovi, né se si sta sottoponendo all'iter della riassegnazione chirurgica del sesso, se lei sente di essere una donna va trattata come tale. Come principio, quindi, è corretto utilizzare pronomi, articoli, aggettivi coerenti con l'apparenza della persona e con la sua espressione di genere [...]». Abbiamo già citato, di contro, il dott. Paul R. McHugh che asserisce: «Promuovendo il transgenderismo come normale, questi signori non fanno affatto un favore né al pubblico né ai transgender, nel trattare le loro confusioni mentali come un diritto che va difeso piuttosto che come un disturbo mentale che merita comprensione, trattamento e prevenzione [...]»[165]; invece secondo UNAR: «se lei sente di essere una donna va trattata come tale». Paul R. McHugh è in errore? Il sito *Gay.Tv* dice il 18 Ottobre 2012: «Secondo l'Organizzazione Mondiale della Sanità (OMS) la transessualità fa parte delle malattie mentali; Vladimir Luxuria non ci sta e, con una raccolta firme, vuole toglierla dalla lista."Non sono malata. In realtà sto benissimo" - scrive Luxuria - "Ma l'Oms insiste nell'affermare che io sia malata: la transessualità, infatti, è nella loro lista delle malattie mentali. Questo è ridicolo, soprattutto se a dirlo è un'agenzia delle Nazioni Unite, e considerare le persone transessuali mentalmente malate serve solo a contribuire alla loro discriminazione". Proprio in questi giorni la OMS sta rivedendo la classificazione e, come successe per l'omosessualità che fu depennata nel 1990, "è arrivato il momento di smettere di stigmatizzare le persone transessuali!" - afferma la presentatrice - "Il 20 ottobre si celebra la Giornata Internazionale di Azione per la *Depatologizzazione della Transessualità*. Unitevi a me firmando questa petizione per chiedere all'OMS di smettere di considerare le persone transessuali, come me, dei malati mentali. Non sono malata. Sono solo malata d'amore!"»[166]. Ancora una volta si vuol spostare il dibattito scientifico sul piano ideologico, mediante «petizione».

Quanto ricordato fino ad ora, ed altro elencheremo, estratto dalle «Linee Guida per un'informazione rispettosa delle

---

165   *http://www.atfp.it/rivista-tfp/2015/237-ottobre-2015/1116-il-transgenderismo-e-un-disturbo-mentale.html*

166   *http://www.gay.tv/articolo/vladimir-luxuria-essere-transessuali-non-e-una-malattia-petizione-contro-loms/37903/*

persone LGBT», si inserisce perfettamente nel solco del diktat tracciato il 31 Marzo 2010 dal *Comitato dei Ministri del Consiglio d'Europa* [CM/Rec(2010)5] dove si raccomanda di «superare la discriminazione e l'esclusione sociale fondate sull'orientamento sessuale o sull'identità di genere [...] Conformemente alla giurisprudenza della Corte Europea dei Diritti dell'Uomo, qualsiasi differenza di trattamento è ritenuta discriminatoria se non poggia su una giustificazione obiettiva e ragionevole, cioè se non persegue uno scopo legittimo e se non sussiste un ragionevole rapporto di proporzionalità tra i mezzi impiegati e lo scopo che si vuole raggiungere». Ovvero: qualcuno si può «discriminare» e qualcuno «non si può discriminare» a meno che la «discriminazione non poggi su una giustificazione obiettiva». L'obiettività di questa «giustificazione» è, guarda caso, appannaggio degli autori del documento in questione e dei loro "emissari". Dunque chi, secondo questo "equo" Tribunale, «si può discriminare»? Ecco la risposta. Il *Comitato dei Ministri del Consiglio d'Europa* ribadisce «il principio secondo il quale non può essere invocato nessun valore culturale, tradizionale o religioso, né qualsivoglia precetto derivante da una "cultura dominante" per giustificare il discorso dell'odio o qualsiasi altra forma di discriminazione, ivi comprese quelle fondate sull'orientamento sessuale o sull'identità di genere». Avete capito? Se uno "prega" (*prego per i trasgressori del Sesto Comandamento*), o ha "nostalgia tradizionale" (*voglio la mamma*), oppure basa le sue opinioni sulla "cultura dominante" (*famiglia con padre, madre e figli*), laddove queste ipotesi provochino indignazione negli ambienti "Gay-friendly", costui potrebbe essere un pericoloso «operatore di discriminazione», in sintesi un "omofobo" da perseguire. Per ora il Comitato «raccomanda [non obbliga, *NdA*] agli Stati membri di vigilare affinché siano adottate e applicate in modo efficace misure legislative e di altro tipo miranti a combattere ogni discriminazione fondata sull'orientamento sessuale o sull'identità di genere, a garantire il rispetto dei diritti umani delle persone lesbiche, gay, bisessuali e transessuali e a promuovere la tolleranza nei loro confronti». Se un religioso, se un politico, se un giornalista dovesse scrivere: «non condivido l'adozione gay perché sono per la famiglia tradizionale (per noi una è la famiglia, se proprio vogliamo specificarlo)», avrebbe, almeno idealmente, «discriminato», poggiando le sue idee su «religione o tradizione». Sono molto macchinosi questi documenti suggeriti da lobby a burocrati, ma analizzandoli bene si arriva al dunque! Il testo qui citato è stato letto anche al Senato il 20 Novembre 2014, Seduta numero 356 (resoconto stenografico)[167].

Alla pagina delle «Linee Guida» UNAR ci "consiglia": «Parlare di "famiglia gay" o "famiglia omosessuale" per indicare il nucleo in cui i genitori sono dello stesso sesso, comporta [...] il rischio [...] di trasferire l'omosessualità dai genitori su tutti i componenti, rafforzando il luogo comune per cui chi viene cresciuto da una coppia di gay o di lesbiche è destinato a sviluppare a sua volta un orientamento omosessuale. Un luogo comune che le scienze sociali continuamente smentiscono. Meglio quindi riferirsi ai genitori e parlare, per le famiglie in cui questi sono due uomini o due donne, di "famiglie omogenitoriali", oppure famiglie con due papà, due mamme. Meglio ancora parlare, semplicemente, di famiglie. Perché dopo aver distinto questa categoria di famiglie, come devono essere chiamate le altre, quelle in cui i genitori appartengono a due ge-neri diversi? Si sente spesso parlare di famiglie tradizionali, per lo più in funzione oppositiva rispetto a quelle omogenitoriali. Ma tradizionale corrisponde sempre meno alla pluralità di esperienze che compongono le vite familiari, in cui sono compresi i nuclei monogenitoriali, quelli divisi dal divorzio, quelli ricostruiti ecc. L'uso di famiglie al plurale, di cui ci sono ottimi esempi anche nel giornalismo, segna l'adozione di un punto di vista inclusivo di

---

167 *http://www.senato.it/japp/bgt/showdoc/frame.jsp?tipodoc=Resaul a&leg=17&id=00813922&part=doc_dc-allegatob_ab-sezionetit_i-atto_30144 8&parse=no&stampa=si&toc=no*

tutte le differenze, dove a fare da *trait d'union* tra le varie manifestazioni dell'idea di famiglia sono i concetti di legame stabile, amore, cura, responsabilità... Per lo stesso motivo si può parlare di matrimoni, quando ci riferiamo all'unione di persone dello stesso sesso, anziché di "matrimoni gay"». Chiaramente UNAR evoca presunte «scienze sociali» che «continuamente» smentirebbero l'esistenza di eventuali condizionamenti nei bambini cresciuti da una «coppia di gay o di lesbiche». Manifesta anche l'intenzione di voler alterare, nel popolo, la percezione sociale della "norma" (maggior numero di casi), dettando la strategia da utilizzare allo scopo. Sarebbe opportuno, secondo UNAR, parlare di «famiglie» e mai più di «famiglia tradizionale», poiché «la [famiglia] tradizionale corrisponde sempre meno alla pluralità di esperienze che compongono le vite familiari». La «tradizione» - trasmissione attraverso il tempo di un patrimonio culturale, complesso dei valori e modelli trasmessi - dovrebbe fare i conti con presunte statistiche, quindi aprire alla «pluralità di esperienze», di fatto smettendo di essere, essa stessa, «tradizione». Chesterton in «La mia fede», sosteneva: «io sono ordinario nel senso più comune del termine, il che significa accettare un ordine [...] provare un senso di gratitudine per essa, ritenere la vita e l'amore quali doni costantemente buoni, il matrimonio e la galanteria quali leggi che giustamente li controllano e approvare le altre normali tradizioni comuni al nostro popolo [...]». Al contrario Joseph Goebbels asseriva che «la propaganda è un'arte, non importa se questa racconti la verità»[168]. La psicanalista Claude Halmos ha spiegato[169] che «i bambini hanno bisogno di genitori di sesso diverso per crescere [...] Ignorando un secolo di ricerche, i sostenitori dell'adozione [gay] si basano su un discorso basato sull'"amore", concepito come l'alfa e l'omega di ciò che un

---

168 Tratto da «Le Origini occulte del Nazismo», René Alleau, Edizioni Mediterranee.

169 *http://www.psychologies.com/Planete/Societe/Articles-et-Dossiers/L-adoption-par-des-couples-homosexuels-et-l-enfant-dans-tout-ca*

bambino avrebbe bisogno, [ma queste affermazioni] colpiscono per la loro mancanza di rigore [poiché] un bambino è in fase di costruzione e, come per qualsiasi architettura, ci sono delle regole da seguire se si tratta di "stare in piedi". Quindi, la differenza tra i sessi è un elemento essenziale della sua costruzione. [Alcuni vogliono far vivere i bambini] in un mondo dove "tutto" è possibile: dove gli uomini sono "padri" e anche "mamme", le donne "mamme" e anche "papà". Un mondo magico, onnipotente, dove ciascuno armato con la sua bacchetta, può abolire i limiti, [un mondo] debilitante per i bambini [...] Il mondo che descrivono è astratto e disincarnato». Noi condividiamo profondamente questa definizione ed affermiamo che la libertà senza la responsabilità è un'illusione. Il diritto stesso è una costruzione, per cui non ci può essere diritto senza giustizia, e non ci può essere giustizia senza verità, per questo riteniamo che, se nemmeno il corpo possa rappresentare un limite, dovremmo affidare tutto alla "tecnica". Questo è il grande limite di tutte quelle ideologie che ripudiano l'ordine naturale.

UCCR riporta, nello studio «Psicologi, filosofi e giuristi contro nozze e adozioni gay»[170], un elenco di dichiarazioni di professionisti, credenti e non credenti, competenti nei loro rispettivi settori -psicologi, magistrati, filosofi, esperti della famiglia, sociologi, pedagogisti - che non pensa affatto che sia positivo affidare un bambino a coppie dello stesso sesso. È possibile approfondire l'argomento anche nel vastissimo dossier «Adozione omosessuale, la scienza dice di "no"»[171]. Fra le innumerevoli fonti scientifiche riportate, si legge: «Nel 1994 in una ricerca sul "Journal of Divorce & Remarriage"[172] sono stati analizzati i dati di letteratura pubblicati sulla genitorialità

---

170 http://www.uccronline.it/2012/03/27/psicologi-filosofi-e-giuristi-si-oppongono-alle-nozze-gay/

171 http://www.uccronline.it/2013/01/16/adozione-agli-omosessuali-gli-studi-scientifici-dicono-di-no/

172 http://www.tandfonline.com/doi/abs/10.1300/J087v20n01_06

omosessuale e dei suoi effetti sui bambini. Scrivono i ricercatori: "Ogni studio è stato valutato secondo gli standard accettati di ricerca scientifica. La scoperta più impressionante è stata che tutti gli studi mancavano di validità esterna, e non un singolo studio rappresentava la sub-popolazione di genitori omosessuali. Solo tre studi hanno soddisfatto gli standard minimi di validità interna, mentre gli undici restanti presentati hanno mostrato minacce mortali alla validità interna. La conclusione che 'non vi sono differenze significative nei bambini allevati da madri lesbiche rispetto a madri eterosessuali' non è supportata dalla ricerca scientifica". Hanno inoltre aggiunto [gli esperti del "Journal of Divorce & Remarriage"]: "Un altro limite reciproco di molti degli studi è stato quello già identificato da Rees (1979), vale a dire, 'il desiderio politico e giuridico di presentare una felice e ben regolata famiglia lesbica al mondo'" (p. 116)». Ancora: «Nel 2009 su "Psychological Reports" [173] una ricerca ha mostrato che in diversi studi sulla genitorialità gay, "taluni risultati potenzialmente negativi possono essere stati oscurati da effetti soppressori". Tuttavia, si prosegue, "le differenze sono state osservate, tra cui alcune prove in dissertazioni più recenti, le quali suggeriscono che l'orientamento sessuale dei genitori potrebbe essere associato con l'orientamento sessuale dei bambini in seguito all'emulazione e l'attaccamento all'adulto". Si conclude quindi che "la più recente ricerca sulla genitorialità gay continua ad essere viziata da molte delle stesse limitazioni delle ricerche precedenti in questo settore di studi, compresi gli effetti soppressori trascurati"». Nel luglio 2010 sul «Journal of Biosocial Science» uno studio [174] ha mostrato che «l'ipotesi che i genitori gay e lesbiche avrebbero più probabilità di avere figli gay, lesbiche, bisessuali o dall'incerto orientamento sessuale è confermata». Nel mese di Marzo 2012

---

173 *http://www.ncbi.nlm.nih.gov/pubmed/18982959*
174 *http://xa.yimg.com/kq/groups/19806419/959920590/name/Full+Article.pdf*

l'«American College of Pediatricians» ha affermato[175]: «I bambini allevati da due individui dello stesso sesso crescono in modo adeguato come i bambini allevati in famiglie con una madre e un padre? Fino a poco tempo fa la risposta univoca a questa domanda è stata "no". Nell'ultimo decennio, tuttavia, organizzazioni sanitarie professionali, accademici, politici e mezzi di comunicazione hanno affermato che i divieti di genitorialità verso le coppie dello stesso sesso debbano essere tolte. Nel prendere questa decisione di tale portata, qualsiasi sostenitore responsabile dovrebbe basarsi su elementi di prova completi e conclusivi. Ma non solo non è questa la situazione, ma esistono al contrario prove tangibili che i bambini esposti allo stile di vita omosessuale possono avere un rischio aumentato di danno emotivo, mentale e anche fisico [pertanto] l'*American College of Pediatricians* ritiene inopportuno, potenzialmente pericoloso e pericolosamente irresponsabile, per i bambini, annullare il divieto di adozione per i genitori dello stesso sesso. Questa posizione è radicata sulle migliori conoscenze scientifiche disponibili».

In tutta onestà, invitiamo gli interessati allo studio attento degli approfondimenti «Psicologi, filosofi e giuristi contro nozze e adozioni gay»[176] e «Adozione omosessuale, la scienza dice di "no"»[177], dove si elencano e citano (con link verificati ed accurate note documentali) una mole notevolissima di ricerche e di studi scientifici che smentiscono inequivocabilmente l'UNAR. Comunque, non essendo noi medici e considerando la vera cultura una fonte di arricchimento, altrettanto onestamente invitiamo gli interessati al privato e vario approfondimento, più o

---

175 *http://www.acpeds.org/the-college-speaks/position-statements/paren ting-issues/homosexual-parenting-is-it-time-for-change*

176 *http://www.uccronline.it/2012/03/27/psicologi-filosofi-e-giuristi-si-oppongono-alle-nozze-gay/*

177 *http://www.uccronline.it/2013/01/16/adozione-agli-omosessuali-gli-studi-scientifici-dicono-di-no/*

meno critico, anche altrove, usando fonti possibilmente non ideologizzate, come stiamo tentando di fare noi.

Nelle sue «Linee Guida per un'informazione rispettosa delle persone LGBT» UNAR raggiunge il culmine: «Oltre che nelle parole scelte per parlare di tematiche LGBT, il pregiudizio si può annidare (per lo più inconsapevolmente) anche in quelli che si possono chiamare "tic omofobici" dell'informazione. Vediamone alcuni. 1) Quando si parla di tematiche LGBT, c'è la tendenza a consultare esperti o giornalisti che non siano gay o lesbiche o transessuali/transgender loro stessi, quasi che questa condizione rendesse chi parla meno affidabile, in quando mosso dall'emotività; 2) Quando un tema collegato alla condizione delle persone LGBT diventa di attualità, i giornalisti vanno in cerca di persone note che funzionino da interlocutori sul tema. Manca l'abitudine a consultare le associazioni che lavorano ampiamente su questi temi; 3) La tendenza ad affidarsi a specialisti (es. psicologi o psicoanalisti) ha l'effetto [di] depoliticizzare le questioni inerenti i diritti LGBT. Per esempio, parlando di omogenitorialità gli esperti di varie discipline potranno riferire sul buono o cattivo funzionamento di queste famiglie, ma non possono contribuire alla riflessione pubblica, politica sul tema, che non riguarda solo le persone LGBT ma la società tutta; 4) Quando si parla di tematiche LGBT, è frequente che giornali e televisioni istituiscano un contraddittorio: se c'è chi difende i diritti delle persone LGBT si dovrà dare voce anche a chi è contrario. Questo, però, non è affatto ovvio». Cosa vuole dire UNAR in "semi-diplomatichese"? Secondo noi, UNAR, quando elenca questi presunti «tic omofobici», invita ad affidare il dibattito solo alle "associazioni di categoria" ed alla politica, non agli esperti, sconsiglia inoltre il contraddittorio. Difatti cita in evidenza - in evidenza nel riquadro celeste - Tommaso Giartosio: «Cosa deve accadere affinché il contraddittorio tra favorevoli e contrari ai diritti per le persone gay o lesbiche non sia più necessario? Mettiamola così: quand'è che un tema non richiede più il contraddittorio? Molti temi, per esempio il divorzio, un tempo lo richiedevano ma oggi non più. Non esiste una soglia di consenso prefissata, oggettiva, oltre la quale diventa imprescindibile il contraddittorio. La scelta è puramente politica. È una scelta di valore, e di valori»[178].

UNAR opta di nuovo per la censura. Durante i Gay Pride sostiene che: «ad attirare giornalisti e fotografi sono state sempre le figure più trasgressive, luccicanti, svestite, ed è così che si è prodotto e riprodotto un immaginario intorno a queste manifestazioni che di anno in anno, già attraverso le immagini che le annunciano, mette in secondo piano il tema dei diritti. [...] Sono purtroppo numerosi i casi in cui a testi che riguardano l'omofobia, le discriminazioni, i diritti, le trasformazioni sociali sono associate immagini del tutto inappropriate. Queste normalmente ritraggono: - parate o altri momenti di esibizione pubblica di corpi, nudità, identità; - scene di intimità tra persone dello stesso sesso; - locali e discoteche "gay friendly"; - luoghi di incontri come saune o dark room [...] le stesse immagini - spesso le più trasgressive - si possono ritrovare a illustrazione di articoli sui matrimoni o sulla genitorialità di coppie omosessuali». Pertanto, se durante i "Gay Pride" ci si di dovesse imbattere in volgarità, provocazioni e spettacolarizzazione del sesso (cosa peraltro inevitabile), è bene non fare fotografie e non pubblicarle, poiché questo modo di fare potrebbe essere controproducente (condizionerebbe l'opinione pubblica) per le "battaglie gay" quali, per esempio, i "matrimoni" e le "adozioni gay". Una vera e propria apologia al «mondo magico, onnipotente, dove ciascuno armato con la sua bacchetta, può abolire i limiti», di cui parlava la psicanalista Claude Halmos[179] - «un mondo debilitante per i bambini, [poiché] il mondo che descrivono è astratto e

---

178 Seminario di Napoli "L'Orgoglio e i Pregiudizi".

179 *https://ontologismi.wordpress.com/2015/04/07/claude-halmos-e-sbagliato-affermare-che-le-coppie-omosessuali-sono-uguali-a-quelle-etero/*

disincarnato», un tipo di mondo che sembra così auspicato da UNAR e sodali.

UNAR conclude quello che sembra un "editto" con l'elenco dei «alcune regole» per «non essere omofobi», quindi per non pronunciare «discorsi d'odio»: «1) virgolettare i discorsi o parte di discorsi di personalità pubbliche che incitano all'odio contro le persone LGBT, usando particolare attenzione nella titolazione; 2) avere cura di ricercare fonti e dati che contestualizzino e forniscano informazioni attendibili e verificabili sui temi e gli argomenti delle dichiarazioni; 3) riferirsi se necessario alle corrette definizioni dei termini ed effettuare - in casi di confusione nei discorsi - le dovute distinzioni (per esempio tra omosessualità e transessualità); 4) fare attenzione nella scelta delle immagini, affinché non rafforzino gli stereotipi negativi veicolati dai discorsi pubblici riportati nell'articolo; 5) avere una lista di risorse informative a livello nazionale e locale - esperti di tematiche LGBT, rappresentanti di associazioni e coordinamenti - da utilizzare per avere in tempi rapidi dichiarazioni che permettano una composizione bilanciata del servizio». Dunque come riconoscere l'«hate speech» (incitamento all'odio)? Risponde UNAR in evidenza: «Rientra in questa definizione ogni discorso finalizzato a promuovere odio nei confronti di certi individui o gruppi, comunicando disprezzo nei loro confronti. [...] Non è quindi solo l'insulto omofobico o transfobico a segnalare l'incitamento all'odio, ma anche la propaganda di idee e di messaggi di disprezzo verso le persone LGBT, o la negazione e il ridimensionamento di fatti o eventi storici (es. la persecuzione degli omosessuali sotto il nazismo e il fascismo) se questo avviene al fine di gettare discredito sulle minoranze interessate».

Secondo il vostro punto di vista, UNAR come definirà questo nostro lavoro? Un «discorso d'odio» con «tic omofobici», o piuttosto un lavoro di ricerca senza pretese e senza pregiudizio, espressione della libera stampa? Siamo o non siamo "omofobi"?

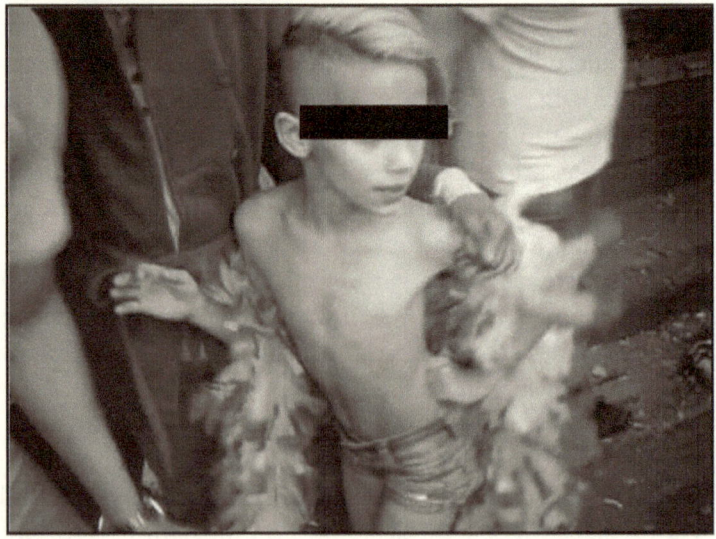

(Foto elaborate, tratte da *Google.it* -> Immagini: "bambino al gay pride")

15. Nessun compromesso con l'odio: dal nazi-fascismo al comunismo, è chiara la nostra condanna

UNAR, nel Documento fino ad ora analizzato, biasima «la negazione e il ridimensionamento di fatti o eventi storici (es. la persecuzione degli omosessuali sotto il nazismo e il fascismo)», ebbene appare evidente che è UNAR stesso a «ridimensionare fatti o eventi storici» o addirittura a «negarli». Cita, difatti, come «persecutori degli omosessuali» solo «nazismo e fascismo». Per amore della verità, riteniamo opportuno integrare la carrellata dei "regimi dell'odio" con alcune proposizioni storiche inconfutabili. Preferiamo pensare che all'UNAR ci siano degli "smemorati", così come hanno dimenticato, per esempio, di citare Nicholas Cummings, ex presidente APA e professore emerito di Psicologia presso l'*Università del Nevada*, quando dichiara [180] : «l'*American Psychological Association* (APA) ha permesso che la correttezza politica trionfasse sulla scienza, sulla conoscenza clinica e sull'integrità professionale. Le persone non possono più fidarsi della psicologia organizzata per parlare di prove, piuttosto ci si deve basare per quel che riguarda l'essere politicamente corretti. Al momento la *governance* dell'APA è investita da un gruppo elitario di 200 psicologi che si scambiano le varie sedi, commissioni, comitati, e il Consiglio dei Rappresentanti». UCCR ricorda [181] ai presunti "smemorati" di UNAR che «la principale ricercatrice dell'*American Psychological Association* che si occupa dei

---

180 *http://www.acpeds.org/the-college-speaks/position-statements/paren ting-issues/homosexual-parenting-is-it-time-for-change*

181 *http://www.uccronline.it/2013/01/16/adozione-agli-omosessuali- gli-studi-scientifici-dicono-di-no/*

pronunciamenti ufficiali circa l'omosessualità, è Charlotte Patterson, lesbica, convivente e attivista LGBT».

Pare che UNAR dimentichi di menzionare il «Termidoro sessuale» [182] di Stalin contro l'omosessualità, etc. La «Grande Enciclopedia Sovietica», edizione dell'anno 1952, trattava così l'argomento: «L'origine dell'omosessualismo è collegata alle circostanze sociali quotidiane; per la stragrande maggioranza della gente che si dedica all'omosessualismo, tali perversioni si arrestano non appena la persona si trovi in un ambiente sociale favorevole. Nella società sovietica con i suoi costumi sani, l'omosessualismo è visto come una perversione sessuale ed è considerato vergognoso e criminale. La legislazione penale sovietica considera l'omosessualismo punibile, con l'eccezione di quei casi in cui lo stesso sia manifestazione di profondo disordine psichico». Nikolai Krylenko (Commissario del Popolo per la Giustizia) dichiarò che «l'omosessualità è il prodotto di decadenza delle classi sfruttatrici, che non hanno niente da fare […] in una società democratica fondata su sani principi, per tali persone non c'è posto». Il saggio «Le vittime (gay) dimenticate dei Gulag» [183] di Enrico Oliari, pubblicato su *CulturaGay.it* nel 2004, ce lo ricorda: «[…] spesso l'imprigionamento veniva tramutato in condanna ai lavori forzati presso uno dei molti gulag, dove gli omosessuali subivano umiliazioni e pestaggi anche ad opera degli altri

---

182 La dittatura Staliniana ha approvato il noto art. 121 del codice criminale dell'ex Unione Sovietica (1934), che prevedeva «il reato di omosessualità», punito con la pena della reclusione fino ad anni cinque - oblabile con i lavori forzati nei gulag, dove spesso gli omosessuali decedevano anche a causa delle violenze subite dagli altri condannati - e la circostanza aggravante «dell'aver commesso il fatto» con violenza o con minorenne. Citazione tratta dalla mozione Barbati, Grillini e Luciano Vecchi, Regione Emilia Romagna, Legislatura IX. Atto di indirizzo politico ogg. n. 4402. Link: *http://demetra.regione.emilia-romagna.it/al/monitor.php?urn=er:assemblealegislativa:attoindirizzo:9;4402*

183 *http://www.culturagay.it/saggio/26*

condannati. [...] Morivano di stenti, di freddo, di malattie, di botte o di fame, scavando nelle miniere o disboscando le zone sperdute della Siberia».

Ci dice *ilRevisionista.com* che in Cina, «dopo la formazione della Repubblica Popolare, l'omosessualità divenne clandestina. Il regime comunista, durante la Rivoluzione Culturale, perseguitò molti omosessuali, i quali furono spesso puniti con lunghi periodi di prigionia. La punizione, in alcuni casi, poteva anche prevedere la pena capitale. Questa "politica sociale" produsse livelli di intolleranza allarmanti nei confronti degli omosessuali» [184] . Aggiunge *Gay.Tv*: «Nel 2006 *Gay.tv* ha provato a tracciare un quadro della questione LGBT [in Cina] e si è visto che pur non essendo illegale, l'omosessualità paradossalmente non è considerata nemmeno come legale. La sodomia è stata decriminalizzata nel 1997, mentre quattro anni dopo è stata eliminata dall'elenco delle malattie mentali. Ma per l'omosessualità la Cina adotta la regola detta dei '3 no': no approvazione, no disapprovazione e no promozione. Ci sono siti gay e bar a tema nelle grandi città come Pechino, ma, spesso e volentieri, questi locali sono soggetti a rastrellamenti da parte della polizia. E guai a fare *coming out* : oltre a repressioni sul posto di lavoro, i gay rischiano di indurre al suicidio i propri genitori» [185] . Spiega *ilFattoQuotidiano.it*: «Cina, fino al 1997 essere gay era reato, ma oggi il giro d'affari vale 300 miliardi. Nella Repubblica Popolare l'omosessualità è stata cancellata dalla lista delle malattie mentali solo nel 2001. Il suo potenziale commerciale, però, è molto elevato. Basta guardare la storia di Ma Baoli, un ex poliziotto che

---

184   *http://ilrevisionista.com/2013/03/20/comunismo-e-omosessua lita-quando-si-leggono-le-sole-pagine-pari-dei-libri/*

185   *http://www.gay.tv/articolo/omosessualita-in-cina-cosa-significa-esse re-gay-a-pechino-oggi/38051/*

ha lanciato una applicazione per appuntamenti fra persone dello stesso sesso»[186].

Federico Luccarini prosegue su *ilRevisionista.com*: «in una recente intervista l'ex presidente Fidel Castro ha ammesso la propria responsabilità nella persecuzione contro gli omosessuali all'indomani della rivoluzione: "se qualcuno è responsabile, sono io. È stata una grande ingiustizia", ha detto Castro. Secondo il *Líder Máximo*, la persecuzione nei confronti degli omosessuali, i quali sono stati mandati in campi di lavoro forzato, "è avvenuta come reazione spontanea nelle file rivoluzionarie, che seguivano le tradizioni del Paese". In un'intervista del 1965 Fidel Castro dichiarò: "Agli omosessuali non dovrebbe essere concesso di stare in posizioni dove potrebbero essere capaci di mal influenzare i giovani. Nelle condizioni in cui viviamo, a causa dei problemi che il nostro paese deve affrontare, dobbiamo inculcare ai giovani lo spirito della disciplina, della lotta, del lavoro. Noi non arriveremmo mai a credere che un omosessuale possa incarnare le condizioni ed i requisiti di condotta che ci permetterebbero di considerarlo un vero Rivoluzionario, un vero Comunista aggressivo. Una deviazione di questa natura si scontra con il concetto che abbiamo di ciò che un militante Comunista deve essere". Numerose persone furono arrestate e deportate nelle UMAP a causa della loro omosessualità, poiché nell'ideologia castrista i "maricones" erano considerati espressione dei valori decadenti della società borghese. [...] La persecuzione castrista degli omosessuali iniziò in realtà due anni prima della creazione delle UMAP, con una campagna governativa chiamata "Operazione P" (per Prostitute, Protettori e Pederasti). Molti omosessuali vennero arrestati e condotti in carceri, dove furono costretti ad indossare uniformi sulle quali compariva la lettera "P". I prigionieri erano ammassati in baracche malsane all'interno di accampamenti recintati da filo spinato e sorvegliati dalle Forze

186 *http://www.ilfattoquotidiano.it/2015/03/26/gay-in-cina-prima-erano-arrestati-rinchiusi-valgono-300-miliardi-dollari/1533071/*

Armate Rivoluzionarie (FAR). All'interno di queste carceri venivano praticate diverse forme di tortura fisica e psicologica (elettroshock, stimolazione delle fobie, scarpe di piombo, finte esecuzioni, somministrazione forzata di droghe come il *Pentothal*) e condizioni di sovraffollamento all'interno delle celle (una media di 45 prigionieri in celle di 30 metri quadrati)».

Lo studio del 27 Ottobre 2012 «Homocaust, l'omofobia comunista di Che Guevara»[187] e «Che Guevara organizzò il primo campo di concentramento per gay»[188] del 17 Maggio 2014 ci erudiscono su idee e metodi utilizzati da Ernesto Guevara, detto *el Che*. Guevara fu membro del Movimento del 26 luglio e, dopo il successo della Rivoluzione cubana, assunse un ruolo nel nuovo Governo, secondo per importanza solo a Fidel Castro, suo alleato politico. La foto di Che Guevara è spessissimo presente, come vessillo politico/ideologico, su magliette e bandiere durante i "gay pride" e non solo. Che cosa sappiamo di Ernesto *Che* Guevara e dell'omosessualità? «[…] È Guevara a decidere della vita e della morte; può graziare e condannare senza processo. "Un dettagliato regolamento elaborato puntigliosamente dal medico argentino - prosegue Caprara (ex Segretario particolare di Palmiro Togliatti), sottolineando che Guevara sarebbe legato al giuramento d'Ippocrate - fissa le punizioni corporali per i dissidenti recidivi e "pericolosi" incarcerati: salire le scale delle varie prigioni con scarpe zavorrate di piombo; tagliare l'erba con i denti; essere impiegati nudi nelle "quadrillas" di lavori agricoli; venire immersi nei "pozzi neri". Sono solo alcune delle sevizie da lui progettate, scrupolosamente applicate ai dissidenti e agli omosessuali. […] La prigione di Santiago "Nueva Vida" ospita 500 adolescenti da rieducare. Quella "Palos", bambini di dieci anni; quella "Nueva Carceral de la Habana del Est" ospita omosessuali dichiarati o

---

187   *https://calcydros.wordpress.com/2012/10/27/homocaust-lomofob ia-comunista-di-che-guevara/*
188   *http://www.qelsi.it/2014/che-guevara-organizzo-il-primo-campo-di-concentramento-per-gay/*

sospettati (in base a semplici delazioni, *NdR*). Ne parla il film su Reinaldo Arenas "Prima che sia notte", di Julian Schnabel, uscito nel 2000. Anni dopo alcuni dissidenti scappati negli USA descriveranno le condizioni allucinanti riservate ai "corrigendi", costretti a vivere in celle di 6 metri per 5 con 22 brandine sovrapposte, in tutto 42 persone in una cella (celle disciplinari definite "tostadoras", ossia tostapane, per il calore che emanano, *NdA*)».

Alcuni negano queste ricostruzioni - in un crescendo di ipotesi, fino ad attribuire al presunto rivoluzionario addirittura "simpatie" omosessuali; la discussione[189] che si sviluppa su *Gay-Forum.it* è interessante, dunque vi invitiamo a leggerla. Anche *ArcigayMilano.org* ne parlava: «Si apre a Cuba il primo "Campo di lavoro correzionale", ossia di lavoro forzato. È il Che che lo dispone preventivamente e lo organizza nella penisola di Guanaha. Poi, sempre quand'era Ministro di Castro, approntò e riempì fino all'orlo quattro lager: oltre a Guanaha, dove trovarono la morte migliaia di avversari, quello di Arco Iris, di Nueva Vida (che spiritoso, il "Che") e di Capitolo, nella zona di Palos, destinato ai bambini sotto ai dieci anni, figli degli oppositori a loro volta incarcerati e uccisi, per essere "rieducati" ai principi del comunismo»[190]. Aggiunge ATFP[191] in un editoriale del 2012: «Personalmente coinvolto in non meno di 144 esecuzioni sommarie; favorevole a una guerra nucleare con gli Stati Uniti anche al prezzo di sterminare l'intera popolazione cubana; promotore dei campi di lavoro forzato per "rieducare" i giovani; acerrimo avversario della musica e delle mode moderne. Il vero Che Guevara è anni luce lontano dal mito propagandistico

---

189 *http://www.gay-forum.it/forum/index.php/topic/7183-che-guevara/*

190 Link: *http://www.arcigaymilano.org/riviste/articoli.asp?IDTesta ta=1432&Anno=2003* - Citazione in: *https://it.answers.yahoo.com/question /index?qid=20080722042057AAq2YR1*

191 *http://www.atfp.it/2012/102-marzo-2012/678-che-guevara-il-mostro-dietro-il-mito.html*

inventato dalla sinistra. [...] La foto del *Che* è stata trasformata in icona internazionale di pace, amore e idealismo, quasi alla stregua del Mahatma Gandhi e di Madre Teresa di Calcutta. Ma, chi conosce il vero pensiero del guerrigliero castrista? Per rinfrescarci la memoria, i due autori brasiliani citano alcuni brani tratti dai suoi «Testi Politici»: - "L'odio come fattore di lotta. L'odio intransigente contro il nemico, che permette all'uomo di superare i suoi limiti naturali e lo trasforma in una efficace, violenta, selettiva e fredda macchina per uccidere. I nostri soldati devono essere così: un popolo senza odio non può distruggere un nemico brutale. Bisogna portare la guerra fin dove il nemico la porta: nelle sue case, nei suoi luoghi di divertimento. Renderla totale"; - "Amo l'odio, bisogna creare l'odio e l'intolleranza tra gli uomini, perché questo rende gli uomini freddi e selettivi e li trasforma in perfette macchine per uccidere"; - "La via pacifica è da scordare e la violenza è inevitabile. Per la realizzazione di regimi socialisti dovranno scorrere fiumi di sangue nel segno della liberazione, anche a costo di vittime atomiche"».

Il vasto approfondimento «Ernesto Che Guevara, "santificato" in morte, ma non in vita. Antologia di testi»[192] può fugare ogni dubbio, con l'intenzione di «[...] fornire elementi per un giudizio più equilibrato e non agiografico del *Che* [...] un uomo che lottava contro le ingiustizie ed un uomo che generava ingiustizie, un uomo che lottava per la pace ed un uomo che uccideva ingiustamente, perché troppo forte era il suo debito verso il marxismo e la visione della storia e dell'uomo propugnata da quell'ideologia».

In Albania, durante il periodo comunista, l'omosessualità si considerava come illecita. L'articolo 137 del Codice Penale sanciva che «d'omosessualità si condanna con 10 anni di prigione [...] Questo articolo, ereditato dal vecchio regime comunista, rifletteva la mentalità di un regime oppressivo ed anche la

---

192 *http://www.gliscritti.it/blog/entry/2711*

mentalità di una società chiusa dove l'omosessualità veniva equiparata ad un atto criminale. Anche se l'omosessualità era dichiarata illecita, questa è sempre esistita in maniera nascosta. Molti omosessuali sono stati perseguitati ed anche esclusi dalla società» (da *Osservatorio Balcani e Caucaso* che ha prodotto e pubblicato una serie di dossier sull'omosessualità nei Balcani)[193]. Anche *Gay.Tv* ne ha parlato nel 2004. Si legge: «Fu durante gli anni del comunismo che l'Albania adottò una politica di repressione e persecuzione nei confronti di Gay e lesbiche. Un atteggiamento che tutt'oggi persiste nel paese. L'omosessualità rimane il simbolo di persone ammalate, decadenti, snob, e molto spesso appartenenti ad uno strato sociale basso»[194].

Ed in Italia? Perché comunismo e omosessualità sono incompatibili? Quale era l'approccio del "regime rosso" nei confronti dell'essere non eterosessuali? «Homocaust, l'omofobia comunista di Che Guevara - Intervista a Oleari»[195] - editoriale pubblicato dopo «L'omo delinquente. Scandali e delitti gay dall'Unità a Giolitti» (libro di Enrico Oliari, Prospettiva Editrice, 2006) - fornisce ottimi spunti di riflessione: «Non solo il regime, ma la stessa ideologia era fortemente omofobica ed eterosessista. E per "ideologia" non ci limitiamo ai confini dell'Unione Sovietica, che appunto era un regime, ma, anche e soprattutto a quella diffusa a livello internazionale. In Italia, ad esempio, il PCI vedeva di cattivissimo occhio gli omosessuali, almeno fino alla morte di Pasolini [...] Il partito aveva un forte controllo sugli iscritti ed ogni minimo errore della vita privata arrivava ai vertici. L'omosessualità in particolare era vista come un male borghese o come una depravazione e per i gay non c'era posto nella rivoluzione internazionale [...] La letteratura del PCI del

---

193   http://www.balcanicaucaso.org/aree/Albania/L-omosessualita-in-Alban
ia-una-malattia-26250

194   http://www.gay.tv/articolo/il-malawi-inizia-a-parlare-di-omosessualita/3889/

195   https://calcydros.wordpress.com/2012/10/27/homocaust-lomofob
ia-comunista-di-che-guevara/

Dopoguerra è poi ricca di comunicati e di prese di posizioni contro gli omosessuali ed il partito prese le distanze dai primi embrioni del movimento omosessuale, tant'è che questi si appoggiarono chi al Partito Radicale, chi alla Sinistra extraparlamentare [...] Gli omosessuali sono stati "perdonati" nel momento in cui sono tornati utili alla sinistra e solo in quel momento sono diventati "compagni". Il primo ad essere perdonato è stato Pasolini (al quale era stata negata la tessera di partito per la sua omosessualità, *NdA*), certamente dopo la sua morte: al momento del ritrovamento del suo cadavere "L'Unità" si guardò bene dal far capire il quadro gay della situazione. L'esempio è calzante, perché fino a poco prima erano gli stessi militanti comunisti a boicottare la presentazione dei suoi film o i suoi interventi ed erano loro i primi a insultarlo e a denigrarlo. Ma morto andava perdonato, perché un Pasolini ucciso, anche se gay, rappresentava un ottimo martire in mano al partito. Ed era tornato improvvisamente ad essere il "compagno" di tutti [...] Poi il PCI seppe vedere nella questione gay uno strumento di scontro verso i partiti di governo e diede ospitalità alla causa gay».

Giornalettismo.com, sito notoriamente Gay-friendly, nel 2012 ha pubblicato l'articolo: «Togliatti? Era fascista con i gay»[196]. Si legge: «L'omofobia di Togliatti fu una cosa terribile. Per citare Pasolini, su alcune questioni la differenza fra un fascista e un anti-fascista la fa solo la tessera: non è che un abito politico e non può costruire una identità". Lo ha dichiarato Rosario Crocetta, europarlamentare del PD, ospite di una puntata del programma televisivo "KlausCondicio", condotto da Klaus Davi e in onda su *Youtube*, a proposito degli insulti con cui Togliatti più volte apostrofava i gay. Crocetta, pur escludendo con convinzione che oggi i dirigenti del PD la pensino come Togliatti, ribadisce: "Tuttavia io quella mentalità discriminatoria l'ho vissuta sulla mia

---

196 *http://www.giornalettismo.com/archives/258108/togliatti-era-fascista-con-i-gay/*

pelle. Ancora negli anni Settanta io stesso venni processato dai vertici del PCI per la mia omosessualità».

Angelo Pezzana, fondatore nel 1970 proprio a Torino del «FUORI!» (*Fronte Unitario Omosessuale Rivoluzionario Italiano*), fu intervistato dal «Corriere della Sera»[197] dopo la pubblicazione di un articolo di Messori su "giornalismo ed omosessualità". Sostiene Pezzana: «Messori ha scritto un pezzo illuminante su come funzionasse allora il giornalismo. In particolare c'era la sinistra comunista dove regnava un'ipocrisia identica a quella cattolica. Basterebbe ricordare il rapporto tra Togliatti e Nilde Iotti, assolutamente emblematico. Avevano le loro motivazioni: in Russia gli omosessuali venivano condannati a dieci anni di carcere duro, cioè di gulag. Quando a sinistra furono costretti dalle manifestazioni del 1972 a parlare di omosessualità, ricorsero all'espressione "terzo sesso". Solo tempo dopo arrivò "diversi"».

CulturaGay.it riproduce[198] in digitale gli Atti del Seminario Nazionale del PCI, tenutosi dall'11 al 13 novembre 1975, su «Educazione sessuale: esperienze e prospettive nel campo dei consultori familiari e sull'attività scolastica», precisa che il Seminario si tenne «ad una manciata di giorni [dopo la barbara uccisione] di Pier Paolo Pasolini», nonostante tutto: «[agli atti c'è] addirittura il saggio omofobo "Sesso e società" (apparso anche su "Critica Marxista", n. 3-4, 1974) di Luciano Gruppi, vicedirettore di "Critica marxista". A pagina 320, afferma: "Essa è solo in determinati casi un surrogato del rapporto tra sessi. Per taluni movimenti, la rivendicazione di una totale libertà sessuale, l'esaltazione irrazionalistica dell'istinto, porta a porre sullo stesso piano del rapporto tra la donna e l'uomo il rapporto omosessuale. E taluni movimenti femministi fanno dell'omosessualità un elemento della ribellione alla 'società maschile'. Siamo ben d'accordo nel rifiutare ogni repressione giuridica

---

197 *http://archiviostorico.corriere.it/2012/agosto/14/Quella_Torino_cui_era_vietato_co_8_120814014.shtml*

198 *http://www.culturagay.it/recensione/10697*

dell'omosessualità. Respingiamo ogni atteggiamento di disprezzo o di irrisione verso gli omosessuali. Ma proprio il rapporto che noi riteniamo debba essere stabilito tra società e natura ci dice come l'omosessualità spezzi invece tale rapporto, contraddicendo ad un istinto fondamentale di ogni essere vivente: quello della continuità della specie. L'omosessualità perciò impoverisce ed altera profondamente la personalità dell'uomo. Nata sovente dalla solitudine è nella solitudine che essa si conclude"».

Gianpaolo Pansa nel libro «Ottobre addio, viaggio tra i comunisti italiani», edito da Mondadori nel 1982, dedica un intero capitolo all'argomento. Riporta la testimonianza anonima di un funzionario del PCI: «Sono omosessuale da sempre. E in tutto questo tempo mi sono sempre attenuto a una regola opportunistica ma rassicurante, che vale anche nel PCI: quella del silenzio. Anche nel PCI degli anni '80, che si preoccupa dei nuovi soggetti sociali, degli emarginati, l'omosessuale non esiste. Non se ne deve parlare. Non si deve vederlo, neppure se lavora accanto a te tutto il giorno. Nel PCI c'è un codice di comportamento che non ammette deroghe: ognuno faccia i fatti suoi, purché li copra e se li tenga per sé. Se si comporta così il diverso è tollerato. O meglio: in apparenza... mentre in realtà...»[199]. Sulla morale: «Mi spaventa la vena pedagogico-autoritaria che sento pulsare in molti compagni esprimendo giudizi su chi non sta nella maggioranza sessuale. Troppe volte li ho sentiti esclamare "Se ci fossimo noi! Se comandassimo!". Dal '79, lo statuto non ci chiede più di essere "cittadini esemplari". Era un forma di bigottismo, un residuo staliniano, formalmente cancellato. Oggi lo statuto domanda solo "onestà politica e morale"».

Proprio sulla «questione morale» e sul tanto evocato «bigottismo» ci vogliamo fermare ora, citando Antonio Faggioli

---

199 *http://www.finanzaonline.com/forum/arena-politica/1488284-pd-partito-degli-onesti-per-una-italia-giusta-e-per-gli-italiani-49.html* - Poche fonti.

(in Atti[200] pubblicati a firma Giovanni Berlinguer, Giorgio Bini, Antonio Faggioli), Direttore dei Servizi Sanitari del Comune di Bologna nell'anno 1975, per poi passare brevemente in rassegna la questione dell'omosessualità secondo la Chiesa.

Dice Faggioli: «[…] Poche parole sulle cosiddette devianze sessuali, sull'omosessualità. D'accordo con quanti hanno sostenuto che non dobbiamo guardare all'omosessualità con un atteggiamento moralistico, rimango invece perplesso di fronte a un'affermazione, che pure è stata fatta, secondo la quale, visto che abbiamo o cerchiamo un collegamento con la natura, e nel rapporto eterosessuale abbiamo una finalità naturale che è quella della procreazione, nel rapporto omosessuale, poiché questa finalità non esiste, essa è da porre su un altro piano. […] Mi chiedo, invece: quando poniamo su piani diversi il rapporto omosessuale e quello eterosessuale non rischiamo di avvicinarci al ragionamento - entro certi limiti è chiaro - di quei cattolici per i quali il rapporto sessuale è possibile, ecc. solo se finalizzato alla procreazione?».

200 «Sesso e società. Materiali del seminario nazionale del PCI su educazione sessuale. Esperienze e prospettive nel campo dei consultori familiari e dell'attività scolastica», Istituto di Studi Comunisti Palmiro Togliatti, Roma, 11-13 novembre 1975, pp. 266 e 267.

16. Gender, omosessualità e Chiesa. Introduzione alla "dottrina medievale dei bigotti"

Per noi, che, con l'aiuto di Dio, proviamo ad essere Cattolici fra mille difficoltà, questo capitolo incentrato sul dogma è particolarmente delicato per varie ragioni: - perché riteniamo che il dogma, che è sempre chiarissimo nel suo esplicito significato, non può essere in alcun modo contrastato né apertamente e né dietro sofismi; - perché uno di noi, Di Pietro, fra libri scritti, partecipazioni varie (*AA.VV.*), libri pubblicati come editore, etc…, arriva quasi a quota 50 titoli, pertanto rischieremmo di diventare eccessivamente tecnici e forse "prolissi", quindi di deviare dal *Gender*, tema centrale dello scritto. L'altro, Pace, ha troppo rispetto per il primo e per la sua attività, per non considerarla patrimonio stesso del libro. Poche e schematizzate parole, ma che facciano la necessaria chiarezza.

Partiamo con una dichiarazione [201] di Nichi Vendola: «Sono sempre stato cattolico e omosessuale, non l'ho mai nascosto. […] Ho parlato della mia omosessualità con molti preti, con uomini e anche con donne di Chiesa. Non mi sono mai sentito rifiutato. Sono state anzi interlocuzioni belle, profonde. La Chiesa è un universo ricchissimo e complicato, non riducibile a nessuna delle categorie politiche che usa la cronaca. Nella Chiesa ci sono molte sensibilità, molte cose; e qualcuna crea dolore e tristezza, quando evoca stereotipi pseudomorali che non hanno solo l'effetto di indicare identità ideologiche, ma anche di ferire la vita delle persone».

Vladimiro Guadagno (v. Vladimir Luxuria) afferma: «Torno cattolica se il Papa apre ai gay - Aspetto che la Chiesa ci

---

201   *http://www.corriere.it/politica/10_aprile_16/vendola-gay-cattoli co_fc1b98b0-491f-11df-af35-00144f02aabe.shtml*

faccia sentire figli di Dio, questo potrebbe riavvicinare tante persone della comunità Lgbt che hanno bisogno di questo segnale. Una pacificazione che ci migliorerebbe la vita»[202].

SiciliaPress.com ci parla di Rosario Crocetta: «Era il dodici Marzo, giorno di *habemus papam*, in televisione Crocetta affrontava Daria Bignardi e la Chiesa insensibile ai diritti civili: "Dovremmo cominciare a pensare che una donna possa diventare papa e che un sacerdote possa sposarsi e che si possa celebrare un matrimonio gay". Crocetta è cattolico e, precisa sempre, si definisce omosessuale e non gay. Bignardi osservò: "Cosa le risponde il suo confessore?". E Crocetta immediato: "Mi assolve"»[203]. Replica il suo confessore don Luigi: «Le sue uscite mi risultano completamente nuove. Sono temi molto seri e già risolti all'interno della Chiesa cattolica, la quale non attende soluzioni dall'On. Crocetta, non essendo egli né biblista, né teologo, né per altro titolo competente in queste questioni».

Titola recentemente *Repubblica.it*: «Prelato polacco si dichiara gay. Il Vaticano: "Dovrà lasciare incarichi". Lui: "Omofobia paranoica"»[204]. L'articolo narra la vicenda di […] Krzysztof Charamsa che, alla vigilia del "Sinodo della Famiglia", fa "coming out", «sfida l'attuale dottrina» dicendo di avere un compagno e chiedendo «una famiglia anche per l'amore omosessuale». Il marketing Gay-Friendly usato per condizionare il momento di dibattito "sinodale sulla famiglia".

Di esempi simili e di dichiarazioni analoghe, oramai, potremmo citarne davvero tanti e tante, ma cerchiamo di capire come confutarli attraverso ciò che è inconfutabile, il dogma, partendo dallo studio «Il sentimentalismo, ovvero la teologia del

---

202 *http://www.liberoquotidiano.it/news/personaggi/1261431/Luxuria---Torno-cattolica-se-il-Papa-apre-ai-gay-.html*

203 *http://www.siciliapress.com/il-presidente-rosario-crocetta-i-gay-e-lamico-confessore/*

204 *http://www.repubblica.it/vaticano/2015/10/03/news/prelato_polacco_si_dichiara_gay_lombardi_dovra_lasciare_incarichi-124223138/*

sentimento»[205]. L'esperienza di alcuni lettori potrebbe trovare risposte nel sentimentalismo, che tuttavia è in evidente contraddizione con il dogma della Chiesa. Di seguito, quindi, esporremo le argomentazioni dogmatico/morali utili al discernimento di chi non vuole fermarsi a dichiarazioni di intenti, ma vuole attenersi alla dottrina. Fino alla fine del capitolo ci occuperemo di questo, seguendo un percorso che è servito prima a noi ed ora offriamo al lettore. Procediamo per punti:

1) L'Unità della Chiesa implica la professione della stessa Fede, a cui si oppone l'eresia, che è la negazione di una verità rivelata e definita; la partecipazione agli stessi Sacramenti, a cui si oppone il peccato, contro l'Unità della Grazia data dai Sacramenti; la sottomissione alla stessa Gerarchia legittima, a cui si oppone lo scisma. Le Encicliche «Satis Cognitum» (Leone XIII), «Mortalium Animos» (Pio XI) e «Mystici Corporis Christi» (Pio XII) spiegano l'Unità della Chiesa;

2) La Santità della Chiesa, come l'Unità, è triplice. La Santità dei principî, ovvero la Chiesa è dotata di mezzi che sono atti a produrre santità negli uomini (Magistero, Ministero, Autorità); la Santità delle membra, ovvero il fedele che vive santamente (osservando il Magistero, ubbidendo alla legittima Gerarchia, etc...) e/o chi segue i santi consigli, generalmente «raggiunge le alte vette dell'eroismo» (v. canonizzazione); la Santità dei carismi, ovvero il dono dei Miracoli (veri, definitivi) con i quali lo Spirito Santo manifesta la sua presenza nella Chiesa (in tutto il Corpo Mistico), come in alcuni membri particolarmente virtuosi (anime più care a Dio, in via ordinaria usate «per operare meraviglie»);

3) Laddove non ricorrono le note distintive, una o più di una, che contrassegnano la Chiesa, ovvero «Unità, Santità, Cattolicità, Apostolicità», lì si manifesta un problema che, nella storia, all'occorrenza, abitualmente i Pontefici (e/o i Vescovi -

---

205 *http://www.radiospada.org/2015/05/il-sentimentalismo-ovvero-la-teologia-del-sentimento-che-porta-ad-eresia-e-scisma/*

Chiesa docente) hanno sanato, talvolta tempestivamente, altre volte nei tempi comunque necessari ed opportuni ad evitare il divampare di eresie e scismi. Si combattono il vizio, il peccato, le apostasie, le eresie e gli scismi non per "bigottismo", ma in ragione del Fine ultimo che è glorificazione di Dio, così la salvezza delle anime;

4) «Indefinita è la gamma dei sentimenti, che ha alla base l'amore». Per esempio, il sentimento religioso «nasce dalla conoscenza di Dio Creatore, che ispira all'uomo umile soggezione, adorazione, timore, soprattutto amore». Secondo la dottrina cattolica, ovvero il Magistero, «il sentimento religioso non precede, ma accompagna e segue la conoscenza di Dio ed è energia preziosa per lo sviluppo della pietà e della perfezione spirituale»;

5) Il sentimento, dunque, non può precedere la conoscenza di Dio, che noi abbiamo correttamente illustrata dal Magistero della Chiesa, ma deve seguire la guida, ovvero la *Chiesa docente*, che opera per la santificazione dell'uomo mediante Insegnamento, Sacramenti, Governo, etc...;

6) Purtroppo oggi «il sentimento è diventato per molti l'unica o la principale fonte della religione ridotta a una semplice esperienza psicologica individuale». Questa «esperienza religiosa» è oggi, dal comune fedele (che sovente ignora, in buona o cattiva fede), «elevata a criterio di conoscenza e di vita etico religiosa»;

7) Questo atteggiamento provoca «tutte le aberrazioni di cui è capace il sentimento cieco, individuale, subcosciente, non disciplinato della luce e dalla forza della ragione». Per conseguenza «riduce la religione ad un capriccio psicologico, rinnegando, insieme con la dignità dell'intelletto, la personalità stessa di Dio, il fatto storico della Rivelazione [es. si nega, di fatto, che la guida è la *Chiesa docente*, a favore della *Chiesa discente* che è invece suddito], e tutti i fatti esterni religiosi, che si impongono alla coscienza e non derivano da essa»;

8) La Chiesa ha rigettato questa tendenza condannando nel Concilio di Trento il Luteranesimo; condannando in seguito il Modernismo con la «Pascendi Dominici Gregis» di san Pio X e la «Humani Generis» di Pio XII. Perché? «Perchè il sentimentalismo psicologico, esagerazione del semplice sentimento, sul terreno religioso è anarchia e smarrimento dello spirito, che s'avvia inconsciamente verso il Panteismo e l'Ateismo»;

9) Il «Diritto canonico», esistente sin dal Concilio di Nicea del 325 sebbene in forma embrionale (*Canones disciplinares*), è costituito dall'insieme delle «Norme giuridiche» formulate dalla Chiesa che regolano l'attività della Stessa, dei fedeli e delle strutture ecclesiastiche nel mondo. Essendo la Chiesa composta da «Elemento divino» ed elementi umani, va inteso che esiste un «Diritto divino» irreformabile perché «è da Dio», ed un «Diritto ecclesiastico» che può essere riformato in alcune sue parti, ma mai stravolgendo o mitigando il «Diritto divino» né esplicitamente, né implicitamente, né direttamente, né indirettamente;

10) Il «Diritto canonico» definisce le norme stabilite dalla competente Autorità ecclesiastica, in virtù della «Potestà di giurisdizione». La Chiesa non può servire veleno ai suoi figli - diversamente da quello che facevano Giudei e Greci «sotto il dominio del peccato» (cf. Rm 3)- e la sua «Legge» persegue un determinato «Fine» che è la «Salvezza delle anime»; ecco perché la Chiesa con la sua Legge non può obbligare o indurre l'uomo al peccato, al vizio, come non può indurlo alla superstizione o al falso culto. Neanche un Pontefice può compromettere nel Magistero il «Diritto divino», pretendendo poi di conservare nello stesso tempo il Papato. Il Pontefice, difatti, è «Vicario di Cristo», non viceversa, e Cristo si è già espresso e ci illumina nella dottrina mediante il Magistero del Papa;

11) «Lo Spirito Santo, infatti, non è stato promesso ai successori di Pietro per rivelare, con la sua ispirazione, una nuova dottrina, ma per custodire con scrupolo e per far conoscere con fedeltà, con la sua assistenza, la rivelazione trasmessa dagli

Apostoli, cioè il deposito della fede. Fu proprio questa dottrina apostolica che tutti i venerabili Padri abbracciarono e i santi Dottori ortodossi venerarono e seguirono, ben sapendo che questa Sede di San Pietro si mantiene sempre immune da ogni errore in forza della divina promessa fatta dal Signore, nostro Salvatore, al Principe dei suoi discepoli: "Io ho pregato per te, perché non venga meno la tua fede, e tu, una volta convertito, conferma i tuoi fratelli". Questo indefettibile carisma di verità e di fede fu dunque divinamente conferito a san Pietro e ai suoi successori in questa Cattedra, perché esercitassero il loro eccelso ufficio per la salvezza di tutti, perché l'intero gregge di Cristo, distolto dai velenosi pascoli dell'errore, si alimentasse con il cibo della celeste dottrina e perché, dopo aver eliminato ciò che porta allo scisma, tutta la Chiesa si mantenesse una e, appoggiata sul suo fondamento, resistesse incrollabile contro le porte dell'inferno» («Pastor Aeternus», Concilio Vaticano);

12) «La dottrina della fede che Dio rivelò non è proposta alle menti umane come una invenzione filosofica da perfezionare, ma è stata consegnata alla Sposa di Cristo come divino deposito perché la custodisca fedelmente e la insegni con Magistero infallibile. Quindi, deve essere approvato in perpetuo quel significato dei sacri dogmi che la Santa Madre Chiesa ha dichiarato, né mai si deve recedere da quel significato con il pretesto o con le apparenze di una più completa intelligenza. Crescano dunque e gagliardamente progrediscano, lungo il corso delle età e dei secoli, l'intelligenza e la sapienza, sia dei secoli, sia degli uomini, come di tutta la Chiesa, ma nel proprio settore soltanto, cioè nel medesimo dogma, nel medesimo significato, nella medesima affermazione» («Dei Filius», Concilio Vaticano);

13) «Era dunque nei disegni della Provvidenza che il Magistero, istituito da Gesù Cristo, non finisse con la vita degli Apostoli, ma fosse perpetuo. Infatti noi lo vediamo propagarsi e passare, diremo così, di mano in mano. […] La Chiesa, memore del proprio ufficio, non si è mai tanto preoccupata di impegnarsi

con ogni zelo e con ogni sforzo come quando si è trattato di tutelare in ogni sua parte l'integrità della fede [...] Gesù Cristo istituì nella Chiesa un "vivo, autentico e perenne Magistero", che egli stesso rafforzò col suo potere, informò dello Spirito di verità e autenticò coi miracoli; e volle e comandò che i precetti della sua dottrina fossero ricevuti come suoi. Dunque ogni volta in cui questo Magistero dichiara che questo o quel dogma è contenuto nel corpo della dottrina divinamente rivelata, ciascuno lo deve tenere per vero, poiché, se potesse essere falso, ne seguirebbe che Dio stesso sarebbe autore dell'errore dell'uomo, il che ripugna: "O Signore, se vi è errore, siamo stati ingannati da te" [...] Per questo i Padri del Concilio Vaticano nulla hanno decretato di nuovo, ma solo ebbero presente l'istituzione divina, l'antica e costante dottrina della Chiesa e la stessa natura della fede, quando decretarono: "Per fede divina e cattolica si deve credere tutto ciò che è contenuto nella parola di Dio scritta o tramandata, e viene proposto dalla Chiesa o con solenne definizione o con ordinario e universale Magistero come verità da Dio rivelata" [...] E nello stesso modo in cui la celeste dottrina non fu mai lasciata in balìa dell'ingegno e della volontà dell'uomo, ma, insegnata inizialmente da Cristo, venne poi affidata specificamente come già si disse, al Magistero della Chiesa, così non ai singoli individui del popolo cristiano, ma a persone scelte fu comunicato da Dio il potere di operare e amministrare i divini misteri, insieme al potere di reggere e governare. Infatti non ad altri che agli Apostoli e ai loro legittimi successori si riferiscono quelle parole di Gesù Cristo: "Andate per tutto il mondo e predicate il Vangelo... battezzandoli... Fate questo in memoria di me... A chi rimetterete i peccati, saranno rimessi"» («Satis Cognitum», Leone XIII);

14) Ciò premesso, quindi appurato che sulle questioni di fede e morale la dottrina cattolica non può cambiare poiché così viene da Dio, appurato che ciò che è peccato presso Dio resterà peccato anche in terra fino alla fine dei tempi, appurato che la Chiesa non ha l'autorità di modificare la volontà di Dio, precisate

le differenze fra fede e sentimentalismo, vediamo dove Dio condanna - in eterno - determinati peccati e per quale motivo;

15) Che cosa ci proibisce il sesto comandamento: Non fornicare? «Il sesto comandamento: Non fornicare ("non commettere atti impuri"), ci proibisce ogni atto, ogni sguardo, ogni discorso contrario alla castità, e l'infedeltà nel matrimonio». Che cosa proibisce il nono comandamento? «Il nono comandamento proibisce espressamente ogni desiderio contrario alla fedeltà che i coniugi si sono giurata nel contrarre matrimonio: e proibisce pure ogni colpevole pensiero o desiderio di azione vietata dal sesto comandamento». É un gran peccato l'impurità? «È un peccato gravissimo ed abominevole innanzi a Dio ed agli uomini; avvilisce l'uomo alla condizione dei bruti, lo trascina a molti altri peccati e vizi, e provoca i più terribili castighi in questa vita e nell'altra». Che cosa ci ordinano il sesto e nono comandamento? «Il sesto comandamento ci ordina di essere casti e modesti negli atti, negli sguardi, nel portamento e nelle parole. Il nono comandamento ci ordina di essere casti e puri anche nell'interno, cioè nella mente e nel cuore». Che cosa ci conviene fare per osservare il sesto e il nono comandamento? «Per ben osservare il sesto e il nono comandamento, dobbiamo pregare spesso e di cuore Dio, essere devoti di Maria Vergine Madre della purezza, ricordarci che Dio ci vede, pensare alla morte, ai divini castighi, alla passione di Gesù Cristo, custodire i nostri sensi, praticare la mortificazione cristiana e frequentare colle dovute disposizioni i sacramenti» («Catechismo Maggiore» che fu introdotto dal Santo Papa Sarti ovvero san Pio X);

16) Il massimo peccato di lussuria è il «peccato impuro contro natura». *Maximum Peccatum Inter Species Luxuriae*, «ovvero il peccato più grande - grave - tra le specie della lussuria, dove per lussuria, si intende uno dei sette vizi capitali consistente nella brama disordinata del piacere sessuale. Il gravissimo peccato che ne consegue, ostativo per l'accesso al Regno dei cieli, contrasta con il finalismo della natura che, come previsto da Dio, subordina

il piacere derivante da atti sessuali solo ed esclusivamente alla legge dell'amore fecondo, lecito unicamente nel contesto della sfera coniugale» («Dizionario del Cristianesimo», E. Zoffoli, Sinopsis, 1992);

17) I quattro peccati che gridano vendetta al cospetto di Dio sono: «1° Omicidio volontario; 2° Peccato impuro contro natura; 3° Oppressione dei poveri; 4° Frode nella mercede agli operai» («Catechismo della Chiesa Cattolica» o di San Pio X). Nel caso delle "ostentazioni" si aggiunge anche il peccato di scandalo. È peccato grave lo scandalo? «Lo scandalo è un peccato grave, perché tende a distruggere la più grande opera di Dio, che è la redenzione, con la perdita delle anime; dà al prossimo la morte dell'anima togliendogli la vita della grazia, che è più preziosa della vita del corpo; è causa di una moltitudine di peccati. Perciò Dio minaccia agli scandalosi i più severi castighi». Difatti il quinto comandamento ci «proibisce anche di nuocere alla vita spirituale del prossimo con lo scandalo [...] che è qualunque detto, fatto o omissione, che è occasione ad altri di commettere peccati» («Catechismo Maggiore»);

18) La Chiesa NON esclude affatto gli omosessuali ma, ubbidiente a Dio, amorevolmente fa presente a tutto il genere umano che esiste incompatibilità fra il «peccato contro natura» e la Grazia di Dio; incompatibilità fra il «piacere derivante da atti sessuali» nell'«amore NON fecondo» e la Grazia di Dio; incompatibilità fra il «piacere derivante da atti sessuali nell'amore fecondo» però AL DI FUORI della «sfera coniugale» e la Grazia di Dio; come esiste incompatibilità fra i tanti «peccati mortali» (contro i «Comandamenti» e contro i «Precetti») e la Grazia di Dio. Vorremmo umilmente evidenziare che le violazioni di questi comandamenti sono peccato tanto per gli "omosessuali", quanto per gli "eterosessuali". Il peccatore[206] si fa «membro morto» della

---

206 Colui il quale commette peccato mortale.

Chiesa, mentre chi è in stato di Grazia è «membro vivo». Nessuna Comunione può esserci senza Grazia;

19) Il battezzato, come una pianta che ha del potenziale, con l'aiuto di Dio e sotto la guida materna ed amorevole della Chiesa, che è semplice "interprete" della volontà di Dio, deve rigettare il peccato, farsi santo, come la pianta che finalmente sboccia. In alcuni casi è necessario un cammino di fede più impegnativo, che comunque deve durare fino all'ultimo giorno di vita terrena: vivere nella Grazia. La Chiesa non può fare altro, né può inventare una sua dottrina che non viene da Dio, né può concedere "sanatorie" e "sconti", diversamente mancherebbe al proprio mandato ed agirebbe contro Dio e per il male delle anime, non più per la Gloria di Dio e per il bene delle anime. Gli eventuali abusi e le derive dottrinali che talvolta avvengono, purtroppo, all'interno delle chiese, non possono essere imputati alla Chiesa. Siamo dinanzi ad uomini che tristemente abusano del proprio ufficio;

20) Quali sono le condizioni necessarie per ottenere il Paradiso? «Le condizioni necessarie per ottenere il Paradiso, sono la Grazia di Dio, l'esercizio delle buone opere e la perseveranza nel santo amore di Lui fino alla morte» (*Ivi.*).

Condannare la Chiesa Cattolica, evocando l'«emergenza omofobia», sol perché DEVE adempiere caritatevolmente alla sua missione di correzione, edificazione e santificazione, a noi sembra un atteggiamento davvero scorretto ed intollerabile, che purtroppo rileviamo in alcune posizioni e commenti ideologici.

Laura Boldrini, Presidente della Camera dei Deputati, ha dichiarato: «Dobbiamo smettere di usare la parola "emergenza", una brutta parola che non porta mai buone cose perché fa paura e permette di derogare le regole, e vediamo con Mafia Capitale cosa può accadere derogando le regole. È la parola usata da chi lavora sulla paura, facendone uno strumento politico»[207], intervenendo

---

207 *http://mattinopadova.gelocal.it/padova/cronaca/2015/11/09/news/boldrini-a-padova-migranti-basta-usare-la-parola-emergenza-1.12415005*

ad un convegno sull'immigrazione organizzato dalla CGIL a Padova. Poi è lei stessa ad usare la «brutta parola emergenza» che prima aveva definito un tabù da non utilizzare mai. Laura Boldrini, difatti, dichiara alla stampa che «l'omofobia diventerà presto reato»[208], su sollecitazione di Franco Grillini, Presidente di *Gaynet Italia*, afferma: «Omofobia è emergenza, subito legge»[209]. Con il dovuto rispetto, a noi sembra proprio che usi due pesi e due misure. Per la Boldrini non esisterebbe alcuna «emergenza immigrazione», mentre invece esisterebbe una grave «emergenza omofobia», fino ad indurre addirittura a «derogare alle regole [...] facendone uno strumento politico». Queste sono delle semplici nostre riflessioni basate su fatti di cronaca.

A smentire Laura Boldrini ci pensa Agapo - *Associazione di genitori ed amici di persone omosessuali* - che scrive: «A nome dei giovani omosessuali e di chi davvero vuole il loro bene chiediamo alla politica di rinunciare alla Legge omofobia, perché una tale legge nella sostanza non aggiunge alcuna tutela a loro favore. Anzi rischia di ottenere il risultato contrario [e di] alimentare l'etichettatura e la ghettizzazione».[210]

Questo capitolo, che noi abbiamo considerato essenziale luce per il nostro ragionamento, è privo di aggiunte e commenti, poiché si propone di ripercorrere l'atteggiamento umile di chi esclusivamente ricerca e cita le fonti poste alla base di un ragionamento coerente; di chi non vuol giudicare e, nel contempo, non può disgiungere conoscenza e verità. Così come abbiamo specificato in precedenza, stiamo provando a coniugare vera libertà, responsabilità e conoscenza.

---

208 *http://www.repubblica.it/politica/2013/05/26/news/lettera_ boldrini-59649413/*

209 *http://www.repubblica.it/politica/2013/08/11/news/suicidio_14enne_ associazione_gay_omofobia_emergenza_subito_legge-64620882/*

210 *http://www.tempi.it/omofobia-legge-agapo-genitori-gay-omosessuali-lettera-boldrini#.VknejnYvfRY*

La *Manif Pour Tous* è nata in Francia nel 2012 ed è un'associazione che difende la libertà di espressione opponendosi alla *Teoria del Gender*.

17. Basta "bigottismo" all'interno delle chiese. La parola d'ordine è "aggiornamento"

Poste le premesse elencate nel capitolo precedente, quindi demolito il "dogma dell'anti-bigottismo" in poche pagine, veniamo ai presunti e tanto agognati "aggiornamenti" che, secondo alcuni, renderebbero la Chiesa meno "omofoba" e meno "bigotta". Sulle questioni che riguardano la fede e la morale, ossia sull'«oggetto materiale della fede»[211], abbiamo dimostrato che non può esserci "aggiornamento".

L'aggiornamento, invece e qualora fosse necessario, «animato da grande carità e da spirito di riconciliazione»[212], può esserci esclusivamente nella *Teologia Pastorale*, ovvero nell'azione correttiva, che però non può mai sovrapporsi a Dio, né mai può sovrapporre una falsa fede a quella vera[213]. Gli eventuali abusi e le derive dottrinali (*nella trasmissione della fede e della morale*), che talvolta avvengono, purtroppo, all'interno delle chiese, non

---

211 L'«oggetto materiale primario» della fede è Dio, come fine soprannaturale al Quale tendiamo. «Oggetto materiale secondario» della fede sono le verità intorno alla fede o ai costumi che servono per la nostra edificazione e santificazione. Infine «oggetto accidentale» è ciò che accompagna la Rivelazione, senza che abbia direttamente una connessione con la cristiana edificazione. Per esempio, la genealogia dei Patriarchi;. alcuni fatti storici narrati per inquadrare avvenimenti o personaggi senza che di per sé siano legati a verità religiose (Cf. «Somma di Teologia dogmatica» di padre Giuseppe Casali).

212   *http://w2.vatican.va/content/pius-xii/it/encyclicals/documents/hf _p-xii_enc_09041944_orientalis-ecclesiae.html*

213   *http://w2.vatican.va/content/pius-xii/it/encyclicals/documents/hf _p-xii_enc_29061943_mystici-corporis-christi.html - http://w2.vatican.va/conte nt/pius-xii/it/encyclicals/documents/hf_p-xii_enc_12081950_humani- generis.html*

possono essere imputati alla Chiesa. Siamo dinanzi ad uomini che, come insegna la Chiesa (*Madre e Maestra*), semplicemente abusano del proprio ufficio. La Chiesa, difatti, NON apre al peccato e NON potrà mai aprire al peccato, tuttavia apre al peccatore. In che senso? Nel senso che accoglie nel suo seno tutti i battezzati e si impegna affinché questi si convertano e si facciano santi, con l'aiuto di Dio.

Precisa il Magistero: «In realtà, tra i membri della Chiesa bisogna annoverare esclusivamente quelli che ricevettero il lavacro della rigenerazione, e professando la vera Fede, né da se stessi disgraziatamente si separarono dalla compagine di questo Corpo, né per gravissime colpe commesse ne furono separati dalla legittima autorità. "Poiché - dice l'Apostolo - in un solo spirito tutti noi siamo stati battezzati per essere un solo corpo, o giudei o gentili, o servi, o liberi" (1Cor. 12,13). Come dunque nel vero ceto dei fedeli si ha un sol Corpo, un solo Spirito, un solo Signore e un solo Battesimo, così non si può avere che una sola Fede (Cf. Ef. 4,5), sicché chi abbia ricusato di ascoltare la Chiesa, deve, secondo l'ordine di Dio, ritenersi come etnico e pubblicano (Cf. Mt. 18,17). Perciò quelli che son tra loro divisi per ragioni di fede o di governo, non possono vivere nell'unità di tale Corpo e per conseguenza neppure nel suo divino Spirito. Neppure deve ritenersi che il Corpo della Chiesa, appunto perché è fregiato del nome di Cristo, anche nel tempo del terreno pellegrinaggio sia composto soltanto di membri che si distinguono nella santità, o di coloro che son predestinati da Dio alla felicità eterna. Infatti si deve attribuire all'infinita misericordia del nostro Salvatore che non neghi ora un posto nel suo mistico Corpo a coloro cui una volta non negò un posto nel convito (Cf. Mt. 9,11; Mc. 11,16; Lc. 15,2). Poiché non ogni delitto commesso, per quanto grave (…) è tale che di sua natura separi l'uomo dal Corpo della Chiesa. Né si estingue ogni vita in coloro che, pur avendo perduto con il peccato la carità e la Grazia divina sì da non essere più capaci del premio soprannaturale, conservano tuttavia la Fede e la speranza cristiana, e, illuminati da luce celeste, da interni consigli e impulsi dello Spirito Santo, sono spinti a concepire un salutare timore e vengono eccitati a pregare e a pentirsi dei propri peccati. Aborriscano quindi tutti il peccato, con il quale vengono macchiate le mistiche membra del Redentore; ma chi dopo aver miseramente mancato, non si rende con la propria ostinatezza indegno della comunione dei fedeli, sia ricevuto con sommo amore, e in lui si ravvisi con carità fattiva un membro infermo di Gesù Cristo. È infatti preferibile, come avverte il Vescovo d'Ippona, "essere risanati nella compagine della Chiesa, anziché esser tagliati dal suo corpo a guisa di membra inguaribili" (*August. Epist.*, CLVII,3,22; Migne, *Patrologia Latina*, XXIII,686). "Finché una parte aderisce al corpo, la sua guarigione non è disperata; ciò che invece fu reciso, non può né curarsi né guarirsi" (*August. Serm.*, CXXXVII,1; Migne, *Patrologia Latina*, XXXVIII,754)»[214].

Facciamo alcuni esempi. Il parroco Nello Senatore scrive: «La Chiesa deve aggiornarsi [...] Non cogliere le opportunità che ci vengono offerte dal digitale significa perdere il treno della storia, e la storia è il tempo dove Cristo si manifesta e dove si è incarnato [...] è fondamentale che anche la Chiesa sia al passo con i tempi e che i suoi rappresentanti non siano a digiuno delle potenzialità offerte dalle nuove tecnologie. Da questo punto di vista la diocesi salernitana non sembra temere confronti: Abbiamo una tv, una radio, un giornale e ognuna delle 168 parrocchie ha il proprio sito Internet, senza considerare quello della stessa diocesi»[215]. Con la giusta ponderazione, questo tipo di aggiornamento è condivisibile.

Altro caso, quello di Krzysztof Charamsa, teologo del Vaticano, che dice: «Sono gay e ho un fidanzato. La Chiesa apra gli occhi [...] Sono un sacerdote e sono omosessuale. Orgoglioso e felice della mia identità, pronto a pagare ogni conseguenza. Ma è

---

214 *Ivi.*.

215   *http://ricerca.gelocal.it/lacittadisalerno/archivio/lacittadisalerno/2010/01/24/15wc72401_A3.txt.html*

il momento che la Chiesa apra gli occhi di fronte ai gay credenti e capisca che la soluzione che propone loro, l'astinenza totale dalla vita d'amore, è disumana»[216]. Questo tipo di aggiornamento non è ammissibile agli occhi di Dio, quindi non è ammissibile nella Chiesa, poiché il teologo Krzysztof Charamsa si sta mettendo al posto di Dio, ovvero propone di sovrapporre la sua legge, da «gay fiero ed orgoglioso» che ha «un fidanzato», a quella immutabile ed eterna di Dio (dice pure: «la Chiesa apra gli occhi di fronte ai gay»). Il teologo crea inoltre confusione quando parla di «gay credenti», poiché il credente non si definisce «gay», bensì «omosessuale». Essendo appunto «credente», l'omosessuale, come qualsivoglia credente, sa bene che il peccato mortale non potrà mai essere legittimato agli occhi di Dio da nessuno, né sarà mai lecito nella Chiesa. Infine si permette di fare la morale a Dio, affermando: «l'astinenza totale dalla vita d'amore, è disumana». A sentire Krzysztof Charamsa, Dio sarebbe praticamente «disumano», che non capisce nulla di amore. Diversamente da quello che sostiene il teologo polacco, la Chiesa ha sempre «aperto gli occhi» impegnandosi per la salvezza dell'anima di qualsiasi uomo, senza distinzione di razza, lingua, sesso, "inclinazione sessuale".

Facciamo un esempio spicciolo per spiegare la questione definitivamente. Se un bambino dovesse mettere le mani nella presa di corrente elettrica, prenderebbe la scossa e potrebbe morire. La madre assennata allora come si comporta? Gli dirà di toccare la presa, superbamente e stupidamente, tanto nulla accadrà? Oppure vigilerà affinché il bimbo non si avvicini al mortale congegno? Nel nostro esempio, la madre è la Chiesa; il bimbo è il potenziale peccatore; la presa è soggetta alla legge di Dio. Datevi voi la risposta. La Chiesa è "omofoba" e "bigotta"? Per noi è come la madre amorevole, così previdente e sobria.

---

216 *http://www.ilmattino.it/PRIMOPIANO/CRONACA/krzysz tof_charamsa_teologo_vaticano_gay/notizie/1601927.shtml*

18. Guai a chiamarla "teoria gender", bisogna dire "gender studies". Sono due cose diverse ma dicono la stessa cosa e comunque la "teoria" non esiste

Nel Marzo del 2015, Vito Mancuso ha replicato[217] a Bergoglio che così diceva: «Io mi chiedo se la cosiddetta teoria del gender - ha detto papa Francesco - non sia anche espressione di una frustrazione e di una rassegnazione, che mira a cancellare la differenza sessuale perchè non sa più confrontarsi con essa. Si, rischiamo di fare un passo indietro. La rimozione della differenza, infatti, è il problema, non la soluzione»[218], parole pronunciate il 15 Aprile nell'udienza generale. Come replica Vito Mancuso? «Secondo queste parole [...] vi sarebbe un'ideologia, detta appunto teoria del gender, che "mira a cancellare la differenza sessuale". Ma esiste veramente qualcosa del genere?». Mancuso intende dimostrare che non esiste alcuna «teoria del gender», vediamo come. «Al di la di singoli episodi legati al mondo dello spettacolo dove si fa di tutto per emergere, in realtà nessuno nel mondo LGBT [...] intende abolire il dato del maschile e del femminile. Si sostiene piuttosto che un essere umano, per quanto attiene alla sua sessualità, non è definito unicamente dal corpo biologico. La sessualità infatti, oltre a essere un dato biologico, è anche un costrutto sociale (ovvero la "Teoria del Gender", NdA), e questo costrutto sociale detto "genere" può giungere, per alcuni, a essere diverso rispetto alla nativa identità sessuale e quindi a rappresentare una specie di gabbia [...] nessuno vuole cancellare il maschile e il femminile, ma solo affiancare nuovi modi di essere

---

217   *http://www.vitomancuso.it/2015/03/30/perche-la-chiesa-accette ra-la-teoria-del-gender/*

218   *http://www.leggo.it/NEWS/ITALIA/papa_gender_teoria_ frustrazione/notizie/1297652.shtml*

maschi e di essere femmine ai modelli tradizionali». Ecco spiegata, dalla bocca dello stesso Vito Mancuso, che la «teoria del gender» esiste, tuttavia non vuole «cancellare il maschile ed il femminile», ma «affiancare nuovi modi di essere». Adesso possiamo finalmente rasserenarci poiché, se anche Mancuso ammette l'esistenza di questa «teoria», vuol dire che nessun "radical chic" potrà più negarla!

Secondo Tony Anatrella, sacerdote francese, psichiatra ed autore di numerosissimi libri: «Sconvolgere l'identità sessuale è premessa per ideologie totalitarie [...] Una deriva culturale, sostenuta da una lobby intellettuale e politica potentissima, che rischia di minare alle radici le basi stesse della civiltà occidentale. Opporsi e reagire dovrebbe essere compito di tutte le persone di buona volontà [...] se noi pretendiamo di costruire la società sulla base delle pulsioni più elementari, senza tenere conto della differenza sessuale *maschilefemminile*, noi costruiamo un'ideologia completamente sganciata dalla realtà. E i danni causati dalle ideologie nella storia dell'uomo sono ben noti. [...] Il 'gender' è l'arma più efficace per destabilizzare le famiglie perché, sulla base di un falso egualitarismo, frutto di un femminismo malinteso, pretende di escludere l'uomo da qualsiasi decisione in merito alla maternità. Il 'gender' è il preludio per far passare autentici attentati sociali, come la cosiddetta 'pianificazione familiare', cioè la cultura dell'aborto come mezzo di controllo delle nascite, imposta con la forza economica dei grandi organismi internazionali [...] I ragazzi che hanno avuto come modello genitoriale due persone dello stesso sesso rischiano di crescere con un'identità confusa e presentano un diffuso disagio psicologico. È come se la loro psiche fosse di fronte a un'antinomia difficilmente componibile. E la mia non è una posizione ideologica. L'ho costruita sulla base dell'osservazione diretta, in tanti anni di consulenza psicanalitica»[219].

---

219 *http://www.avvenire.it/Cronaca/Pagine/Sconvolgere-lidentit-sessua le-premessa-per-ideologie-totalitarie-.aspx*

IlCorriere.it, che non può essere certo accusato di "omobofia", "oscurantismo", "bigottismo", ha pubblicato lo studio «Cos'è la teoria gender: 5 punti per capirla». Leggiamo: «Negli ultimi decenni del XX secolo nei Paesi occidentali si è assistito a una rivoluzione concettuale che sostituisce al concetto di differenza sessuale il termine indeterminato gender. Non più solo maschile e femminile. Ai generi (non corrispondenti ai sessi) esistenti in natura, secondo la teoria gender vanno aggiunti quelli previsti dall'acronimo LGBTQ (lesbiche, gay, bisessuali, transessuali e queer, cioè chi rifiuta un orientamento sessuale definito e si ritiene libero di variare a suo piacimento o di rimanere "indefinibile") [...] Una curiosità? Il governo australiano ha riconosciuto ufficialmente 23 *gender*»[220]. Non siamo più "pazzi visionari", quindi. Anche «Il Corriere» ha ufficialmente riconosciuto che la «teoria del gender esiste», nello stesso dossier spiega cosa sono gli «studi di genere». Gli «studi di genere» o «gender studies», come vengono chiamati nel mondo anglosassone, rappresentano «un approccio multidisciplinare e interdisciplinare allo studio dei significati socio-culturali della sessualità e dell'identità di genere». Sfatato, così, un altro "mantra omosessualista", secondo cui «non esiste la teoria gender, esistono solo gli studi di genere». Ma, se uno «studio» non deve teorizzare nulla, a cosa serve? A niente, anzi è potenzialmente nocivo, come dimostrano i luminari in Norvegia, antesignani negli «studi di genere», dove hanno ormai abbandonato questi «studi», non li finanziano più poiché fallaci e privi di attendibilità.

Secondo l'AIP (*Associazione Italiana Psicologia*), che ha approvato un documento «Sulla rilevanza scientifica degli studi di genere e orientamento sessuale e sulla loro diffusione nei contesti scolastici italiani»[221], oggi si assiste all'organizzazione «di iniziative

---

220   *http://www.corriere.it/cronache/cards/problema-gender-teoria-spiegata-5-punti/i-generi-secondo-teoria-gender.shtml*
221   *http://www.aipass.org/files/AIP_position_statement_diffusione_studi_di_genere_12_marzo_2015(1).pdf*

e mobilitazioni che, su scala locale e nazionale, tendono a etichettare gli interventi di educazione alle differenze di genere e di orientamento sessuale nelle scuole italiane come pretesti per la divulgazione di una cosiddetta "ideologia del gender" [...] L'AIP ritiene opportuno intervenire per rasserenare il dibattito nazionale sui temi della diffusione degli studi di genere e orientamento sessuale nelle scuole italiane e per chiarire l'inconsistenza scientifica del concetto di "ideologia del gender". Esistono, al contrario, studi scientifici di genere, meglio noti come *Gender Studies* che, insieme ai *Gay and Lesbian Studies*, hanno contribuito in modo significativo alla conoscenza di tematiche di grande rilievo per molti campi disciplinari (dalla medicina alla psicologia, all'economia, alla giurisprudenza, alle scienze sociali) e alla riduzione, a livello individuale e sociale, dei pregiudizi e delle discriminazioni basati sul genere e l'orientamento sessuale». Anche AIP, pertanto, chiarisce «l'inconsistenza scientifica del concetto di "ideologia del gender"». Tutto questo, sostiene AIP, «[...] non significa promuovere un'inesistente "ideologia del gender", ma fare chiarezza sulle dimensioni costitutive della sessualità e dell'affettività [...] La seria e appropriata diffusione di tali studi attraverso corrette metodologie didattico-educative può dunque offrire occasioni di crescita personale e culturale ad allievi e personale scolastico e a contrastare le discriminazioni basate sul genere [...]».

Voi non trovate tutto questo illogico? Smascheriamo l'arrampicata sugli specchi di AIP: 1) l'ideologia del gender non esiste; 2) esistono solo gli studi di genere; 3) l'ideologia del gender ha inconsistenza scientifica; 4) ideologia gender e teoria gender non esistono e non si insegnano nelle scuole; 5) tuttavia nelle scuole si devono insegnare gli studi di genere. La verità è che nelle scuole non si vogliono, né si potrebbero mai, «insegnare gli studi di genere», troppo tecnici e prolissi, bensì una sintesi non scientifica, come abbiamo dimostrato citando i pareri di decine di esperti, redatta solamente da quella porzione di "scienza" sovente ideologizzata; sintesi che, per evitare lungaggini, viene comunemente chiamata «teoria del gender». Diversamente dovremmo ogni volta dire o scrivere: «nella scuola vorrebbero imporre, di fatto già impongono, la sintesi non scientifica e faziosa degli studi di genere, meglio noti come *Gender Studies* insieme ai *Gay and Lesbian Studies*». Secondo noi sarebbe troppo prolisso, quindi auspichiamo che anche questo equivoco sia definitivamente risolto. Un ottimo spunto di riflessione lo può offrire il pezzo, datato Aprile 2015: «Perché il mondo LGBT ha bisogno di negare l'esistenza della teoria del gender?»[222].

Il mondo LGBT nega l'esistenza della teoria del gender, mentre nel contempo ne definisce i contenuti, poiché «la scienza medica ritiene questi convincimenti - la liquidità sessuale in nome dell'utopica autonomia di scelta della propria identità sessuale - una patologia mentale definendo il transessualismo come "disturbo d'identità di genere" (DIG) nel Manuale Diagnostico e Statistico dei Disturbi Mentali (DSM), spiegandolo come "il desiderio persistente verso le caratteristiche fisiche e ruoli sociali che connotano il sesso biologico opposto". Secondo il DSM, dunque, esiste solo il sesso biologico, come d'altra parte ognuno di noi sa di se stesso, mentre, il desiderare altro da quel che naturalmente si è, appare come sintomo di un disturbo più profondo». A conferma si legga: «2015/16 ICD-10-CM Diagnosis Code F64.1. Gender identity disorder in adolescence and adulthood» [223] . Se determinate convinzioni, condannate chiaramente dalla scienza, avessero la pretesa di definirsi "teoria", certamente avrebbero maggiori difficoltà a "sfondare" nella scuola e nella società. Si camuffa la "teoria" col nome di "gender studies". La prestigiosa «Enciclopedia Treccani» fornisce la definizione: ««La cultura del gender conduce all'idea che la

222   *http://www.uccronline.it/2015/04/16/perche-il-mondo-lgbt-ha-bisogno-di-negare-lesistenza-della-teoria-del-gender/*

223   *http://www.icd10data.com/ICD10CM/Codes/F01-F99/F60-F69/F64-/F64.1*

differenza maschile-femminile non coincide necessariamente con la differenza maschio-femmina, poiché le caratteristiche di genere (o stereotipi) sarebbero frutto di una costruzione culturale. [...] Emerge così una concezione autonoma dell'appartenenza di genere, pensata come il risultato di una scelta culturale dell'individuo, distinta dalla propria corporeità».

IlGiornale.it del Novembre 2014 ci racconta di due episodi, uno del 2013 particolarmente sconvolgente: «Germania a lezione di gender: bimbi svengono a scuola. E chi protesta va in carcere [...] A Borken, vicino a Munster, l'anno scorso sei bimbi sono dovuti rimanere a casa da scuola per essersi sentiti male dopo che in classe erano state mostrate loro immagini esplicite a sfondo sessuale, nell'ambito di un progetto di educazione alla "diversità di genere". Dopo che un primo bambino ha dato segni di avere problemi di circolazione, si è scatenata una reazione a catena, con altri piccoli studenti che sono andati in iperventilazione e un alunno che è quasi svenuto, rendendo necessario l'intervento dell'ambulanza [...] A Eslohe, 170 chilometri a sudest di Borken, è scoppiato un caso analogo [...] due coniugi di 37 anni, Eugen e Luise Martens, sono stati incarcerati per quaranta giorni perché la figlia, iscritta alle scuole elementari, si era rifiutata di partecipare ai corsi di educazione sessuale previsti dall'istituto. In tutta la Germania si stanno formando movimenti e comitati di solidarietà in appoggio ai coniugi Martens, per esprimere il dissenso contro una scuola che obbliga i bambini di sei anni a frequentare regolarmente lezioni di ideologia gender [...] "Il contenuto delle lezioni è perverso - spiega a *Tempi* Mathias Ebert, fondatore dell'associazione "Besorgte Eltern" (*Genitori preoccupati*) - Non solo si mostra ai bimbi come funziona il sesso dei maschi e delle femmine, ma li si mette davanti alle varie pratiche sessuali: sesso orale, sesso anale e molto altro. Si dice anche ai bambini, sin dalle elementari, che il loro genere non è determinato e che non possono sapere se sono maschietti o femminucce, che devono pensarci su»[224]. Pertanto, che si tratti di «teoria del gender» oppure di «gender studies», noi faremo battaglia affinché nelle scuole non si ripetano episodi simili. *Gay-Forum.it*, nel disperato tentativo di smentire la notizia, apre addirittura una discussione[225] sul suo Forum. Queste le conclusioni più "professionali" e "mature" ai fini di una confutazione "seria" e "scientifica": «eh già: in Germania ci sono ancora i campi di concentramento e mangiano i bambini […] *IlGiornale* se non erro "appartiene" alla destra. Notare come è scritto l'articolo […] Ho fatto una ricerca su *Google* e ho trovato che l'episodio è successo a fine giugno 2013. Mi chiedo perché *IlGiornale* lo peschi fuori ora […] trovo commovente il nome del fantomatico comitato di autodifesa dei genitori: "Besorgte Eltern" (*Genitori preoccupati*) […]». Insomma, una "confutazione" di "altissimo livello scientifico": questi "Genitori preoccupati" «sono davvero ignoranti […] pertanto l'articolo è falso». Lo stesso tipo di "confutazione" e di pregiudizio, più o meno pittoresca, ce l'aspettiamo per questo nostro libro: "sono di centro", "sono di destra", "sono bigotti", "sono omofobi", "sono cattolici", "sono gay mascherati e repressi", "sono talebani", "sono integralisti", "si drogano", etc... In certi ambienti, avendo pochissimi argomenti utili per controbattere, si tende a liquidare l'onesto e faticoso lavoro altrui, talvolta cagionando anche gravi danni, sulla base di sbrigativi ed ideologiche preclusionii. Al contrario, il sito «Bufale un tanto al chilo»[226], che promette di smascherare "le bufale" - ovvero le notizie false pubblicate su Internet, prova a smentire l'articolo. Ringraziamo il Gestore del sito poiché ha fornito alcune precisazioni molto utili ai fini della nostra ricerca, riguardo «d'educazione sessuale in Germania e l'obbligo di mantenimento»,

---

224   *http://www.ilgiornale.it/news/mondo/germania-lezione-gender-bimbi-svengono-scuola-e-chi-protesta-1067842.html*

225 *http://www.gay-forum.it/forum/index.php/topic/28635-germania-a-lezione-di-gender-bimbi-svengono-a-scuola/*

226 *http://www.butac.it/leducazione-sessuale-disinformazione-giornalistica/*

tuttavia la principale notizia, ovvero «Germania a lezione di gender: bimbi svengono a scuola», non è stata affatto smentita: «[...] l'articolo che *Tempi* linka è un trafiletto di scarsa rilevanza ai fini della mia indagine». Per evitare tutto questo (vedi foto dell'insegnante durante la lezione di gender ai nostri figli) e per non replicare, anche in Italia, ciò che accade in alcune scuole tedesche, abbiamo intrapreso un'azione di informazione e conoscenza, di cui questo libro vuol essere solamente una onesta espressione.

19. "Omofobo" è demodé. Siamo "omonegativi"?

Iniziamo con il *Kit anti discriminazione*: «Io dico no alla violenza e alla discriminazione», strumento di sensibilizzazione, informazione e formazione. Questo è il Progetto finanziato dal *Dipartimento per le Pari Opportunità* nell'ambito della IV settimana contro la violenza, Roma, 2013, pagina 43: «La violenza di stampo omofobico si alimenta del paradigma eterosessista che può essere definito come il sistema ideologico che rifiuta, denigra e stigmatizza ogni forma di comportamento, identità, relazione o comunità di tipo non eterosessuale (Herek, 1996). È caratterizzato dall'insieme degli atteggiamenti, delle credenze e delle opinioni che tenderebbero alla rivendicazione dell'eteronormatività e cioè dall'idea secondo cui l'eterosessualità sia la sola, naturale, forma di sessualità. La violenza di stampo transfobico, i cui destinatari non sono solo le persone transessuali o transgender, ma anche tutti coloro che si discostano dalle aspettative rigide di genere della nostra società, trova nel costrutto di genderismo la sua chiave interpretativa. Il Genderismo è la credenza secondo cui ci sono e ci devono essere solo due generi sessuali (maschile e femminile) e che il genere di ognuno, o la maggior parte dei suoi aspetti, sia inevitabilmente legato al sesso biologico. Una chiave interpretativa capace di significare contemporaneamente la violenza omofobica e transfobica è individuabile nel concetto di stigma di genere, intendendo con stigma (Goffman, 1963) una condizione o un attributo duraturo di un individuo, il quale non ha in sé uno specifico significato negativo, ma è piuttosto l'interazione sociale che glielo attribuisce. In particolare nello stigma di genere, la valutazione negativa riguarda la percezione della non conformità con i dettami dell'eterosessismo (gay e lesbiche) e la non piena corrispondenza con i ruoli di genere "tradizionali" e dominanti (transessuali, queer, questioning). La discriminazione omofobica, pertanto, è diretta verso tutti coloro che vengono ritenuti e valutati come "diversi", "non adeguati", non "normali" e, pertanto, sbagliati e da correggere. Molte persone ancora confondono il sesso biologico con il genere, l'identità di genere e l'orientamento sessuale». Praticamente chiunque osi «correggere [...] gay e lesbiche [...] transessuali, queer, questioning etc...», fosse anche un direttore spirituale, un religioso, un prete, un imam, un amico, sarebbe «eterosessista», gravemente affetto da «Genderismo», reo di «discriminazione omofobica».

A conferma di questo, lo studio «E l'Onu disse: dieci, cento, mille "gender" » - *La "libera scelta" dell'identità sessuale. Una campagna aggressiva tra femminismo e marxismo*[227] - riferisce: «Nella nuova versione del Nuovo Testamento pubblicata recentemente dall'Università di Oxford, il Padre Nostro comincia così: "Padre/Madre nostro, che sei nei cieli". L'espressione "figlio dell'uomo" è stata sostituita con "figlio dell'umano". E niente più "regno di Dio", espressione palesemente androcentrica e patriarcale. Non si tratta di casi isolati o amene sottigliezze da dotti, ma di uno dei tanti segni dell'avanzare della "prospettiva di genere". Adottare una prospettiva di genere, spiega un documento dell'Instraw (*Istituto internazionale di ricerca e training per l'avanzamento delle donne*) [...] significa "distinguere tra ciò che è naturale e biologico e ciò che è costruito socialmente e culturalmente, e nel rinegoziare i confini tra il naturale e la sua inflessibilità, e il sociale". In parole povere, "prospettiva di genere" vuol dire dunque che nulla di originario, di "dato", esiste nelle differenze fra uomo e donna, e quindi tutto può, e deve, essere cambiato». Non hanno risparmiato nemmeno il *Padre Nostro*!

---

227 *http://www.europaoggi.it/content/view/902/45/*

Continuiamo con la *Risoluzione*[228] del Parlamento europeo sull'«omofobia in Europa», testo approvato Mercoledì 18 Gennaio 2006 a Strasburgo, dove si legge: «[...] visti gli obblighi internazionali ed europei in materia di diritti umani [...] considerando che l'omofobia può essere definita come una paura e un'avversione irrazionale nei confronti dell'omosessualità e di gay, lesbiche, bisessuali e transessuali (GLBT), basata sul pregiudizio e analoga al razzismo, alla xenofobia, all'antisemitismo e al sessismo [...] considerando che l'omofobia si manifesta nella sfera pubblica e privata sotto forme diverse, quali discorsi intrisi di odio e istigazioni alla discriminazione, dileggio, violenza verbale, psicologica e fisica, persecuzioni e omicidio, discriminazioni in violazione del principio di uguaglianza, limitazioni arbitrarie e irragionevoli dei diritti, spesso giustificate con motivi di ordine pubblico, libertà religiosa e diritto all'obiezione di coscienza [...] considerando, al tempo stesso, che in un numero crescente di paesi europei si stanno adottando iniziative intese a garantire pari opportunità, integrazione e rispetto e ad offrire protezione contro la discriminazione basata sull'orientamento sessuale, l'espressione di genere e l'identità di genere, nonché ad assicurare il riconoscimento delle famiglie omosessuali [...]». Leggere questa *Risoluzione* del Parlamento Europeo induce a due immediate considerazioni. La prima non può che soffermarsi sulla definizione enfatizzata del fenomeno da noi più volte condannato della violenza e della discriminazione. Sovrapporre, come riportato nella *Risoluzione*, fenomeni quali "xenofobia, antisemitismo, persecuzioni ed omicidio", al dibattito sulle "coppie omosessuali" e concludere tale riflessione con le parole testuali "riconoscimento delle famiglie omosessuali", spiega la ragione per la quale questa *Risoluzione*, scomposta nell'analisi e disorientante nel giudizio, risulta giuridicamente insostenibile per il diritto italiano. E veniamo alla seconda

---

228   *http://www.europarl.europa.eu/sides/getDoc.do?pubRef=-//EP //TEXT+TA+P6-TA-2006-0018+0+DOC+XML+V0//IT*

riflessione. L'Articolo 29 della Costituzione italiana riconosce l'istituto del matrimonio, unica fonte giuridica della famiglia, come società naturale composta da un uomo e da una donna. Tale istituto, che si richiama al diritto naturale, quindi preesistente ad ogni costituzione giuridica, ed a qualsiasi produzione legislativa successiva, non contempera la possibilità di "famiglie omosessuali". È su questa base che l'Italia sviluppa un dibattito sulle "coppie di fatto", non assimilabili alle famiglie per definizione, ruolo e funzione giuridico-sociale. L'Europa sta parlando di istituti inesistenti; l'Italia non può discutere di ciò che la sua legge coscientemente e costituzionalmente non ammette. *Risoluzione* rimandata al mittente.

UNAR annuncia[229] che è on line «La Strategia Nazionale per la prevenzione ed il contrasto delle discriminazioni basate sull'orientamento sessuale e sull'identità di genere». Leggiamo sul sito del *Dipartimento per le Pari Opportunità* che, «a seguito del programma promosso dal *Consiglio d'Europa* "Combattere le discriminazioni basate sull'orientamento sessuale e sull'identità di genere", per l'attuazione e l'implementazione della "Raccomandazione del Comitato dei Ministri CM/REC (2010)5", al quale l'*Ufficio Nazionale Antidiscriminazioni* (UNAR) ha aderito, è stata elaborata la Strategia Nazionale per la prevenzione ed il contrasto delle discriminazioni basate sull'orientamento sessuale e sull'identità di genere, predisposta e coordinata dall'UNAR, in collaborazione con le diverse realtà istituzionali, le Associazioni LGBT e le parti sociali. La strategia nazionale è finalizzata alla realizzazione di un piano triennale di azioni pilota (2013-2015), integrate e multidisciplinari, volte alla prevenzione e al contrasto delle discriminazioni in tale ambito». Non ci risulta che UNAR, fra le «realtà istituzionali» e «parti sociali», abbia collaborato anche con tutte quelle Associazioni, Categorie,

---

229   *http://www.pariopportunita.gov.it/index.php/archivio-notizie/23 10-unar-on-line-la-strategia-nazionale-per-la-prevenzione-ed-il-contrasto-delle-discriminazioni-basate-sullorientamento-sessuale-e-sullidentita-di-genere*

persone, famiglie e singoli che ritengono, a ragion veduta, antiscientifica la «teoria del gender». UNAR, invece, si pregia della collaborazione solitaria delle «Associazioni LGBT». Vorremmo ricordare, anche al lettore più attento, che le associazioni LGBT coinvolte da UNAR, ambiscono a rappresentare le circa 7.000 "coppie di fatto"; mentre UNAR esclude totalmente dal dialogo i rappresentanti di circa 14.000.000 di famiglie che avrebbero potuto addurre al dibattito il vero elemento che ci pare UNAR abbia smarrito: il senso della realtà.

Leggiamo cosa ci dice questa *Strategia Nazionale* a pagina 16: «Ma dietro gli episodi di bullismo omofobico e transfobico vi sono altri problemi, quali quelli legati a una cultura che prevede soltanto una visione eteronormativa e modelli di sessualità e norme di genere. Le tematiche LGBT trovano spazi marginali nelle aule scolastiche, o sono relegate a momenti extra curriculari; gli insegnanti ed educatori sono a loro volta disinformati e impreparati ad affrontare questi temi. In questa prospettiva è di particolare importanza il ruolo della scuola e degli insegnanti nel cambiare e modificare attitudini e comportamenti specifici, nell'educare [...]». UNAR sostiene che «gli insegnanti ed educatori sono disinformati». Siamo rammaricati per questa presunta ignoranza degli insegnanti «eteronormativi», pertanto proponiamo vivamente ad UNAR di consigliare agli «insegnanti disinformati» la lettura anche del nostro libro, auspicando che lo scritto possa essere utile ad una formazione ed informazione degli insegnanti, senza preclusioni ideologiche, nell'esercizio della piena e costituzionalmente garantita libertà di espressione. Anche noi, come tanti altri, possiamo essere due portavoce di Categorie ed Associazioni, pertanto domandiamo ad UNAR pari trattamento accordato alle «Associazioni LGBT». Noi, che siamo disposti persino ad ascoltare le famiglie italiane, ringraziamo sentitamente!

Alla pagina 17 si legge: «A tal fine, sarebbe auspicabile un'integrazione e un aggiornamento sulle tematiche LGBT nei programmi scolastici e una promozione dell'informazione e comunicazione non stereotipata, rispettosa delle identità di genere e degli orientamenti sessuali. Occorre, altresì, progettare percorsi innovativi di formazione in materia di educazione alla affettività che partano dai primi gradi dell'istruzione, proprio per cominciare dagli asili nido e dalle scuole dell'infanzia a costruire un modello educativo inclusivo, fondato sul rispetto delle differenze, che costituisca una risorsa non solo per chi fa parte della comunità LGBT ma per tutti i bambini». Dunque UNAR auspica chiaramente che l'indottrinamento gender abbia inizio sin «dai primi gradi dell'istruzione, proprio per cominciare dagli asili nido e dalle scuole dell'infanzia». Questo plagio, sempre secondo UNAR, sarebbe «una risorsa […] per tutti i bambini». Nei prossimi capitoli dimostreremo, anche con foto documentali, cosa stanno iniziando ad insegnare negli asili: contenuti didattici sconvolgenti.

Fra gli obiettivi che UNAR individua come «misure concretamente attuabili», sempre a pagina 17 alla lettera E si elenca: «favorire l'*empowerment* delle persone LGBT nelle scuole, sia tra gli insegnanti che tra gli alunni». Ancora, alla lettera G leggiamo: «contribuire alla conoscenza delle nuove realtà familiari, superare il pregiudizio legato all'orientamento affettivo dei genitori per evitare discriminazioni nei confronti dei figli di genitori omosessuali». UNAR, anche in questo caso, compie operazioni giuridiche e dialettiche azzardate; utilizza il termine "nuove realtà familiari" per indicare coppie di "genitori omosessuali", non riconoscendo al diritto italiano ed in particolare alla nostra Costituzione, di stabilire cosa è famiglia e cosa non lo è. UNAR, inoltre, continuando la sua solitaria dissertazione, usa un termine inglese probabilmente per non spaventare. Cosa significa «favorire l'*empowerment*»? Con il termine *empowerment* viene indicato un processo di crescita, sia dell'individuo sia del gruppo, per far emergere risorse latenti e portare l'individuo ad appropriarsi consapevolmente del suo potenziale. Questo processo porta ad un rovesciamento della percezione dei propri limiti in vista del raggiungimento di risultati superiori alle proprie aspettative. UNAR chiede di «favorire l'*empowerment*», ovvero di favorire «l'accesso alle risorse, soprattutto di potere» alle «persone LGBT nelle scuole, sia tra gli insegnanti che tra gli alunni». In sostanza, "dare potere" alle persone LGBT al fine di «superare le discriminazioni». Perché, non lo hanno già? Solo in questo testo abbiamo citato decine di persone e personalità/celebrità "LGBT" (senza assegnare loro delle etichette come invece fa UNAR) che hanno un grandissimo potere politico, economico e sociale. La traduzione[230] dall'inglese di «Empowerment» è «potere, senso di legittimazione», anche «trasferimento di poteri». Basti pensare che questa «Strategia Nazionale per la prevenzione ed il contrasto delle discriminazioni basate sull'orientamento sessuale e sull'identità di genere» è scritta sulla base del potere delle «Associazioni LGBT» che, coerentemente alle dichiarazioni di UNAR, sono state uniche interlocutrici nella stesura del Documento. Ci scusiamo con UNAR, ma nella scrittura del nostro libro abbiamo adottato un metodo leggermente diverso: abbiamo ascoltato le famiglie e fatto tesoro dei loro suggerimenti, dopo averli avvalorati con le fonti, anche LGBT. L'UNAR non se ne abbia a male!

La Strategia UNAR a pagina 23 prevede la «creazione di *network* LGBT all'interno delle aziende e istituzione a livello di alta dirigenza del ruolo di mentore LGBT; il supporto nell'analisi e nella costruzione di programmi retributivi e di *benefit* che tengano conto delle diverse culture presenti nelle aziende, e aiuto nella verifica della *compliance* con la legislazione»; l'«estensione di *benefit* specifici per le persone LGBT, anche in relazione alle famiglie omogenitoriali»; la «certificazione volontaria delle aziende *gay friendly* per la responsabilizzazione sociale»; la «creazione e sperimentazione del primo indice italiano (*Equality Index*) che misuri [...] la inclusione come rispetto delle persone LGBT nelle

---

230 *http://www.wordreference.com/enit/Empowerment*

imprese operanti in Italia [...]» etc. In parole povere UNAR invita lo Stato ad investire ulteriormente nel mondo LGBT e nelle "unioni civili", per di più letteralmente "schedando" le aziende italiane. Ricordate i casi *Barilla* e *D&G* che vi abbiamo citato? Ricordate i «boicottaggi»? Con il database delle «aziende *gay friendly*», sarà molto più semplice per la lobby individuare le «aziende "omofobe"» per il grande «boicottaggio» finale. Stiamo forse costruendo l'elenco dei buoni e dei cattivi? Stiamo forse attribuendo patenti di legittimità? Arriveremo un giorno a comprare solo dalle aziende col bollino *Gay-Friendly*? Se già così stanno le cose, siamo in presenza di un tentativo di mistificazione della realtà e condizionamento dei consumi, scorretto, tendenzioso, illegale. Se già così stanno le cose, anche il parere dell'UNAR non ci esime dal dichiararla una pratica illiberale. Non lo permetteremmo a nessuno.

Infine UNAR ci spiega di che patologie e «tic omofobi» noi tutti soffriamo. Lo fa con un eloquente «Glossario» pubblicato dalla pagina 39 a seguire. Ringraziamo G. M. Carbone che ce lo ha fatto notare nel suo libro «Gender» a pagina 116. UNAR elenca un «Glossario» introduttivo che ha la presunzione di spiegarci cosa significa "gay", cosa "transessuale", cosa "ruolo di genere", etc. Il «Glossario» è stato predisposto dalla Rete RE.A.DY ed è consultabile in nota [231]. *Wikipink.org*, che si definisce «Enciclopedia gay», una sorta di *"empowerment* nelle enciclopedie", ci erudisce sulla Rete RE.A.DY: «RE.A.DY è la *Rete Nazionale delle Pubbliche Amministrazioni Anti Discriminazioni per orientamento sessuale e identità di genere.* L'obiettivo di RE.A.DY è quello di mettere in sinergia l'azione delle Pubbliche Amministrazioni per promuovere sul piano locale politiche che sappiano rispondere ai bisogni delle persone LGBT»[232]. Noi che non facciamo distinzione fra persone e «persone LGBT» (per

---

231 UNAR linka (ovvero fa pubblicità) a: *http://www.comune. torino.it/politichedigenere/lgbt/lgbt_glossario/glossario-lgbt-2.shtml*
232 *http://www.wikipink.org/index.php?title=Rete_RE.A.DY.*

usare la triste etichetta che UNAR gli affibbia), probabilmente potremmo essere affetti da *Eterosessismo* e/o da *Omofobia*. Pagina 40: «L'*Eterosessismo* è la visione del mondo che considera come naturale solo l'eterosessualità, dando per scontato che tutte le persone siano eterosessuali. L'eterosessismo rifiuta e stigmatizza ogni forma di comportamento, identità e relazione non eterosessuale. Si manifesta sia a livello individuale sia a livello culturale, influenzando i costumi e le istituzioni sociali, ed è la causa principale dell'omofobia». A pagina 41: «L'Omofobia è il pregiudizio, la paura e l'ostilità nei confronti delle persone omosessuali e le azioni che da questo pregiudizio derivano [...]».

Etimologia e significato della parola «omofobia» hanno sempre suscitato polemiche anche accademiche, pertanto oggi UNAR supera questa "lettera scarlatta" ed introduce, dietro "boccone" di RE.A.DY, un'altra parola: «*Omonegatività*. Il termine *omofobia* oggi è in parte superato e sostituito con il termine *omonegatività* per indicare che gli atti di discriminazioni e violenza nei confronti delle persone omosessuali non sono necessariamente irrazionali o il frutto di una paura, ma, piuttosto, l'espressione di una concezione negativa dell'omosessualità, che nasce da una cultura e una società *eterosessista*». Dunque se prima i presunti «atti di discriminazioni» erano "omofobi", prodotto di «paura e ostilità nei confronti delle persone omosessuali», v. "*Omofobia*", adesso si dicono "omonegativi". Quindi non sarebbe più l'impaurito a «discriminare», bensì l'«eterosessista», ovvero la persona che «nasce [in] una cultura e una società *eterosessista*». Ciò detto, ci teniamo a precisare che la nostra condanna ai veri episodi di discriminazione è totale e senza eccezione alcuna. Il cristianesimo e la vita ci insegnano a non discriminare.

A pagina 39 UNAR e RE.A.DY offendono i "gay": «DISTURBO DELL'IDENTITÀ DI GENERE: espressione usata dalla medicina per descrivere una forte e persistente identificazione con il sesso opposto a quello biologico, altrimenti detta *disforia di genere*». Mentre il «Diagnostic and Statistical Manual of Mental Disorders» (DSM-5) ci spiega [233] la differenza fra «disturbo» e «disforia». Se Aurelio e Carlo dovessero dire ad un amico "gay": «tu sei disturbato», sarebbero "omonegativi". Se lo scrivono UNAR e RE.A.DY diventa modernità, progresso, arricchimento culturale.

Sempre a pagina 39 UNAR e RE.A.DY confessano al resto del mondo che la «teoria gender esiste». Leggiamo: «GENERE: categoria sociale e culturale costruita sulle differenze biologiche dei sessi (genere maschile vs. genere femminile). IDENTITÀ DI GENERE: la percezione di sé come maschio o come femmina o in una condizione non definita. DISTURBO DELL'IDENTITÀ DI GENERE: espressione usata dalla medicina per descrivere una forte e persistente identificazione con il sesso opposto a quello biologico, altrimenti detta disforia di genere. RUOLO DI GENERE: l'insieme delle aspettative e dei modelli sociali che determinano il come gli uomini e le donne si debbano comportare in una data cultura e in un dato periodo storico». Ecco esemplificata parte della «teoria che non esiste». Noi non l'avremmo saputa descrivere meglio, pertanto, per i prossimi capitoli, rimandiamo i lettori a questa definizione della «teoria che non esiste»: il *gender*.

UNAR e RE.A.DY introducono gli "auto omofobi": «OMOFOBIA INTERIORIZZATA: forma di omofobia spesso non cosciente, risultato dell'educazione e dei valori trasmessi dalla società, di cui a volte sono vittima le stesse persone omosessuali». Domanda: quel «disturbo» che dovevamo chiamare «disturbo egodistonico» [234] ora diventa «omofobia interiorizzata»? Noi pensavamo che "auto omofobo" fosse Domenico Dolce quando ha dichiarato di essere contrario alle "adozioni gay". Scattò subito il «#boycottDolceGabbana» di Elton John, ricordate? Risposero i due

---

233 *http://www.dsm5.org/documents/gender%20dysphoria%20fact%20sheet.pdf*

234 *https://it.wikipedia.org/wiki/Teorie_sulla_differenziazione_dell%27orientamento_sessuale*

stilisti: «Boicottarci per cosa, perché non la pensiamo come voi? Siamo nel 2015, questo non è corretto. È medievale [...] Tutte le persone devono risolvere le cose parlando. Iniziamo a parlare, e il problema è risolto [...]».[235] Esistono, per UNAR, anche gli "auto transfobi", ovvero: «forma di transfobia spesso non cosciente, risultato dell'educazione e dei valori trasmessi dalla società, di cui a volte sono vittima le stesse persone transessuali».

Davvero non c'è niente da fare, è sempre colpa della società, della cultura, in buona sostanza: degli altri. Tutto questo è trionfo dell'individuo (v. *Individualismo*) che, senza se e senza ma, eleva se stesso al di sopra di ogni persona, al di sopra finanche di Dio. Ma, se denunci queste ovvietà, sei "omofobo", anzi «omonegativo» e ti «boicottano», proprio come hanno tentato di fare con Dolce & Gabbana.

Noi, a differenza di altri, proviamo a sfuggire all'esigenza di dare un giudizio a tutti i costi. Di sicuro non boicottiamo e contrapponiamo a questo metodo la fatica del dialogo. Il boicottaggio e la strumentalizzazione, forme estreme di discriminazione, non appartengono alla nostra cultura, perché consegnano alla solitudine: metodo proprio dei violenti. Crediamo nella scelta che si concilia con la verità.

---

235   *http://www.lastampa.it/2015/03/18/societa/figli-di-coppie-gay-dolce-e-gabbana-a-elton-john-non-si-boicotta-chi-la-pensa-diversamente-onu2FfkM0AyhAJOdOk0MYI/pagina.html*

Eugen Martens, padre di 9 figli, «trasformato in criminale» perché la sua Melitta, 10 anni, si è rifiutata di partecipare a due lezioni di educazione sessuale "shock".[236]

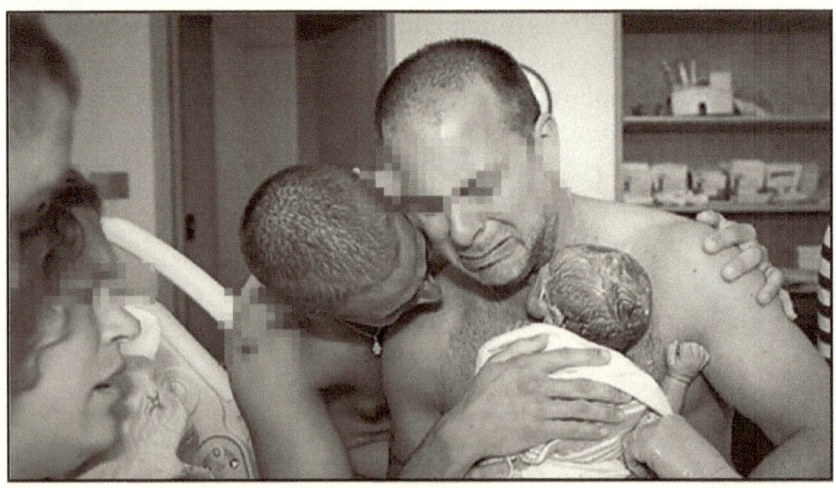

Utero in affitto. Immagine elaborata, tratta da *Google.it*

236   *http://www.tempi.it/germania-io-finito-in-carcere-perche-mia-figlia-ha-saltato-due-ore-di-ideologia-gender-e-ora-tocca-a-mia-moglie#.VpU-x_nhDIU*

20. *A.T. Beck* (e UNAR): 4 o 5 pareri sono "scienza", tutto il resto è noia, anzi è "mitologia"

Veniamo adesso al progetto educativo[237] rivendicato da *A.T. Beck* (Associazione scientifico-professionale di psicologi e psicoterapeuti), «predisposto su mandato dell'UNAR per la realizzazione di specifici moduli didattici di prevenzione e contrasto dell'omofobia e del bullismo omofobico nelle scuole e [che] adottano una prospettiva scientifica, e non ideologica». Se la «prospettiva scientifica, e non ideologica» è la stessa che abbiamo documentato ed analizzato fino ad ora nel nostro libro, dobbiamo rappresentare la stessa seria e motivata preoccupazione che abbiamo documentato nei capitoli precedenti. Il progetto si basa su questa premessa: «l'attrazione, i sentimenti e i comportamenti sessuali e romantici verso persone dello stesso sesso sono normali e positive varianti della sessualità umana indipendentemente dall'identità di orientamento sessuale» [Generica citazione che attribuiscono ad «*American Psychological Association* (2009, 2012)»]. Il progetto poggia anche su questo "dogma del gender": «Le influenze che l'ambiente socio-culturale e religioso può esercitare nel generare omofobia e omofobia interiorizzata, non soltanto sono di pacifica osservazione, ma conclusioni a cui pervengono numerosi studi scientifici. L'impatto negativo del conflitto tra omosessualità e religione sulla salute mentale è stato ampiamente dimostrato». L'affermazione aprioristica di concepire quale dimostrato un "impatto negativo" nell'incontro fra omosessualità

---

237 *http://www.istitutobeck.com/progetto-unar.html* - L'Istituto non cita i vari casi di "falsa omofobia" usati per propaganda. Esempio: *http://www.noaimatrimonigayinitalia.it/2015/10/01/falso-caso-omofobia-a-monza-ogni-scusa-e-buona-per-la-caccia-ai-cattolici/*

e religione, definito quale "conflitto" sconta, a nostro parere, due gravi limiti: 1) Attribuisce un'accezione puramente negativa all'incontro fra il sentimento religioso (concezione spirituale) e l'omosessualità (fatto sociale); 2) Prima di definire una persona ci piace ritenerla tale. La persona stessa, nella sua essenza, non è qualificabile quale omosessuale, ma quale credente se incontra il sacro e quale non credente se non lo accoglie. A nostro avviso, questo presunto "conflitto" è puramente ideologico e non "scientifico".

Il progetto di cui parliamo si intitola «Educare alla diversità a scuola» e consta di 3 Opuscoli che, al dire di *A.T. Beck*, «non mirano a sminuire l'importanza della famiglia tradizionale ma valorizzano anche la qualità affettiva ed educativa di famiglie omosessuali, delle quali la letteratura scientifica conferma l'adeguatezza». Troverete in nota[238] un link dove è possibile scaricare i PDF dei tre Opuscoli (Scuola primaria - Scuola secondaria di 1° grado - Scuola secondaria di 2° grado). Abbiamo già citato numerosi esperti dimostrando che «la letteratura scientifica» spesso NON «conferma l'adeguatezza affettiva ed educativa» delle «famiglie omosessuali» in maniera unanime, ma *A.T. Beck* - «su mandato dell'UNAR» - sostiene il contrario, in pratica censura tutti i "dissidenti". Leggiamo altri pareri che smentiscono *A.T. Beck*.

Monette Vacquin e Jean-Pierre Winter (psicoanalisti, da «Le Monde»[239], 5 Dicembre 2012) sul *gender* in generale scrivono: «Le parole padre e madre saranno soppresse dal codice civile. Queste due parole che condensano tutte le differenze, poiché portatrici sia della differenza dei sessi che di quella delle generazioni, scompariranno da ciò che codifica la nostra identità.

---

238 *https://fuorischemablog.wordpress.com/2014/04/11/educare-alla-diversita-a-scuola/*

239 *http://www.lemonde.fr/idees/article/2012/12/04/non-a-un-mon de-sans-sexes_1799504_3232.html* - traduzione qui: *http://www.uccronline.it/2013/04/27/no-ad-un-mondo-senza-sessi-il-bimbo-ha-diritto-a-padre-e-madre/*

Bisognerebbe essere sordi per non sentire il soffio giovanilistico che percorre tutto questo. Il colpo di scopa ideologico capace di rovesciare secoli di uso e di sopprimere le parole alle quali dobbiamo la trasmissione della vita evidentemente si basa su ambivalenze inconsce molto arcaiche, e ampiamente condivise, per avere la minima possibilità di imporsi e [...] ben presto di fare la legge. Questa violenza, deflagratrice, non è certo solo il fatto di una minoranza di omosessuali che richiedono il matrimonio. Senza eco collettiva del problema della perdita o del rifiuto di qualsiasi punto di riferimento trasmesso, questa violenza avrebbe suscitato nel migliore dei casi la risata o il disagio, non la soddisfazione pura e semplice. Questo avvenimento è tuttavia portato avanti da una ultra-minoranza, con il ricorso indispensabile di un linguaggio che è la rovina del pensiero: il politicamente corretto. [...] È probabile che il mondo assorbirà questo con indifferenza, che è l'altro nome dell'odio. È perfino a questo che cominciamo ad assomigliare: non più ad un'umanità conosciuta, ma ad un mondo indifferente. Neutro. Neutralizzato».

Il Compendio sulle "adozioni omosessuali", presentato alla Corte Suprema americana da numerosi[240] esperti e scienziati, ci informa: «[...] come indicano studi recenti, l'affermazione "no difference" [nelle "adozioni gay", NdA] è difficile da sostenere perché quasi tutti gli studi su cui si basa tale affermazione sono piuttosto limitati, coinvolgono campioni non casuali e non rappresentativi, spesso con pochi partecipanti. In particolare, la

240 Douglas W. Allen, ordinario di Economia alla *Simon Fraser University* (Canada); David J. Eggebeen, professore associato di Human Development and Sociology alla *Penn State University*; Alan J. Hawkins, docente di Family Life alla *Brigham Young University*; Byron R. Johnson, docente di Scienze Sociali alla *Baylor University*; Catherine Pakuluk docente di Economia alla *Ave Maria University*; Joseph Price, docente di Economica alla *Brigham Young University*; Mark D. Regnerus, docente di Sociologia all'*University of Texas*. Fonte: *http://www.uccronline.it/2013/04/12/scienziati-sociali-contro-le-adozioni-gay/*

maggior parte di questi studi si basa su campioni di meno di 100 genitori (o figli), di famiglie istruite, di pelle bianca e con redditi elevati. Questi sono esempi poco rappresentativi della popolazione lesbica e gay e quindi non sono una base sufficiente per fare affermazioni generali su bambini cresciuti in strutture genitoriali dello stesso sesso [...] La [posizione "no difference" è, NdA] empiricamente minata dalla significativa limitazione metodologica [...] contraddice la ricerca di lunga data [ovvero scientificamente dimostrata, NdA] la quale afferma che l'ambiente ideale per l'educazione dei figli è la stabilità biologica del rapporto tra il padre e la madre [...] gli unici studi che si basano su grandi dimensioni, su campioni casuali e rappresentativi, tendono a rivelare la conclusione opposta [a "difference", NdA], trovando differenze significative tra i bambini cresciuti da genitori in un rapporto *samesex* e quelli allevati da una coppia di genitori biologici. È pacifico che una madre e un padre biologici forniscono, in media, un efficace e collaudato ambiente per crescere i figli, ed è ragionevole concludere che le funzioni di una madre e un padre forniscono una unità genitoriale complementare dove ognuno tende a dare qualcosa di unico e utile allo sviluppo del bambino». L'11° Circuito della Corte d'Appello degli Stati Uniti nel 2004 ha difatti sentenziato che: «[effettivamente si tratta, NdA] di studi con difetti significativi, come l'uso di piccoli e auto-selezionati campioni; dipendenza dagli strumenti *self-report*; ipotesi politicamente guidate e l'uso di popolazioni di studio non rappresentative, sproporzionatamente ricche ed istruite»[241].

Bruno Renzi, psichiatra ed ex direttore all'ospedale *Sacco* di Milano e docente presso l'Università degli Studi di Milano, l'Università di Bologna, *La Sapienza* di Roma e l'Università di Catania, afferma: «Le persone gay hanno tutti i diritti tranne uno, quello di impedire lo sviluppo delle vaste potenzialità che ogni

---

241 *http://caselaw.findlaw.com/us-11th-circuit/1420205.html*

bambino ha insite in sé. Se gli si negano le due polarità maschile e femminile, cioè il diritto di avere entrambi i modelli parentali, viene privato della possibilità di acquisire le dinamiche utili per la crescita. È a quell'età che i bambini creano dentro di sé le convinzioni su se stessi, la vita, il mondo, che determineranno tutto il loro futuro, e queste derivano da un genitore maschio e uno femmina [...] È in quegli anni che diversi fattori concorrono alla strutturazione della personalità, e uno di questi è l'introiezione di modelli - emotivi, cognitivi e comportamentali - che provengono dalle figure genitoriali. In un contesto familiare normale, con una polarità maschile e una femminile, il bimbo ha la possibilità di acquisire i modelli congeniali alla sua struttura: se è un maschietto è opportuno che li acquisisca dal padre, altrimenti dalla mamma»[242].

Lo studio «I figli di coppie omo tendono a diventare omo»[243] dimostra che la stessa attivista LGBT Charlotte Patterson - spesso citata dall'*American Psychological Association* per sostenere la posizione "no difference" tra i figli di omo ed etero - «‹i cui risultati sono stati in passato esclusi dal tribunale della Florida per mancanza di imparzialità osservabile nei gravi difetti di campionamento»[244] - ammise che c'erano altre ricerche che fornivano esito differente, sebbene «da interpretare con cautela». Continua UCCR (nostra nota 244): «[...] tra gli studi sulla questione si segnalano: 1) Judith Stacey e Timothy J. Bibl (2001)[245] su una revisione di 21 studi precedenti hanno trovato i figli di coppie omo più sessualmente avventurosi e inclini a impegnarsi in attività omosessuali; 2) Cameron (2006)[246] su 77 figli adulti di

---

242 *http://www.avvenire.it/Cronaca/Pagine/piccolo-uovo-famiglia-coppi e-gay-spettacolo-scuole-milano-polemica-.aspx*

243 *http://www.uccronline.it/2013/02/14/i-figli-di-coppie-omo-tendo no-a-diventare-omo/*

244 *http://www.narth.com/docs/patterson.html*

245 *http://www.jstor.org/stable/2657413?seq=1#page_scan_tab_contents*

246 *http://www.ncbi.nlm.nih.gov/pubmed/16613625*

coppie omo ha trovato 23 (30%) omosessuali; 3) Schumm (2010)[247] su 262 figli adulti di coppie omo ha trovato 63 non eterosessuali (inclusi omosessuali, bisessuali, insicuri), pari al 24%; 4) Gartrell, Bos, Goldberg (2010)[248] intervistando 78 adolescenti 17enni, cresciuti all'interno di relazioni omo, ha trovato il 18,9% delle ragazze e l'8,1% dei ragazzi che si dichiarano bisessuali o prevalentemente omosessuali; 5) Regnerus (2012)[249] su 236 giovani adulti figli di coppie omo rileva che si dichiara interamente eterosessuale il 61% dei figli di lesbiche, il 71% dei figli di gay».

Lo studio del Novembre 2012 «Nontraditional Families and Childhood Progress Through School: A Comment on Rosenfeld»[250] (Douglas W. Allen , Catherine Pakaluk, Joseph Price) dimostra che: «Rispetto alle famiglie tradizionali, troviamo che i bambini cresciuti da coppie dello stesso sesso hanno dimostrato il 35% in meno di probabilità di fare progressi normali nella scuola; questa differenza è statisticamente significativa al 1° livello». È possibile leggere altre dichiarazioni tratte dalla ricerca «Nuovi psicologi prendono posizione contro l'adozione gay»[251]. La psicologa Maria Rita Parsi (*Movimento Bambino*) asserisce: «Per i bambini quel che vale è l'amore. Però è importante che le bambine trovino un punto di riferimento maschile e i maschietti uno femminile per sviluppare e indirizzare la loro ricerca di un partner quando saranno adulti. Crescere con genitori omosessuali senza avere punti di riferimento dell'altro sesso costituisce un limite [...] cure e amore non sono patrimonio esclusivo delle coppie etero. Vero è, però, che quando si arriva alla fase del complesso edipico è importante avere una doppia realtà di

---

247 *http://xa.yimg.com/kq/groups/19806419/959920590/name/Full+Article.pdf*

248 *http://hunterforjustice.typepad.com/files/gartrell-adolescents.pdf*

249 *http://fixcas.com/news/2012/Regnerus.pdf*

250 *http://link.springer.com/article/10.1007/s13524-012-0169-x?no-access=true*

251 *http://www.uccronline.it/2013/01/30/nuovi-psicologi-prendono-posizione-contro-ladozione-gay/*

riferimento, maschio e femmina. È fondamentale per sviluppare il cervello e la personalità. Perché i bambini abbiano uno sviluppo pieno e completo, i modelli di riferimento devono essere maschili e femminili. E non devono essere necessariamente il papà o la mamma, possono venir individuate figure esterne alla coppia. Ci tengo però a precisare una cosa. Il rapporto fondamentale e primario resta quello con la madre. Un rapporto prioritario che comincia nella vita prenatale, che è determinante al momento del parto, fondamentale nei primi attimi e nelle prime settimane di vita. Talmente importante ed essenziale che non può essere sostituito da nessun altro»[252].

Mariolina Ceriotti Migliarese, neuropsichiatra infantile, dice: «Fra i bisogni primari del bambino c'è l'amore, la cura, l'accudimento e questo può essere effettivamente dato sia dalla figura maschile sia da quella femminile, ma poi ha bisogno di essere accompagnato nella costruzione della propria identità. La negazione del valore della differenza sessuale - il corpo è un dato - provoca una gravissima interferenza nella costruzione della identità [che magari non si vede nell'infanzia, ma esplode con la pubertà e la preadolescenza, NdA]»[253].

Rosa Rosnati, docente di Psicologia dell'adozione e dell'affido presso l'Università *Cattolica* di Milano, sostiene: «[...] crescere godendo della presenza di un padre e di una madre consente al bambino di conoscere dal vivo cosa vuol dire essere uomo e donna e, quindi, definire nel tempo una solida identità maschile o femminile. Allo stesso tempo il bambino potrà fare esperienza della relazione tra uomo e donna, capace di accogliere e valorizzare le differenze. Due genitori dello stesso sesso non possono fornire questa esperienza di base, quindi il bambino sarà gravato da un compito psichico aggiuntivo. Ai bambini adottati la

---

252 *http://www.avvenire.it/Cronaca/Pagine/intervista_parsi.aspx*
253 *http://www.lastampa.it/2013/01/12/italia/cronache/da-noi-trop pi-silenzi-la-societa-deve-imparare-ad-aiutare-i-genitori-exhKBGGS8FPbdksejXby aM/pagina.html*

società deve fornire condizioni ideali di crescita, non esporli ad altri fattori di rischio»[254].

Domenico Simeone, psicologo, psicoterapeuta e professore associato di Pedagogia generale presso l'Università degli Studi di Macerata, afferma: «Crescere con una madre e con un padre, quando è possibile, significa conoscere il valore educativo della differenza, significa inscrivere la parentalità in una rapporto che chiama in causa la corporeità, significa sperimentare una rete relazionale costruita sul riconoscimento dell'alterità. Il fenomeno delle coppie omoparentali è relativamente recente. Molti studi mettono in guardia sulle difficoltà che i bambini che crescono con persone dello stesso sesso possono incontrare. Dal punto di vista scientifico credo sia necessario approfondire le conoscenze del fenomeno in modo rigoroso, guardando la questione dal punto di vista del bambino e dei sui bisogni. Troppo spesso nel dibattito prevalgono i presunti "diritti" degli adulti e ci si dimentica di tutelare la crescita dei bambini. La differenza di genere tra padre e madre e tra genitore e figlio costituisce l'elemento fondamentale per imparare ad amare, costruendo relazioni e accettando il limite che è in esse inscritto. Nel crogiuolo di tali relazioni i bambini vivono processi di identificazione e riconoscono le differenze, stabilendo relazioni significative. È la differenza che permette la triangolazione della relazione e il riconoscimento dell'alterità. Non è qui in discussione la capacità di cura che possono avere le coppie omogenitoriali quanto piuttosto l'articolazione delle relazioni che i figli possono stabilire»[255].

Potremmo proseguire con centinaia di pagine di ricerche, studi e dichiarazioni che smentiscono la discutibile premessa di *A.T. Beck* e UNAR dove proclamano la: «[…] qualità affettiva ed educativa di famiglie omosessuali, delle quali la letteratura

254   *http://rassegna.camera.it/chiosco_new/pagweb/getPDFarticolo.asp?currentArticle=1QYU29*

255 *http://www.avvenire.it/Cronaca/Pagine/intervista_simeone.aspx*

scientifica conferma l'adeguatezza». Tutti gli esperti da noi citati smentiscono decisamente la pretesa secondo la quale: «L'Istituto *A.T. Beck* ribadisce che quanto proposto negli opuscoli citati riflette le posizioni della comunità scientifica nazionale e internazionale». *A.T. Beck* e UNAR menzionano 4 o 5 soggetti (Hatzenbuehler, Pachankis, Wolff, 2012; Schuck, Liddle, 2001) e li elevano a "scienza", "dogma", "verità". Noi ne abbiamo citati già il quintuplo, nazionali e internazionali, tuttavia senza alcuna pretesa. Il nostro libro, però, vuol essere una "Guida" e non un "Trattato", pertanto segnaliamo questo link di UCCR: *http://www.uccronline.it/tag/problemi-adozioni-gay/* che è in continuo e costante aggiornamento, contenente centinaia di studi scientifici, ricerche, statistiche, dichiarazioni ed articoli.

Torniamo a parlare del progetto «Educare alla diversità a scuola» con l'articolo de *IlTempo.it* del Settembre 2015 che riporta: «La trilogia dei manuali diffusi all'insaputa del Miur [...] I libretti chiedono agli insegnanti di non usare analogie che facciano riferimento a una prospettiva eteronormativa. Nell'elaborazione di compiti, [propongono di, *NdA*] inventare situazioni che facciano riferimento a una varietà di strutture familiari ed espressioni di genere. Per esempio: "Rosa e i suoi papà hanno comprato tre lattine di tè freddo al bar. Se ogni lattina costa 2 euro, quanto hanno speso?". Gli insegnanti dovranno tentare di fare immedesimare gli alunni "eterosessuali" con gli "omosessuali"»[256]. La citazione riportata da *IlTempo.it* la troviamo a pagina 6 dell'Opuscolo per la Scuola primaria.

Fa notare inoltre G. M. Carbone, alla pagina 120 del suo libro «Gender. L'anello mancante?», che: «Il manuale [*A.T. Beck* e UNAR] riprende esplicitamente le tesi di John Money sulla differenza tra sesso e genere (pp. 7-8) e presenta l'omosessualità come "una normale espressione della sessualità umana" (p. 9, cf. 22) ["Chiunque dica il contrario diffonde un pregiudizio privo di

---

256 *http://www.iltempo.it/politica/2015/09/19/la-trilogia-dei-manu ali-diffusi-all-insaputa-del-miur-1.1458851*

valore scientifico.", p. 22]. Tra le schede per le lezioni, la 4 è intitolata "Cosa crea una famiglia?" e rivolgendosi all'insegnante è scritto: "Spiega che le famiglie, proprio come le singole persone, sono tutte diverse e uniche. Questa parte permetterà agli studenti di pensare alla definizione ordinaria di famiglia e di prendere in considerazione il fatto che le famiglie potrebbero avere un aspetto diverso legato alle differenze tra gli individui. L'insegnante ritaglia dalle riviste immagini casuali di persone, avendo cura di includere varianti di razza o etnia, colore, abilità, dimensione, comportamenti diversi ecc. Utilizza un tabellone e incolla a caso le immagini di famiglie differenti (ad esempio, l'immagine di una famiglia multi-razziale: due persone bianche con un bambino nero; le foto di un uomo vecchio, di una donna e di un cane; di due donne; di due uomini ecc). Chiede, allora, agli studenti se, secondo loro, le persone nelle foto potrebbero essere una famiglia. Indaga le risposte che danno. Alcuni potrebbero anche dire di no. L'insegnante fa riferimento, dunque, alla definizione comune di famiglia e ricorda agli studenti che non si tratta di come appare, ma piuttosto di come i membri si supportano tra loro, si amano e si accudiscono a vicenda" (p. 31). [Facciamo, NdA] notare solo due espressioni non molto felici: l'insegnante "instilla" (p. 3) e "indaga" (p. 31), che rivelano un progetto non educativo, ma di *ri-educazione* e di *indottrinamento*».

L'approfondimento - Febbraio 2014 di T. Scandroglio su *LaNuovaBQ.it* - «Ecco come vogliono "rieducare" i nostri figli»[257] fornisce altri sarcastici ed interessanti spunti: «Riportiamo qui di seguito il contenuto e alcuni stralci di questi tre volumi, destinati agli insegnanti delle scuole elementari, medie e superiori. Il tema dovrebbe essere quello del bullismo, nelle sue varie forme, ma in realtà i tre manuali sono dedicati quasi esclusivamente neppure al bullismo omofobico, bensì all'omosessualità in quanto tale. Dietro il pretesto di asserite discriminazioni si coglie l'opportunità di

---

257   *http://www.lanuovabq.it/it/articoli-ecco-come-vogliono-rieducare-i-nostri-figli-8404.htm*

indottrinare le giovani menti al credo gay. In tutti e tre i volumi ci sono sezioni identiche: un glossario, un esempio di manifesto antibullismo da appendere a scuola [...], risposte già confezionate (l'insegnante deve solo ripetere pedissequamente) [...], una lista di film pro-omosessualità utili per un cineforum».

Negli Opuscoli troviamo sempre presente un glossario con una "porzione" di ideologia gender spacciata per scienza: «[...] secondo la comunità scientifica, essere omosessuali è [...] una normale espressione della sessualità umana, di conseguenza non c'è motivo di voler cambiare tale caratteristica. Inoltre tali terapie [riparative, *NdA*], lungi dall'essere efficaci nel modificare qualcosa di immodificabile, sono estremamente pericolose nel rinforzare nell'individuo omosessuale (e nel resto della società disposta a crederci) l'idea che l'omosessualità sia una condizione indesiderabile, una malattia da debellare. [...] Partono dalla premessa sbagliata secondo cui l'orientamento omosessuale debba essere cambiato». Ma, il gender non era "liquido"? A volte si, a volte no. Non possiamo far altro che sorridere.

Poi arriva la stoccata che smonta la stessa teoria che pubblicizza: «[...] molti giovani cercano di nascondere a se stessi i propri sentimenti o si sforzano di "tornare indietro" per cambiare il proprio orientamento da omosessuale a eterosessuale. Questi tentativi sono destinati a fallire, perché applicati a una componente estremamente intima dell'identità, che non dipende dalla volontà dell'individuo, ma da qualcosa di più profondo e strutturato che non può essere modificato. Vi sono lati della nostra personalità che possiamo cambiare, ma anche aspetti su cui non possiamo assolutamente intervenire. [...] un gay o una lesbica non possono decidere rispetto ai propri sentimenti nei confronti di persone dello stesso sesso. Di conseguenza, neanche l'omosessualità può essere ritenuta una scelta. L'unica scelta che l'omosessuale può fare è quella di imparare ad accettare questi sentimenti per convivere serenamente con essi, accettando di seguire il proprio orientamento e mostrandosi agli altri per ciò che è [...]». Abbiamo già parlato del "gender liquido", che in alcuni casi diventa "solido" per "convenzione ideologizzante", e del «riorientamento».

Poi si etichettano migliaia di studi scientifici e statistici come «Mito». Leggiamo difatti sugli Opuscoli: «6° MITO. Milioni di bambini nel mondo sono cresciuti da genitori omosessuali (NAIC, 2000) [Ci chiediamo chi ha fornito questi dati, su quali basi, dove sono pubblicati ?, NdA]. Per alcuni bambini non è un gran problema. Altri bambini possono trovare difficile avere una famiglia che è diversa dalle altre famiglie. Ma in realtà ogni famiglia è diversa dalle altre. Quello che conta davvero è che i bambini possano parlare liberamente dei propri sentimenti con i genitori e che in casa ci sia un clima di amore e sostegno. Diversi studi condotti negli ultimi 30 anni hanno mostrato che i bambini cresciuti da genitori gay e lesbiche sono felici esattamente come i bambini cresciuti da famiglie eterosessuali. Nessuna differenza significativa è stata riscontrata in termini di attività, interessi, compagnie, o scelte di vita, una volta diventati adulti. Né sono risultate differenze in termini di intelligenza, capacità psicologiche e sociali, popolarità tra i pari, orientamento sessuale».

Citano un solo «studio del 2013 (Perrin, Siegel) che sottolinea che il benessere dei bambini è influenzato molto di più dalla relazione con i genitori, dal senso di competenza e sicurezza dei genitori, e dalla presenza di sostegno sociale ed economico per la famiglia, più che dal genere o dall'orientamento sessuale dei genitori». Usano questo studio per mistificare la verità e accusare i contrari: «[...] proprio la mancanza di questi sostegni, e in particolare l'impossibilità di sposarsi, può avere un impatto sul benessere dei genitori, e conseguentemente di tutti i membri della famiglia». Dunque il nostro libro, frutto di anni di studi di documentazione scientifica e ricerca, sarebbe "mitologico". Inoltre, il fatto che la società «non sostiene» adeguatamente le "famiglie gay", provocherebbe «un impatto sul benessere dei genitori, e conseguentemente di tutti i membri della famiglia».

Ma questo non è l'unico «Mito» che gli Opuscoli (Scuola secondaria di secondo grado, pp. 29 ss.) vorrebbero sfatare. Ecco l'elenco dei 6 miti: «1° MITO L'omosessuale sceglie di esserlo?; 2° MITO L'omosessuale ha una malattia mentale?; 3° MITO L'omosessualità può essere curata con una terapia?; 4° MITO L'omosessuale può contagiare chi gli sta accanto?; 5° MITO L'omosessuale è anche un maniaco sessuale o un pedofilo?; 6° MITO Gli omosessuali e le lesbiche sono cattivi genitori?». Questi «falsi miti sull'omosessualità», secondo noi, ridicolizzano la scienza e dimostrano insensibilità anche contro tutti gli omosessuali che non si riconoscono in tali standard.

Gli Opuscoli lasciano intendere che la presunta "omofobia" sia «[...] così diffusa nella nostra società [...] odio profondamente radicato [...] La scuola italiana non sembra essere un posto sicuro per i giovani gay e lesbiche». Abbiamo già dimostrato, invece, che in Italia non c'è «ostilità nei confronti dell'omosessualità». Inoltre, tutti potrebbero essere "omonegativi a loro insaputa": «Gli insegnanti, anche i più bravi e preparati, possono non essere perfettamente consapevoli della propria omofobia». Dovrebbero aggiornare questi opuscoli, avendo assodato che oggi la parola "omofobia" è demodé, si dice "omonegativi". Scandroglio commenta che, secondo *A.T. Beck* e UNAR, i nemici dei gay sarebbero: «Dio, la patria e la famiglia [...] i capisaldi della tradizione culturale occidentale [che] devono essere messi sul banco degli accusati». Secondo *A.T. Beck* e UNAR: «Che tipo di educazione abbiamo ricevuto sull'omosessualità dalla famiglia, dalla Chiesa, dallo Stato, dai mass-media, dalla scuola? Non c'è mai stato un approccio neutrale all'omosessualità, che, al contrario, veniva considerata un "male"». Se eliminassimo dalla nostra vita Dio, la patria e la famiglia, saremmo forse più moderni? Più pronti ad accogliere la "diversità"? Più capaci di attivare un confronto? Noi riteniamo di no: saremmo più soli, più vulnerabili, più infelici. Non è nostro compito imporre valori, al massimo lo è praticarli e condividerli.

Va avanti Scandroglio: «In particolar modo la religione è un'alcova che dà protezione agli omofobi più convinti: [difatti secondo *A.T. Beck* e UNAR] "il grado di religiosità" è uno degli elementi che delinea "il ritratto di un individuo omofobo. [...] Come appare evidente, maggiore risulta il grado di ignoranza, di conservatorismo politico e sociale, di cieca credenza nei precetti religiosi maggiore sarà la probabilità che un individuo abbia un'attitudine omofoba". Così, tanto per non discriminare i credenti! Gli estensori ripetono il concetto anche a beneficio dei 'cattolici adulti': "Per essere più chiari, vi è un modello omofobo di tipo religioso, che considera l'omosessualità un peccato"». Un livello di intolleranza religiosa inaudito. Ciò che ha introdotto nel mondo cultura, bellezza manifestata anche attraverso l'azione dell'uomo, tolleranza e progresso, diviene per *A.T. Beck* e UNAR elemento stesso di automatica intolleranza. Mai sistema più arbitrario fu introdotto per riscrivere la storia dell'uomo e di Chi che è oltre l'uomo.

A.T. Beck e UNAR auspicano probabilmente un mondo di automi dove non esistano amici e nemici, vivaci e timidi. Così «[...] prendere in giro, dare nomignoli, fare pettegolezzi su qualcuno e imbarazzare qualcuno, escludere qualcuno dal gruppo [...]», secondo delle tabelle pubblicate (*Ivi.* p. 18), sarebbero «comportamenti preoccupanti». A pagina 14 dell'Opuscolo per le Scuole Primarie si legge: «Cosa intendiamo per bullismo omofobico? Il bullismo omofobico può presentarsi sotto diverse forme. La più frequente è quella verbale: insultare qualcuno chiamandolo "lesbica, frocio, checca, ricchione, finocchio"; prendere in giro un ragazzo per atteggiamenti ritenuti troppo effeminati o, al contrario, una ragazza per modi considerati troppo mascolini; fare telefonate di scherno o di insulti; minacciare il soggetto. Purtroppo è diffusa anche una forma fisica di bullismo: aggressioni fisiche di diversa entità (dagli spintoni fino a pugni e calci); danni a oggetti personali dell'adolescente; umiliazioni fisiche a sfondo sessuale che possono sfociare anche in violenze sessuali di gruppo. Questi tipi di bullismo sono, per la loro evidenza, abbastanza semplici da individuare. Vi sono, però, anche delle forme meno dirette, meno esplicite: escludere qualcuno da un gruppo; isolarlo; farlo sentire a disagio; diffondere pettegolezzi sull'orientamento sessuale del soggetto, magari tramite scritte sui muri o sulla lavagna, o tramite bigliettini passati in classe». Gli autori dell'Opuscolo evidentemente non sono consapevoli, o fingono di non esserlo, che questo gergo sgradevole, da noi fermamente condannato, spesso viene utilizzato proprio negli ambienti «LGBT». Quindi i primi «bulli omofobi», secondo *A.T. Beck* e UNAR, sarebbero le stesse «persone LGBT»? E poi, l'esperienza di vita, purtroppo, ci insegna che sono discriminati, fra gli altri, gli obesi ed i poveri. Allora perché non ci risultano agli atti campagne di Stato, di indottrinamento così aggressivo, in loro difesa?

Nell'Opuscolo 3 a pag. 24 si legge: «I rapporti sessuali omosessuali sono naturali? Sì. Il sesso tra le persone dello stesso sesso è presente in tutta la storia dell'umanità, sin dall'antica Grecia. […] Un pregiudizio diffuso nei paesi di natura fortemente religiosa è che il sesso vada fatto solo per avere bambini. Di conseguenza tutte le altre forme di sesso, non finalizzate alla procreazione, sono da ritenersi sbagliate. Un altro pregiudizio è che con l'omosessualità si estinguerebbe la società. In realtà, come afferma l'*Organizzazione Mondiale della Sanità*, la sessualità è un'espressione fondamentale dell'essere umano. L'unica cosa che conta è il rispetto reciproco dei partner coinvolti nel rapporto. Quindi potremmo ribaltare la domanda chiedendoci: "i rapporti sessuali eterosessuali sono naturali?"».

Perdonateci il "discorso licenzioso", ma, secondo questi "esperti", il solo appartenere ad una società «a forte pregiudizio religioso», pregiudicherebbe la capacità procreativa, relegandola, udite udite, solo al rapporto fra un uomo ed una donna. Al contrario nei paesi atei, ovvero dove non dovrebbe esistere il «forte pregiudizio religioso», due uomini e due donne potrebbero procreare. Senza religione ma con la sola scienza, secondo loro tutto tornerebbe "normale": «secondo natura». La società senza religione sarebbe, pertanto, sempre e comunque "fertilissima e naturalissima". In buona sostanza, a sentir loro, dalla religione deriverebbe la legge naturale: questa sarebbe una scoperta scientifica senza precedenti!

Leggiamo altre citazioni sconcertanti dagli Opuscoli per le Scuole elementari: «[…] molti bambini trascorrono gli anni della scuola elementare senza accenni positivi alle persone LGBT. […] le questioni riguardanti l'omosessualità, soprattutto in Italia, sono permeate di condizionamenti culturali e sociali dell'ambiente esterno e non vengono insegnate tra i banchi di scuola […] Gli anni delle elementari offrono, invece, una meravigliosa e importante opportunità di instillare e/o nutrire atteggiamenti positivi e rispettosi delle differenze individuali, familiari e culturali, comprese quelle relative all'orientamento sessuale, all'identità e all'espressione di genere […] Nella società occidentale si dà per scontato che l'orientamento sessuale sia eterosessuale. […] A un bambino è chiaro da subito che, se è maschio, dovrà innamorarsi di una principessa e, se è femmina, di un principe. Non gli sono permesse fiabe con identificazioni diverse» (pag. 3). Vuoi vedere che per migliaia di anni la gente si è sposata ed ha fatto figli solo perché «non gli sono state permesse fiabe con identificativi diversi» (ovvero gender)? Il «Paradosso Norvegese», cui volentieri abbiamo dedicato un capitolo del nostro libero libro, dimostra invece che questa pretesa è scientificamente fallace. Il bambino naturalmente gioca con la spada e le macchinine. La bambina naturalmente gioca con le bambole. Altro che «condizionamenti sociali»! A pagina 6 c'è un avvertimento alle maestre: «Non usare analogie che facciano riferimento a una prospettiva eteronormativa (cioè che assuma che l'eterosessualità sia l'orientamento "normale", invece che uno dei possibili orientamenti sessuali). Tale punto di vista, ad esempio, può tradursi nell'assunzione che un bambino da grande si innamorerà di una donna e la sposerà».

È un fatto assolutamente disdicevole che un bambino da grande sposi una donna? Secondo noi no, è naturale. Secondo questi Opuscoli, invece, pare proprio che sia disdicevole. Vero è, che un bambino, da grande, potrà sposare solo una donna; e che una bambina, da grande, potrà sposare solo un uomo. Uno è, difatti, il matrimonio e può esserci solo tra un uomo ed una donna, perché questo è l'unico (naturale e responsabile) istituto che trasmette la vita e che genera una famiglia. Perché una è la famiglia. Lo decreta anche la nostra Costituzione.

Q Sabato 31 ottobre 2015
info@quotidianodelsud.it

Basilicata

15

Si conclude a Melfi e Matera la due giorni voluta da Pace

Gender, civiltà e confronto

Gaypride nei Sassi? «Ci saremo per il Family day»

POTENZA - Si conclude questa sera, con appuntamenti previsti a Melfi e Matera, la due giorni presentata dal consigliere regionale Aurelio Pace. Obiettivo dell'iniziativa promuovere la mozione (sottoscritta dai consiglieri Pace, Rosa, Mollica, Castelluccio, Napoli, Benedetto, Bradascio, Miranda Castelgrande e Spada) denominata "No teoria Gender nelle scuole." Si tratta di una serie di incontri, ha spiegato Pace, "orientati al confronto su un tema di stretta attualità, quello del 'Gender', che può davvero creare problemi al valore della famiglia intesa nel senso tradizionale del termine e alla sua stabilità."

"Vogliamo divulgare - ha spiegato ancora Pace - quello che la costituzione italiana già stabilisce, ovvero che la Repubblica riconosce i diritti della famiglia come società naturale fondata sul matrimonio. Di qui la necessità di tenere questa serie di incontri sul territorio, partendo da Melfi e Matera e Potenza e Melfi, dove è previsto un incontro con i vertici del Centro aiuto alla vita (Cav), per poi concludere a Matera, vetrina ideale per chi ha proposto un Gay Pride" dallo slogan ammiccante: 'Il Sesso nei sassi'. Nello stesso giorno - ha spiegato Pace - noi saremo nella prossima capitale europea della Cultura con una manifestazione pro 'Family day'. Il senso di ciò che sviluppemmo in questi giorni - ha detto

Un momento della presentazione (Mattiacci)

ancora Pace - è quello di chiarire un tema grandemente dibattuto, riportando il dialogo nell'alveo della civiltà e del confronto. 'Aggressione del Gender alle nostre famiglie' abbiamo detto, perché è di questo che si tratta, senza che si tenga conto del fatto incofutabile che si nasce maschi o femmine. La mozione che ha visto un'adesione trasversale da parte di consiglieri appartenenti a schieramenti politici di opposta natura, parte da due presupposti fondamentali: attenersi alla legge e il rispetto per il ruolo della famiglia nell'educazione e all'affettività e alla sessualità, riconoscendo il valore e la bellezza della differenza sessuale e della

complementarietà biologica, funzionale, psicologica e sociale che ne consegue. Unico interlocutore tra Stato e cittadino resta la famiglia tradizionale con una forte identità di popolo che a difendere. Le risoluzioni europee - ha detto - non hanno peso, né influenza sulla legislazione italiana, tanto meno devono fare pressioni sulle decisioni normative di uno Stato sovrano che è la patria del diritto". Presente all'incontro di ieri anche il vice presidente del Consiglio regionale, Francesco Mollica, che ha spiegato come "informa alla materia 'Gender' ed all'approvazione trasversale della mozione che non vuole il suo ingres-

so nelle scuole, si è creata una discussione forzi luogo che ha prodotto accuse gratuite di oscurantismo e alimentato aggressioni ignobili verso chi, evidentemente, non la pensa allo stesso modo. Accuse che hanno persino fatto riferimento ad una presunta forma di discriminazione. I dirigenti della Pace - ha proseguito il vice presidente del Consiglio - restano il vice presidente del Consiglio - restano il baluardo per la creazione sociale con la mozione si vuole ribadire un grande principio: riconducibile all'assioma che la libertà di ognuno finisce dove inizia quella degli altri. Nessuna prevaricazione, quindi, ma solo indicazioni su quella che riteniamo in giusta strada da seguire". Ospiti della conferenza stampa sono intervenuti anche Toni Brandi dell'associazione 'Pro Vita', Federico Iadicicco di F.d.I e il consigliere provinciale Donato Ramunno. Brandi ha definito "meraviglisa" la mozione sottoscritta dai 9 consiglieri regionali lucani "esemplare - ha aggiunto - per regioni italiane quali Veneto, Lombardia e Liguria, che l'hanno ripresa. Con iniziativa del gender - ha concluso il presidente di Pro Vita - vogliamo sensibilizzare l'opinione pubblica e rivegliare le coscienze; vogliamo mostrare come qualsiasi legge che violi quella naturale, compresa quella concernente le 'unioni civili', sia ingiusta e lesiva della dignità umana."

Michele Bassomanse

IN BREVE

MALTEMPO
Forti piogge
Allerta anche oggi

«PRECIPITAZIONI intense» ieri lungo la costa jonica lucana, dove, in alcuni casi, «sono state superate anche le soglie di allerta previste"; sul resto della Basilicata «si segnalano diffuse precipitazioni» di segno significativo. La perturbazione continuerà ad interessare la Basilicata anche oggi con un peggioramento. Incremento significativo dei livelli idrometrici.

PREMI INNOVAZIONE
I 12 progetti presentati martedì 3

MARTEDÌ 3, presso la sala riunioni del Dipartimento politiche di sviluppo della Regione, a partire dalle 10, si terrà la conferenza stampa di presentazione dei risultati dei "Premi innovazione". Dopo circa due anni di attività - dal bando a novembre 2013 alla chiusura dei progetti - si tirano le somme dell'iniziativa che ha visto la presentazione delle istanze da parte di 20 aziende (10 appartenenti al settore dell'Ict-osservazione della Terra, 5 a quello dell'edilizia/energia/ambiente, 3 dell'agro-industria, 4 della meccanica/automotive, 7 del legno-arredo), di cui 12 ammesse a finanziamento. Durante la conferenza stampa interverranno Raffaele Liberali - assessore alle Politiche di sviluppo -, Andrea Trevisi - direttore di Basilicata Innovazione -, Antonio Fusco dell'azienda Geocart e Giuseppe Bilancia, referente di Aspelt, due degli imprenditori beneficiari dei "Premi innovazione" che illustreranno le innovazioni realizzate.

CELIACHIA
Confronto in Regione per le criticità

UNA DELEGAZIONE dell'Associazione italiana celiachia della regione

177

I FATTI DEL GIORNO

"L'aggressione del Gender alle nostre famiglie": al via un ciclo di incontri con Toni Brandi e Iadicicco

"Qualsiasi legge che violi la legge naturale è ingiusta e lesiva della dignità umana"

POTENZA - "L'aggressione del Gender alle nostre famiglie". Questo il tema di una conferenza stampa ieri in Regione promossa dal consigliere Pace alla presenza Toni Brandi, presidente della 'Provita Associazione onlus' e Federico Iadicicco, responsabile Famiglia di Fdl. Presente il vicepresidente del Consiglio, Francesco Mollica. Nel corso della conferenza stampa è stato fatto riferimento alla mozione "No teoria Gender nelle scuole" i cui firmatari sono i consiglieri regionali: Aurelio Pace (Gm- Ppi), Gianni Rosa (Lb-Fdi), Francesco Mollica (Udc), Paolo Castelluccio e Michele Napoli (Pdl - Fi), Nicola Benedetto (Cd), Luigi Bradascio (Pp), Carmine Miranda Castelgrande e Achille Spada (Pd). "E' stata l'occasione propizia- ha subito posto in rilievo il consigliere Pace - per confrontarsi su di un tema di strettissima attualità, quello del Gender appunto, che può davvero creare non pochi problemi al valore della famiglia in senso classico ed alla sua attuale e futura stabilità. Si tratta di recepire e divulgare le idee che concernono quello che la costituzione stabilisce, vale a dire che la Repubblica riconosce i diritti della famiglia come società naturale fondata sul matrimonio. Di qui la necessità ed il dovere di tenere una serie di incontri sul territorio che partiranno nella giornata di oggi da Moliterno per poi proseguire a Potenza e domani a Melfi con l'incontro con i vertici del Cav (Centro aiuto alla vita) per poi concludersi a Matera.

futura capitale europea della Cultura e, quindi, vetrina ideale per chi ha proposto un Gay Pride dall'ammiccante slogan 'il Sesso nei sassi'. Ebbene, nello stesso giorno- ha rimarcato Pace - noi saremo presenti, a Matera, con una imponente manifestazione in onore del 'Family day'. Il senso di ciò che sviluppiamo in questa due giorni - ha aggiunto

La conferenza stampa di ieri in Regione

- è quello di chiarire un tema grandemente dibattuto, riportando il dialogo nell'alveo della civiltà e del confronto. 'Aggressione del Gender alle nostre famiglie' abbiamo detto, perché è di questo che si tratta, senza che si tenga conto del fatto incontrastabile che si nasce maschi o femmine".Toni Brandi ha spiegato che "L'iniziativa 'Pro Vita', dedicata a

Chiara Corbella - Petrillo, vuole promuovere i valori della vita, dal concepimento fino alla morte naturale e della famiglia fondata sul matrimonio tra uomo e donna. E' soprattutto un servizio il voler dare rассеgna alle voci pro life in Italia e nel mondo. Nel contempo - ha sottolineato - vogliamo sensibilizzare l'opinione pubblica e risvegliare le coscienze. Vogliamo mostrare come qualsiasi legge che violi la legge naturale, ad esempio lo "unioni civili", sia ingiusta e lesiva della dignità umana. Vogliamo che se ne parli nelle scuole, nelle parrocchie, nei circoli culturali, tra la gente, per far capire a tutti l'importanza dei principi bioetici e l'orrore dell'aborto, della fecondazione artificiale, dell'eutanasia, dell'ideologia Gender. Vogliamo parlare - ha concluso - nel nome di chi non può parlare".

Confesercenti: ogni ambulante regolare ci sono tre irregolari

POTENZA - Ogni commerciante ambulante regolare (in Basilicata sono circa 30mila di cui 20mila in provincia di Potenza e 10mila in quella di Matera) ce ne sono tre irregolari per un giro d'affari da 1,3-1,5 milioni di euro. E' questa la foto dell'abusivismo sulle aree pubbliche accattata da Anva Confesercenti in occasione di "Abusivismo e contraffazione: tutti i dati che non tornano" l'iniziativa nazionale per presentare un ennesimo dossier denuncia sul fenomeno. I cui più significativi denunciati da tempo dalla Confesercenti nel capoluogo di regione dove la situazione è sempre più inaccettabile per la presenza di ambulanti abusivi in più aree urbane da Via Del Gallitello a Viale Del Basento, che da sole rappresentano un quinto del potenziale commerciale locano. Sono attività gestite da campani, pugliesi ed immigrati che vendono di tutto, persino elettrodomestici. "Ormai - spiega Maurizio Iannocone, presidente di Anva - il fenomeno abusivismo è dilagante. Le piazze dei nostri mercati - vengono prese d'assalto dagli irregolari, portando non solo un danno economico agli imprenditori regolari, ma anche causando degrado". Il dossier mostra, con precisione, l'esistenza di almeno 100mila imprese del commercio su aree pubbliche del tutto irregolari, individuato attraverso l'incrocio delle banche dati pubbliche di Inps, Agenzia delle Entrate e Camere di Commercio. Si tratta di imprese che non versano un euro per fisco e contributi, e che per la maggior parte sono a titolarità non Ue. Una correlazione statistica che Confesercenti ha approfondito, scoprendo una possibile motivazione. Con l'introduzione della Segnalazione Certificata di Inizio Attività (S.C.I.A.), infatti, molte amministrazioni pubbliche, soprattutto nel Mezzogiorno, hanno ritenuto che questo nuovo documento - nonostante sia solo un'autocertificazione - sia comunque sufficiente per avviare un'attività di commercio ambulante itinerante. E quindi a fare richiesta di permesso di sgangiorno per lavoro autonomo. "Difficile dire questi irregolari, dopo essere comparsi come imprese, che fine facciano. Il sospetto è che i cittadini che vengono da Paesi non Ue, molto spesso, siano intrappolati e sfruttati da reti e organizzazioni malavitose nostrane che ne gestiscono l'entrata in Italia: dal permesso di soggiorno all'avvio di attività commerciali nella piena illegalità".

"Ripresa creditizia? I soldi andavano e vanno solo a chi ne ha già tanti"

Pubblichiamo di seguito la risposta di un piccolo imprenditore al presidente dell'Abi Basilicata, Antonio Luongo, che sul La Nuova dei giorni scorsi ha parlato di "una vigorosa ripresa dell'erogazione creditizia".

Egregio Presidente Antonio Luongo, ho letto la sua replica al presidente della Confapi di Matera, nella quale vantava, con tutto un susseguirsi di numeri e percentuali, una vigorosa ripresa dell'erogazione creditizia. Mi sembra quasi un mondo idilliaco: le do da piccolo imprenditore , in questo lungo periodo di crisi, ho potuto toccare con mano esattamente il contrario. Tutte le banche e sottolineo tutte hanno chiuso e ridotto gli affidamenti e non parlo solo le linee di credito personale. Raramente venivano offerti finanziamenti/facilitazioni solo ad imprese che non ne avevano bisogno. In pratica i soldi andavano no e continuano ad andare solo a chi ne ha già tanti. Lei mi dirà : le banche vendono il denaro , non fanno beneficenza , questo è vero ma durante la crisi proprio le banche hanno usufruito di vantaggi di sporti finanziari dalla UE con tassi pressoché pari all'0% per aiutare le imprese in difficoltà. La saluto a spero di vedere in questa nostra bella e amata regione una rinascita anche supportata dall'apporto creditizio.

21. Quando Cenerentola era ariana, *pardon* lesbica. Così vogliono sponsor e poteri forti

Alla pagina 25 (Opuscolo 1 prima indicato) hanno inizio le istruzioni impartite ai maestri per indottrinare meglio i bambini, che l'Opuscolo chiama «Piano delle lezioni», motivando maestri e maestre con un «Esercizio per insegnanti» connotato da sentimentalismo, che vorrebbe riportarli ai tempi dell'infanzia: «Ripensate a un episodio di quando eravate a scuola, in cui voi o un vostro compagno di classe siete stati presi in giro per "non essere adeguati" [...] Ricordare il senso di ingiustizia subìto, il senso di impotenza e di isolamento provato». Fra le istruzioni particolarmente idonee alla riprogrammazione della mente dei bambini spicca a pag. 34: «Perché è importante per le ragazze e i ragazzi potersi esprimere nel modo in cui vogliono riguardo ai vestiti, allo sport, agli interessi, e a tutte le altre attività? [...] 1. Come introduzione a questa lezione l'insegnante coinvolge gli studenti in una discussione sui colori e su come questi si riferiscono ai ruoli di genere e alle aspettative, utilizzando le seguenti domande: a. Quando nascono i bambini, di che colore sono di solito i primi abitini che indossano? Quali altri colori ci si aspetta che i bambini maschi indossino? b. Quando nascono le bambine, di che colore sono di solito i primi abitini che indossano? Quali altri colori ci si aspetta che le bambine indossino? c. Ci sono altre cose, oltre ai colori, che pensi siano solo per i maschietti o solo per le femminucce? 2. Legge loro la storia di Alex, una bambina di 9 anni, che si comporta da "maschiaccio" e chiede loro se hanno mai sentito la parola "maschiaccio" e cosa pensano significhi. 3. Dopo aver raccontato la storia, risponde a tutte le domande che gli studenti possono fare e poi conduce una discussione di gruppo guidata dalle seguenti domande: a. Cosa hanno fatto i compagni di Alex pensando che si comportasse come un bambino? In cosa pensavano si comportasse come un maschietto? b. Come si sente Alex quando viene presa in giro perché si comporta "come un maschio"? c. Vi è mai stato detto che non potevate indossare qualcosa o fare qualcosa che volevate perché maschietti o femminucce? Se sì, come vi ha fatto sentire? d. È davvero importante il colore dei vestiti che i ragazzi indossano? Perché o perché no? e. Se foste stati nella classe di Alex, che cosa avreste potuto fare sentendo che veniva presa in giro?». A pagina 35 c'è la famosa storia di Alex. Si conclude con la mamma che le dice: «'È vero, Alex. Ognuno deve fare le cose che gli piacciono e per cui si sente portato. E tu puoi scegliere di fare tutto quello che vuoi, senza preoccuparti se sia una cosa 'da donna' o 'da maschio'. Che te ne pare?" […] Alex adesso non piange più. Abbraccia la madre: "Grazie mamma. Mi sento molto meglio adesso"». Due elementi ci sembrano rilevabili in questo *Esercizio*: 1) La distanza dalla realtà. Abbiamo conosciuto mamme che si comportano in maniera molto diversa e molte delle storie che abbiamo ascoltato e vissuto prima di scrivere questo libro, ci raccontano di madri che legano la felicità del figlio al *bene comune*, che non può mai essere sacrificato. Dunque libertà, ma anche responsabilità; 2) Tutto ciò appare un atto di indottrinamento per gli insegnanti, per le mamme, ancor prima che per i minori. Fortunatamente docenti e genitori utilizzano fonti differenti di studio e preparazione, dove non si rilasciano *passepartout* in cui ogni determinazione personale prevarichi il sociale.

Sul sito *UGEI.it* (Unione Giovani Ebrei d'Italia) notiamo l'articolo «Quando Cenerentola era ariana»[258]. Leggiamo: «Con le storie si è sempre cercato di trasmettere un messaggio e non c'è bisogno di ricordare i tanto studiati Esopo o Fedro. Basterebbe, infatti, pensare ai fratelli Grimm (vissero fra la fine del Settecento e l'inizio dell'Ottocento e la loro raccolta di fiabe è una delle più

---

258 *http://www.ugei.it/quando-cenerentola-era-ariana*

celebri al mondo). Proprio alle storie dei fratelli Grimm pensò la propaganda nazista per trasmettere i messaggi patriottici e antisemiti ai più giovani futuri membri del Terzo Reich. Fra le tante storie raccolte dai due fratelli tedeschi cento anni prima, ce ne è una che riporta tutte le caratteristiche negative riprese dal nazismo per dipingere l'ebreo doc: 'L'ebreo nello spineto'. [...] Nel film tedesco anni trenta di Cappuccetto Rosso, la bambina veste una mantella con il simbolo della svastica nazista ed è salvata dal lupo da un uomo che veste la divisa delle SS in cui si sarebbe dovuto riconoscere il Führer, Adolf Hitler [...]. Oltre a Cappuccetto Rosso anche la storia di Cenerentola è stata stravolta. Il Principe Azzurro avrebbe scelto Cenerentola grazie alla sua purezza ariana a dispetto di quella delle sorellastre (forse ebree?). La propaganda nazista non ha dimenticato neanche una delle principesse più famose fra le bambine delle ultime generazioni, Biancaneve. Nella versione nazista della fiaba, il padre di Biancaneve sarebbe stato a capo di un'armata che si sarebbe dovuta dirigere verso Est (per simboleggiare l'invasione tedesca della Polonia). Goebbels stesso avrebbe consigliato per una propaganda più efficace l'uso di storie conosciute a tutti. Storie appartenenti alla tradizione folkloristica tedesca. L'idea era che i bambini attraverso i messaggi trasmessi dalla propaganda avrebbero compreso un concetto molto più rapidamente di qualsiasi adulto».

Nell'introduzione all'articolo dal titolo eloquente: «Ecco come vogliono "rieducare" i nostri figli»[259], c'è la denuncia di *ProVita.it*: «[...] fiabe "gay" distribuite negli asili nido e nelle scuole materne. Ha fatto rumore nei giorni scorsi l'iniziativa della Giunta comunale di Venezia, ma è bene sapere che non si tratta di una iniziativa spontanea, la bella pensata di qualche amministratore locale. Essa non è altro che l'attuazione di direttive nazionali che partono dall'*Ufficio Nazionale*

259 *http://www.notizieprovita.it/filosofia-e-morale/ecco-come-vogliono-rieducare-i-nostri-figli/* - Altro link utile: *http://www.notizieprovita.it/tag/fiabe-gay/*

Antidiscriminazioni Razziali (UNAR), di cui abbiamo già avuto modo di parlare, in attuazione della "Strategia nazionale per la prevenzione e il contrasto delle discriminazioni basate sull'orientamento sessuale e sull'identità di genere (2013-2015)". La scuola è uno dei principali obiettivi di questa strategia e quello a cui stiamo assistendo è soltanto l'inizio [...]». «ProVita Onlus» ha anche realizzato un dossier PDF: «Progetti applicati nelle scuole italiane ispirati alla teoria gender e/o all'omosessualismo» in continuo aggiornamento. Mese per mese potrete scaricare la versione più recente usando il link in nota [260] (ultimo agg. Dicembre 2015). Secondo alcuni "filosofi" dell'informazione, «ProVita» sarebbe una Onlus di "clerico-fascisti, bigotti, oscurantisti, omofobi, neonazisti, intolleranti, catto-talebani, etc". Pertanto, a causa di questa premessa, sarebbe una Onlus poco affidabile che «diffonde disinformazione». Ma è proprio così? Per scrupolo, abbiamo provato a cercare la stringa "fiabe gender" su *Google.it*. Il motore di ricerca, compresi i tanti risultati ridondanti ed i link pro-gender "annuncio" (solitamente a pagamento - in *pole position* c'è «La Teoria del Gender - Esiste realmente? Chi l'ha creata?»[261] di *Omphalos GLBT LIFE Perugia*) ed alcuni spazi di polemica ideologica e/o di presunti "detective delle bufale", ci ha restituito quasi 2.320 risultati[262] aggiornati, ad oggi 17 Novembre 2015. Sono presenti pure *Ansa.it*, *Huffingtonpost.it* ed altri big della comunicazione. Dunque abbiamo smentito anche il diffuso pregiudizio secondo cui i siti come *ProVita* sarebbero *ipso facto* «rei di disinformazione».

---

260 *http://www.notizieprovita.it/wp-content/uploads/2015/06/Speciale_Dossier_Progetti_Gender_Scuola_ProVita.pdf*

261 *http://www.omphalospg.it/component/content/article/78-progetti/lotta-alle-discriminazioni/367-l-inesistenza-della-teoria-del-gender-la-circolare-del-ministero-dell-istruzione-alle-scuole.html?gclid=CIKPOOCUmMkCFUv3wgodDFIAYg*

262 *https://www.google.it/webhp?sourceid=chrome-instant&ion=1&espv=2&ie=UTF-8#q=%22fiabe+gender%22*

Nel libro «UniSex» di E. Perucchietti e G. Marletta (cap.1) si riflette su alcune dinamiche: «[...] il "braccio militante" di questo processo culturale è rappresentato, in concreto, dalla galassia dei movimenti gay e omosessualisti: questi gruppi un tempo erano assolutamente minoritari, ma negli ultimi anni, potendo contare su un vero e proprio torrente di finanziamenti pubblici e privati e sul sostegno di istituzioni e lobby di altissimo livello, hanno invaso i media e le piazze di tutto il mondo occidentale, imponendo all'opinione pubblica le proprie "istanze", come quella di poter celebrare "matrimoni" o adottare bambini. Tali istanze, tuttavia - è bene ribadirlo - rimarrebbero "lettera morta" senza l'appoggio sempre più plateale delle istituzioni del mondo occidentale, per le quali l'agenda politica dell'ideologia di genere sembra essere divenuta una priorità assoluta, da proporre o imporre mediante leggi d'ogni tipo, riprogrammazione dei corsi scolastici, sanzioni amministrative e penali e persino attraverso una rielaborazione del linguaggio comune, che, almeno in pubblico, si vuole fare rientrare nei canoni di un "politicamente corretto", che bolla come discriminatorie e "sessiste" persino espressioni arcaiche e immemorabili, patrimonio comune di tutta l'umanità (tra queste, come vedremo, vi sono persino le espressioni "donna incinta" e "mamma e papà"). Tutto questo, perché l'ideologia di genere - al pari del suo "braccio militante", rappresentato dai movimenti gay - al giorno d'oggi sembra essere piuttosto uno "strumento", una sorta di vero e proprio "cavallo di Troia", che alcuni Poteri Forti sembrano decisi a utilizzare per dei "fini", i quali vanno ben al di là delle "rivendicazioni omosessualiste" e mirano, con tutta evidenza, a manipolare la natura stessa dell'uomo, allo scopo di generare un "uomo nuovo"»[263].

Goldman Sachs e JP Morgan, sempre attente a mantenere un profilo "neutrale", il giorno della decisione favorevole della legalizzazione dei cosiddetti "matrimoni gay" della *Corte Suprema* USA, hanno stappato lo champagne: «Nel giorno in cui la *Corte Suprema* ha definito incostituzionale il *Defense of Marriage Act* - che definisce matrimonio solo quello tra un uomo e una donna - riconoscendo ai coniugi gay gli stessi benefici federali di cui hanno goduto solo mogli e mariti nel senso tradizionale del termine, il numero uno di Jp Morgan ha lodato la decisione odierna. "È una cosa buona per la nostra società e per i clienti, ma soprattutto è la cosa giusta da fare", ha dichiarato in una nota Jamie Dimon. "I diritti di tutte le persone sono importanti e devono essere protetti", ha aggiunto. Goldman Sachs gli ha fatto eco: "L'uguaglianza nel matrimonio riduce gli oneri e le sfide a carico dei dipendenti e porterà alla costituzione di attività imprenditoriali di successo e a un'economia americana forte"».

Nello studio «Il giro di affari dei gay? Vale mille miliardi», impariamo che «secondo le statistiche Usa gli omosessuali hanno un potere di acquisto molto superiore agli etero. Così è gara tra le aziende per compiacerli»[264]. Si spiega così il clamoroso caso Barilla: «a un solo anno di distanza dalla celebre frase pronunciata dal presidente del gruppo a *Radio24* ("Non farei mai uno spot con una famiglia omosessuale") il brand è passato negli Usa dalla

---

263   *http://www.macrolibrarsi.it/speciali/manipolare-l-uomo-il-sogno-dei-poteri-forti.php*

264   *http://www.ilgiornale.it/news/politica/giro-affari-dei-gay-vale-mille-miliardi-1073861.html*

gogna mediatica e dal boicottaggio». Un caso scuola, quello della multinazionale di Parma, «ideale per raccontare il nuovo dogma dell'economia globale dettato dalla realtà americana e spiegato in una lunga *inchiesta-outing* sull'ultimo numero di *The Advocate*, magazine della comunità LGBT [...] secondo cui l'"economia globale ha imparato che quello che va bene per LGBT va bene per il business; stare dalla loro parte vuol dire conquistare i mercati e avere la strada spianata per il successo"».

Lo studio «Il giro di affari dei gay? Vale mille miliardi» afferma ancora: «Gay e lesbiche compiono il 16 per cento di uscite per shopping in più del consumatore medio, con una spesa media superiore addirittura del 25 per cento. Soprattutto i gay praticano lo shopping il 30 per cento in più rispetto agli etero, con una spesa media annuale di 2.500 dollari in più. Il 26 per cento dei gay si dice disposto a pagare di più per prodotti di qualità, inoltre - e questo è un aspetto fondamentale per le strategie di marketing dei grandi marchi - il 65 per cento dei gay e il 64 per cento delle lesbiche dichiarano il piacere di consigliare le loro scelte ad altri». Secondo un'indagine della *Prudential*: «[...] nel 2012 il reddito medio pro capite nella comunità LGBT è di circa 61.500 contro i 50.000 dollari della media americana, ma è il quadro economico-culturale in generale a fare la differenza [...] Una forza complessiva calcolata in mille miliardi, un bacino di ricchezza che solo un imprenditore suicida può trascurare».

The Advocate[265] rivela che «il *Global Equity Fund* - un fondo misto pubblico-privato istituito nel 2011 dall'allora segretario di Stato Hillary Clinton per sostenere i diritti LGBT - opera "dietro un velo di segretezza nel mondo attraverso la rete diplomatica che sostiene le multinazionali americane nelle campagne per i diritti LGBT". Jesse Bernstein, uno dei dirigenti del programma, conferma che "si tratta di un lavoro molto sensibile e quindi non posso spiegare - dice - come agiamo in certi Paesi per finanziare

---

265 *http://www.advocate.com/*

attivisti che si battono contro le discriminazioni contro i diritti LGBT"». Ovvio che «non può spiegare», visto che ci sono paesi come la Russia dove, in alcuni casi, vige ancora l'obbligo di trasparenza nella rendicontazione dei finanziamenti che gruppi ed associazioni ricevono, al fine di tutelare la società dalle ingerenze sconvenienti da parte di gruppi di pressione stranieri.

Marzio G. Mian afferma su *IlGiornale.it* il 9 Dicembre 2014 che «C'è una alleanza tra *Global Equity Fund* e il *Corporate Equality Index*, che stila la lista delle *corporation Gay-friendly*, spiega Todd Sears, fondatore di *Out Leadership*, una delle lobby per il sostegno delle carriere dei gay nell'industria americana, "perché spesso, in Stati come ad esempio la Russia, l'Uganda o la Nigeria, gli interessi del governo americano e delle multinazionali americane coincidono. Le culture sono diverse, le pop star sono popolari in un luogo e non in altri, certi film funzionano in un Paese e non in un altro. Ma c'è una cosa che tutti capiscono, il business. Contrastare i diritti LGBT è andare contro il business". Thom Lynch, leader della comunità LGBT di San Francisco, parla di "investimento strategico" dove la promozione politica di valori culturali a livello diplomatico e la forza del *Corporate America* alla fine otterranno effetti sul profilo legislativo a favore delle comunità gay in molti Stati. "Chiunque voglia fare business a livello globale sa che la storia sta andando in una direzione e nessuno vuole essere escluso dall'onda [...] L'idea di stare dalla parte giusta della Storia - conclude il giornalista di *The Advocate* - serve alla causa della comunità gay ed ai fatturati delle *Corporation*"».

Chi è solo e, per scelta, non ha vincoli di famiglia, può evidentemente concentrarsi di più sullo shopping di qualità, farlo con meno condizionamenti in relazione al risparmio, utilizzare con più disinvoltura il sistema creditizio ed optare, negli acquisti, per prodotti di *griffe* (grandi marchi) che oggettivamente fanno opinione più di altri, condizionando il mercato. Il business al di sopra di tutto? Secondo noi NO!

22. Conclusione. Il complotto del Vaticano e le soluzioni al problema "omonegatività"

Probabilmente i detrattori sosterranno che il nostro libro è pieno di menzogne e falsità anche sul "business gay". Tutte congetture della potente "lobby eterosessista" che ha ordito un "persecutorio complotto", definito: «nefasto, di chi vuol comprimere la diversità umana in uno stereotipo da società *patriarcale tribale*, col *padre padrone*, la *donna sottomessa*, e le diversità sessuali considerate *malattie* o *scelte perverse*, o, assurdamente, entrambe le cose»[266]. Un "complotto" contro le «persone LGBTQI», così come le definiscono i tanti "radical chic" o aspiranti tali, sovente "abitanti" degli Uffici e delle Associazioni di presunta «antidiscriminazione» e falsa carità.

Noi, al contrario, preferiamo scrivere semplicemente di persone, secondo le parole di San Paolo: «Non c'è più giudeo né greco; non c'è più schiavo né libero; non c'è più uomo né donna, poiché tutti voi siete uno in Cristo Gesù» (*Galati* 3,28).

Eppure il "complotto" sarebbe ideato nientemeno che dalla Chiesa. Si legge: «"Se qualcuno del gender ha fatto un'ideologia è stata la Chiesa cattolica". Non ha dubbi in proposito la Vassallo che, nel suo ultimo libro, *Il matrimonio omosessuale è contro natura* [...], ci mette in guardia dall'errore grossolano di far coincidere la femmina (quindi il sesso, categoria biologica) con la donna (il genere, categoria socioculturale), o il maschio con l'uomo. "Nei secoli, infatti, la Chiesa cattolica ha costruito l'idea che uomo e donna siano complementari e si debbano accoppiare per riprodursi". Questo, in pratica, sarebbe il solo ordine naturale possibile. "Invece, se oggi parliamo di

---

266 *https://rainbowman56.wordpress.com/2015/03/28/lideologia-eterosessista-dei-cristofascisti/* - «L'ideologia eterosessista dei cristofascisti».

decostruzione del genere, non lo facciamo per una presa di posizione ideologica, ma partendo dalla costatazione che, di fatto, non ci sono solo due sessi [...] ci sono più generi e non c'è un unico orientamento sessuale: ovvero quello eterosessuale, che la Chiesa ha sempre promosso, etichettando come contro natura quello omosessuale"». In Vaticano, invece, si denuncia il contrario: «[...] questa Congregazione desidera chiedere ai Vescovi di essere particolarmente vigilanti nei confronti di quei programmi che di fatto tentano di esercitare una pressione sulla Chiesa perché essa cambi la sua dottrina, anche se a parole talvolta si nega che sia così [...]. Alcuni gruppi usano perfino qualificare come "cattoliche" le loro organizzazioni o le persone a cui intendono rivolgersi, ma in realtà essi non difendono e non promuovono l'insegnamento del Magistero, anzi talvolta lo attaccano apertamente. Per quanto i loro membri rivendichino di voler conformare la loro vita all'insegnamento di Gesù, di fatto essi abbandonano l'insegnamento della sua Chiesa. Questo comportamento contraddittorio non può avere in nessun modo l'appoggio dei Vescovi [...] Va segnalata una nuova esegesi della Sacra Scrittura, secondo cui la Bibbia o non avrebbe niente da dire sul problema dell'omosessualità, o addirittura ne darebbe in qualche modo una tacita approvazione, oppure infine offrirebbe prescrizioni morali così culturalmente e storicamente condizionate che non potrebbero più essere applicate alla vita contemporanea. Tali opinioni, gravemente erronee e fuorvianti, richiedono dunque speciale vigilanza [...] l'attività omosessuale impedisce la propria realizzazione e felicità [...] Quando respinge le dottrine erronee riguardanti l'omosessualità, la Chiesa non limita ma piuttosto difende la libertà e la dignità della persona, intese in modo realistico e autentico»[267]. Insomma, a noi sembra

---

267 *Congregazione per la Dottrina della Fede*, «Lettera sulla cura pastorale delle persone omosessuali», Libreria Editrice Vaticana, Città del Vaticano, 1995, rist. 2012, Introduzione. Citazione tratta da «Il

che il Vaticano affermi più o meno le stesse cose che sostengono tutti i luminari, i medici, gli psichiatri e psicologi che abbiamo citato nel libro.

Sicuramente la "lobby eterosessista", di cui probabilmente si dirà che questo libro è espressione, ha inventato l'esistenza della «teoria gender» per creare allarmismo sociale così da favorire l'indottrinamento «omonegativo dei bambini» e da «impedire le riforme». Leggiamo su *Wired.it*: «La *teoria del gender* è un'invenzione polemica, un'espressione coniata sul finire degli anni '90 e i primi 2000 in alcuni testi redatti sotto l'egida del *Pontificio Consiglio per la Famiglia* con l'intento di etichettare, deformare e delegittimare quanto prodotto in questo campo di studi. Poi ha avuto una diffusione virale quando, in particolare negli ultimi due-tre anni, è entrata negli slogan di migliaia di manifestanti, soprattutto in Francia e in Italia, contrari all'adozione di riforme auspicate per ridurre le discriminazioni subite dalle persone non eterosessuali [...] È un *blob di slogan* e di pregiudizi *sessisti* e *omofobi* [...] L'identità di genere riguarda il sentirsi uomo o donna [...] la scuola può e deve avere un ruolo fondamentale per scalfire gli stereotipi di genere»[268]. In Vaticano, incontro di Esztergom del 14 gennaio 2015, si stila invece, argomentando notevolmente, il documento: «L'antropologia cristiana e la teoria del genere»[269] dove educatamente si legge: «Secondo la definizione di "gender" usata dall'*Organizzazione mondiale della sanità* (OMS), questo termine "si riferisce ai ruoli, ai comportamenti, alle attività e agli attributi costruiti socialmente che una certa società considera appropriata per uomini e donne" [...] La *teoria del genere* ha la sua radice in un processo di radicalizzazione del femminismo a partire dagli anni Sessanta. [...] Che la teoria del genere in senso ampio, non

---

Sacramento del Diavolo», M. Stanzione - C. Di Pietro, Fede&Cultura, Verona, capitolo: «Homosexualitatis problema».

268 *http://www.wired.it/attualita/politica/2015/03/13/teoria-del-gender/*

269 *http://www.vatican.va/roman_curia/congregations/cfaith/incontri/rc_con_cfaith_20150114_esztergom-eijk_it.html*

limitato al mondo femminista ma esteso anche al mondo dell'omosessualità e a quello della transessualità, sia tanto diffusa e accettata nell'opinione pubblica, non stupisce, quando ci rendiamo conto della cultura attuale dominante, caratterizzata da due elementi: una visione dell'essere umano profondamente dualista e la cultura dell'individualismo espressivo. La finalità dell'inclinazione a procreare ed educare figli non è soltanto un bene fisico cui la persona umana può attribuire un significato a piacere. La capacità di procreare, pur proveniente in senso diretto dagli organi riproduttivi biologici, è ancorata intrinsecamente nella persona umana, perchè il corpo è una dimensione intrinseca della persona, essendone un fattore costituente insieme con la sua forma sostanziale, l'anima. [...] Sebbene l'inclinazione a procreare ed educare figli sia ancorata nell'essere sia dell'uomo sia della donna, nessuno dei due è in grado di realizzarla da solo, ma soltanto insieme: la moglie dona la paternità al marito e il marito la maternità alla moglie. [...] una mutua complementarietà [...] È chiaro che si deve rigettare la discriminazione di persone e l'uso della violenza contro di esse per il loro orientamento sessuale. Tuttavia, le politiche proposte per promuovere l'identità di genere, implicando la facilitazione del distaccamento del genere dal sesso biologico, vanno oltre». La persona più nota oggigiorno in Vaticano è certamente Jorge Mario Bergoglio, da *ilFattoQuotidiano.it*: «Papa Francesco, la denuncia: "In Vaticano esiste una potente lobby gay" [...] La rivelazione di Bergoglio durante l'incontro con i rappresentanti della Confederazione latinoamericana e dei Caraibi dei religiosi e delle religiose (Clar), svoltosi a Roma il 6 giugno scorso [...] "Nella Curia ci sono persone sante, davvero, ma c'è anche una corrente di corruzione. Si parla di una 'lobby gay', ed è vero, esiste. Noi dobbiamo valutare cosa si può fare"»[270].

---

270   http://www.ilfattoquotidiano.it/2013/06/11/vaticano-denuncia-di-papa-francesco-in-vaticano-esiste-lobby-gay-molto-potente/623370/

Tutte congetture della potente "lobby eterosessista" che ha ordito un "persecutorio complotto" per «privare le coppie omosessuali della pensione di reversibilità»[271], o addirittura per «impedire ai gay di accudire il marito ammalato». Citiamo il virgolettato da *LaZanzara:* «Scialpi è stato operato al cuore. Roberto Blasi, il marito, ha denunciato di essere stato discriminato in ospedale "Ha avuto un gravissimo problema era a rischio di morte. Sono rimasto due ore e mezzo fuori, e non mi hanno detto niente". Chiama il medico [Precisa il medico smentendo l'accaduto, *NdA*]: "Si è inventato tutto. Non è vero che lo ha accompagnato in sala: non c'era, Scialpi era accompagnato da una donna. Si è inventato tutto per fare pubblicità ai gay". Continua: "Ha fatto casini inutilmente"»[272].

Un vero "piano catto-cristiano" finalizzato allo sterminio dell'uomo ed alla «violenza omofoba». Gridiamo orsù all'«allarme omofobia» incoraggiato dal Vaticano, dai padri e dalle madri di famiglie «omonegative» ed anche da *Treccani*. Apprendiamo dal recentissimo (ci è arrivato ieri 18 Novembre 2015) dossier di «ProVita»[273], segnalatoci da «Famiglia, Verità e Persona» che: «OSCE[274] riporta i dati relativi ai crimini d'odio (*hate crimes*) quali aggressioni e discriminazioni più o meno violente nei confronti delle minoranze, dei "diversi". L'OSCE è l'*Organizzazione per la Sicurezza e la Cooperazione in Europa,* cui aderiscono 57 Stati, tra cui l'Italia. Si occupa di sicurezza in ambiti svariati, anche nell'ambito del rispetto delle persone e dei diritti fondamentali di libertà e di vita pacifica. Quindi si preoccupa anche della tutela della sicurezza delle minoranze ingiustamente discriminate a causa, per esempio,

---

271   *http://www.panorama.it/economia/lavoro/pensioni-reversibilita-quanto-costa-coppie-gay/ - Panorama.* «Pensioni di reversibilità, quanto costa darle alle coppie gay. Un gruppo di esperti di statistica stima tra 1 e 44 milioni di euro la spesa per lo stato. Molto meno di quanto sostiene chi si oppone alle unioni civili».

272   *http://la-zanzara.radio24.ilsole24ore.com/il-marito-di-scialpi-denu ncia-discriminazione-gay-in-ospedale-chiama-medico-si-e-inventato-tutto/*

273 *http://www.notizieprovita.it/notizie-dallitalia/omofobia-in-italia-ecco-i-dati-osce/*

274 *http://hatecrime.osce.org/italy*

del razzismo o della "omofobia". Come si vede dallo *screen shot* [fra 2 pagine nel nostro libro, *NdA*] gli episodi di questo tipo [di generale presunta discriminazione, *NdA*] nel 2014 sono stati 596 di cui 27 contro persone LGBT. Ci rallegriamo - prosegue *ProVita* - per un problema che fortunatamente continua praticamente a non esistere da anni [e preghiamo ed operiamo affinché si azzeri del tutto, *NdA*], nonostante la pressione mediatica voglia farci credere il contrario. Ci indigniamo - argomenta *ProVita* - perchè sulla base di un problema praticamente inesistente si costruiscono leggi dello Stato e norme regionali e locali che limitano le libertà di opinione e di espressione delle persone (e questo sì che è un crimine) ed hanno come scopo di distrarre ingenti fondi pubblici verso associazioni LGBT quando milioni di famiglie povere in Italia avrebbero bisogno di aiuto. [...] Annotiamo infine che ci sono 153 casi di crimini d'odio per motivi religiosi, cioè 6 volte di più di quelli per "omofobia", dunque un problema da valutare con molta più attenzione e preoccupazione». E invece no: «l'omofobia è colpa della Chiesa».

La nostra risposta ad ogni forma di discriminazione è nelle parole di san Paolo, nel suo *Inno alla Carità*.

San Paolo: «Se anche parlassi le lingue degli uomini e degli angeli, ma non avessi la carità, sono come un bronzo che risuona o un cembalo che tintinna. E se avessi il dono della profezia e conoscessi tutti i misteri e tutta la scienza, e possedessi la pienezza della fede così da trasportare le montagne, ma non avessi la carità, non sono nulla. E se anche distribuissi tutte le mie sostanze e dessi il mio corpo per esser bruciato, ma non avessi la carità, niente mi giova. la carità è paziente, è benigna la carità; non è invidiosa la carità, non si vanta, non si gonfia, non manca di rispetto, non cerca il suo interesse, non si adira, non tiene conto del male ricevuto, non gode dell'ingiustizia, ma si compiace della verità. Tutto copre, tutto crede, tutto spera, tutto sopporta. La carità non avrà mai fine. Le profezie scompariranno; il dono delle lingue cesserà e la scienza svanirà. La nostra conoscenza è imperfetta e imperfetta la nostra profezia. Ma quando verrà ciò che è perfetto, quello che è imperfetto scomparirà. Quand'ero bambino, parlavo da bambino, pensavo da bambino, ragionavo da bambino. Ma, divenuto uomo, ciò che era da bambino l'ho abbandonato. Ora vediamo come in uno specchio, in maniera confusa; ma allora vedremo a faccia a faccia. Ora conosco in modo imperfetto, ma allora conoscerò perfettamente, come anch'io sono conosciuto. Queste dunque le tre cose che rimangono: la fede, la speranza e la carità; ma di tutte più grande è la carità!» (1 *Corinzi* 13).

La nostra risposta, unica e risolutiva, ad ogni forma di discriminazione, è dettata dalla storia del mondo, è nelle radici della nostra civiltà: **il ritorno alla cristianità, il ritorno alla carità!**

Aurelio Pace e Carlo Di Pietro
(Amici delle PERSONE e Nemici del *Gender*)

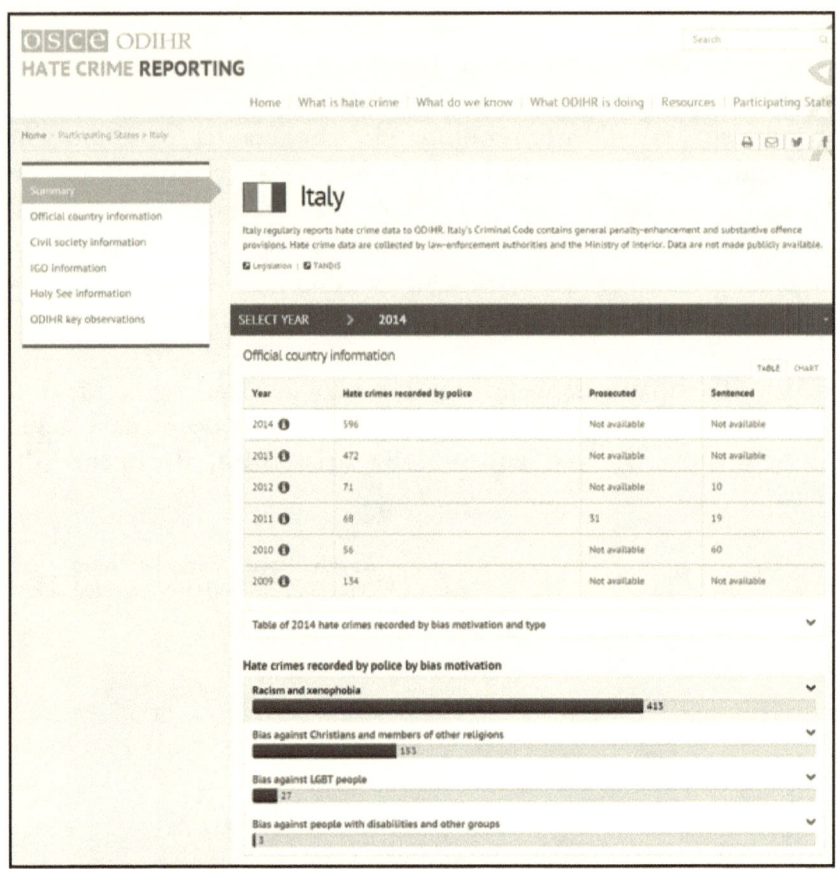

http://hatecrime.osce.org/italy

Appendice 1. La pianificazione e l'aggressione del gender ai bambini di ogni età ed ai docenti

Il titolo del nostro libro descrive adeguatamente la questione: «Gender: ascesa e dittatura della Teoria che "non esiste"». Si, perché la cosiddetta "teoria del gender", ovvero la sintesi conclusiva e "finalistica" degli "studi di gender", non è vero che "non esiste", piuttosto è vero che "non ha diritto di esistere". Nel libro abbiamo provato a dimostrare che la "teoria del gender" non è dimostrabile con il metodo scientifico e non poggia sul diritto naturale, si pone, quindi, contro i dettami della scienza e della nostra stessa Carta Costituzionale, poiché la natura preesiste al diritto, non viceversa, diritti che noi rivendichiamo. Eppure la "teoria che non esiste" - il *gender* - viene imposta con metodi coercitivi, come accadeva ed accade nei regimi dittatoriali. Un'ascesa, la sintesi conclusiva e "finalistica" degli "studi di gender" - che per convenzione e brevità chiamiamo "teoria del gender" - che sembra quasi inarrestabile, invincibile: un vero "partito di regime e d'opinione" che a piene mani attinge linfa da fondi pubblici ed "eserciti" indottrinati alla meno peggio. Joseph Goebbels sosteneva: «Non basta sottomettere più o meno pacificamente le masse al nostro regime, inducendole ad assumere una posizione di neutralità nei confronti del regime. Vogliamo operare affinché dipendano da noi come da una droga». Beh, noi diciamo no. Non vogliamo dipendere da nessuno, a noi la droga non piace, nemmeno quando è "diStato". Ma vediamo[275] con che tentacolarità sta prendendo piede la "dittatura gender" in Italia:

---

275 *http://www.notizieprovita.it/wp-content/uploads/2015/06/Specia le_Dossier_Progetti_Gender_Scuola_ProVita.pdf* - Osservatorio in costante e continuo aggiornamento. A brave sarà diffusa la nuova versione. Qui c'è l'elenco delle biblioteche comunali con "libri gender": *http://www. notizieprovita.it/wp-content/uploads/2015/03/biblioteche-comunali_libri-gender.pdf*

1) Palermo/Salerno, da Ottobre-Novembre 2015. Spettacolo teatrale "Fa'afafine". Nella presentazione si legge: «Siamo incommensurabilmente fortunati ad avere un figlio di genere non conforme [...] Esiste una parola nella lingua di Samoa, che definisce coloro che sin da bambini non amano identificarsi in un sesso o nell'altro. *Fa'afafine* vengono chiamati: un vero e proprio terzo sesso cui la società non impone una scelta e che gode di considerazione e rispetto. Alex non vive a Samoa, ma vorrebbe anche lui essere un "fa'afafine"; è un "gender creative child", o semplicemente un bambino-bambina [...] Oggi per Alex è un giorno importante: ha deciso di dire ad Elliot che gli vuole bene, ma non come gli altri, in un modo speciale. Cosa indossare per incontrarlo? Il vestito da principessa o le scarpette da calcio? [...] Alex ha sempre le idee chiare su ciò che vuole essere: i giorni pari è maschio e i dispari è femmina, dice. Ma oggi è diverso: è innamorato per la prima volta e sente che tutto questo non gli basta più. Oggi vorrebbe essere tutto insieme, come l'unicorno, l'ornitorinco o i dinosauri, che contengono diverse nature". In alcune presentazioni i promotori pongono la seguente domanda: "Avete mai sentito parlare di bambini gender fluid o gender creative?". Rivolto ai bambini dall'età di 8 anni. Incluso nelle proposte didattiche dell'Istituto *Luigi Capuana* (Palermo) e nella Rassegna di "Teatro per la Scuola", 2015/2016 (Teatro *Verdi*, Salerno);

2) Livorno, Ottobre 2015. All'interno dell'insieme di proposte progettuali per l'anno 2015/2016 "Scuola-Città", è stato approvato dal Comune il progetto "Livorno, città di tutti" che include le iniziative: "Capire e prevenire le discriminazioni", rivolta alle scuole secondarie di 2° grado e realizzata in collaborazione con Arcigay; e il "Corso di formazione su stereotipi di genere, identità e orientamento sessuale per la prevenzione del bullismo omofobico", rivolto alle scuole elementari e medie e realizzato dalla "Rete Genitori Rainbow - genitori lesbiche, gay, bisessuali e transessuali con figli da relazioni

etero". Rivolto alle Scuole di ogni ordine e grado del Comune di Livorno;

3) Trieste, Ottobre 2015. Utilizzazione del libro "L'acero rosso". Si può leggere, nel capitolo dedicato alla famiglia: «In famiglia si può essere in tanti o in pochi [...] si può essere adottati o avere due mamme e due papà. Si può stare sottosopra oppure sopra e sotto [...] Si è accettati per quello che si è, ma anche per quel che si vuole [...] Il legame che unisce la famiglia non è il sangue: è il cuore che ci rende genitori e figli [...]». Classe quinta della scuola elementare Molpurno;

4) Roma (Testaccio), Settembre 2015. Evento "Educare alle differenze 2" che ha visto la presenza di oltre sessanta relatori, nove tavoli tematici (divisi per fasce d'età: da 0 a 18 anni), workshop, ecc. Erano visibili alcuni manifesti, rivolti anche ai bambini, con disegni di due uomini o due donne con un bambino e la scritta: "Famiglie differenti, stesso amore. #controstereotipi", e simili. Affermazione del relatore di uno dei workshop: «Solitamente nei primi 3 anni di vita del bambino si può stabilire se sia un *cisgender* - persona a proprio agio con il genere attribuito alla nascita - o *transgender* - chi non si sente rappresentato dal genere di nascita [...] Il nostro compito, nelle scuole, è aiutare ogni bambino a trovare la propria reale identità sessuale». Scorrono slide e sulla vignetta in cui una ragazzina guardandosi allo specchio vede l'immagine di un uomo, alla domanda: «E se il bambino o bambina volessero cambiare?», risponde il relatore: «A quel punto si avvierebbe il percorso verso l'intervento chirurgico per modificare il corpo. Noi siamo qui, con l'aiuto di medici specializzati, per insegnare che si può cambiare e occorre avere rispetto per le diversità». Istituto di Istruzione superiore *Carlo Cattaneo*;

5) Viareggio (LU), Settembre 2015. Nel contesto del "Festival della Salute", interventi e attività riguardanti l'identità di genere e il transgenderismo come la lezione "Identità di genere: parliamone" (con spiegazioni su cosa significa vivere la

condizione transessuale e transgender e «quali sono i percorsi che una persona può affrontare per il cambiamento»), tenuta da esponenti dell'Associazione Consultorio Transgenere; l'iniziativa "Il punto di vista transgender: quando riconoscere la propria identità favorisce il benessere"; o il laboratorio "Giocare con il genere", consistente in attività interattive «per sperimentare e vivere le tematiche dell'identità di genere sessuale e dell'orientamento sessuale, nell'ottica di migliorare il benessere di persone che vivono un disagio legato a questi aspetti. Attraverso esercitazioni, giochi di ruolo, […] attività esperienziali i ragazzi saranno portati a riflettere sul genere sessuale, sui ruoli tradizionali uomo/donna, sulla varianza di genere, sugli stereotipi sociali e culturali associati ai costrutti di maschio e femmina, che sono spesso all'origine di discriminazione omotransfobica […]». Per Scuole secondarie di Primo e Secondo grado;

6) Firenze, Settembre 2015. Progetto "A scuola … per fare le differenze", un laboratorio «sugli stereotipi di genere e bullismo omofobico». Ha tra gli obiettivi: «favorire la libera espressione di ruoli di genere flessibili nel rispetto delle diversità individuali ed educare i bambini a un atteggiamento aperto verso i generi e i ruoli di genere». Include incontri finalizzati a favorire nei bambini «da libera espressione dei ruoli di genere» e a far «comprendere empaticamente i vissuti di chi non si conforma agli stereotipi di genere e allo stesso tempo di incoraggiare la libera espressione di sé», tenuti da rappresentanti di IREOS, «associazione di volontariato di e per gay, lesbiche, bisessuali, transgender, intersessuali» e promotrice del "Florence Queer Festival". Per le Scuole dell'Infanzia e Primarie;

7) Senigallia (AN), Luglio 2015. Utilizzazione del Manuale di antropologia "Ciò che noi siamo" (M. Aime, ed. *Loescher*). Al §6. "Sesso e genere", sottocapitolo "Non si nasce uomini né donne" nel quale si cita e si condivide la visione di Simone de Beauvoir: «Una non nasce donna, piuttosto lo diventa […] è la civiltà nel complesso a produrre questa creatura che è descritta

come femminile». Alla pagina 104: «La costruzione del genere inizia fin dall'infanzia, quando vengono indicati pratiche o giochi diversi a seconda del sesso [...]. È il lavoro che determina i generi [...]. Un individuo è maschio per nascita ma diventa uomo per costruzione». Alla pagina 105: «La costruzione della virilità rientra nel processo di foggiatura e di manipolazione sociale dell'individuo [...]». Alla pagina 107: «In realtà nulla dimostra che la cura dei bambini sia legata alla riproduzione. Le donne infatti sono madri, ma fanno anche le madri. Questa condizione è il prodotto di scelte culturali spesso imposte dai maschi [...]. La funzione materna non è quindi un dato naturale, ma pensandola come tale, cioè come strettamente legata alla biologia, ha finito per giustificare l'esclusione o la maggiore difficoltà di accesso delle donne alla sfera pubblica». Alla pagina 108: «I transessuali sono infatti individui [che] sono riusciti a rendere coerente la propria anatomia con il genere con il quale si identificano [...]. La concezione occidentale che prevede l'esistenza di soli due generi, sovrappone meccanicamente lo *status anatomico* con la percezione sociale». Studenti di III, IV e V del Liceo Economico Sociale;

8) Provincia di Massa-Carrara, Maggio 2015. Progetto "Liber* tutt*" per «superare, in modi non convenzionali, pregiudizi e convenzioni». Composto di molteplici "iniziative" come: "Perché tu no?", incontri rivolti a bambini della fascia 5-8 anni, sul «tema degli stereotipi dell'immaginario collettivo legati alla differenza di genere»; "Rosaceleste – Educare alla parità dalla scuola al teatro" che prevede «un corso di formazione alla cultura di genere»; "Daimon Lab", corso di formazione teatrale che intende «declinare il tema del *daimon* e della vocazione personale sul piano dell'identità di genere [...] Il laboratorio vuole spingere i ragazzi a ripensare stereotipi e pregiudizi dei ruoli di genere, riscoprendo l'origine androgena e complementare dei due sessi e cercando di spiegarla come qualcosa di nuovo [...]». Per allievi delle Scuole di ogni ordine e grado come le Scuole dell'Infanzia *Andersen, Ortola, Bresciani, Cervajolo, scuole primarie Finelli, Marconi;*

9) Bari, Maggio 2015. Serie di 25 incontri sotto il titolo "Omofobia: non a casa mia!", tra i quali: un laboratorio sull'identità di genere svolto nel centro per minori "Mimmo Bianco"; il "Pride game", gioco da tavola a tematiche LGBTQI (simulazione ludica dell'organizzazione di un Gay Pride); proiezione di film, come *Le fate ignoranti*, di Ferzan Ozpetek, film sull'amore gay, o come *Tomboy*, storia di una bambina che decide di farsi passare per maschio; laboratorio "Di che genere sei? Educarsi alle differenze per prevenire il bullismo omo transfobico"; promozione di "libri arcobaleno" come «Piccola storia di una famiglia: perché hai due mamme?» (ed. *Stampatello*). Istituti scolastici, Università di Bari, centri giovanili, strutture parrocchiali, ospedale pediatrico. Vasto pubblico di bambini;

10) Trento, Maggio 2015. All'interno della settimana di eventi "Liberi e libere di essere", svolgimento dello spettacolo "Le cose cambiano" per «contrastare il bullismo omofobico», anche per «ricordare al pubblico non LGBT che sta nella normalità il cambiamento che sta avvenendo nel mondo e soprattutto in Italia» e che «non bisogna diventare complici silenziosi di atti omofobi». Teatro *Sanbapolis*. Per ragazzi e ragazze delle scuole trentine;

11) Roma, Aprile 2015. "In-Between. Progetto di prevenzione del bullismo omofobico e della violenza di genere", nell'ambito dell'iniziativa *lecosecambiano@roma2*, «orientata a formare i docenti e gli studenti sui temi del bullismo omofobico, della valorizzazione delle differenze e del rispetto delle caratteristiche individuali relative all'orientamento sessuale e all'identità di genere». Si spiega che il titolo "In-Between" vuole «evocare la pluralità delle gradazioni del genere tra i due poli del maschile e del femminile [...]». Gli obiettivi generali del progetto si intendono raggiungere attraverso la «decostruzione degli stereotipi sociali e degli *habitus mentali* passivamente acquisiti [...]». Liceo Classico e Linguistico Statale *Aristofane*;

12) Montelupo Fiorentino (FI), Aprile 2015. Incontro per genitori "Oltre il rosa e il celeste: educare alla parità di genere a partire dall'infanzia" tenuto dalla Dott.ssa Irene Biemmi. Sulla locandina dell'evento si chiede: «bambini con i supereroi e il pallone, bambine con le bambole e i trucchi: siamo sicuri che vogliamo crescerli così?». Nella presentazione dell'incontro si spiega: «le differenze tra uomini e donne - che si configurano tradizionalmente in termini di disparità di un sesso sull'altro - non sono un dato biologico, innato, ma sono il frutto di un condizionamento socio-culturale messo in atto all'interno della famiglia, prima, e poi della scuola». Istituto Comprensivo *Baccio da Montelupo*, per i genitori di bambini delle Scuole d'Infanzia e delle Elementari;

13) Aprilia (LT), Aprile 2015. Progetto "LGBT … All Right(s)! Tutti insieme per i diritti, tutti contro la omo-lesbo-transfobia". Intende «sensibilizzare docenti e studenti affinché acquisiscano informazioni e strumenti per combattere l'omo-lesbo-transfobia e promuovere i diritti sociali per le persone LGBT», e informazioni «relative ai concetti di identità di genere/sessuale, orientamenti sessuali LGBT». Prevede, tra le altre cose, una rappresentazione teatrale di due transessuali. Liceo statale *Antonio Meucci*, secondo e terzo anno;

14) Provincia di Torino (TO), Marzo 2015. Il progetto "Giovani contro la violenza di genere" che «intende sensibilizzare l'opinione pubblica europea […] sulla necessità di costruire una società rispettosa delle differenze di genere e di dare ad ognuno la possibilità di esprimersi e rappresentarsi liber* dagli stereotipi uomo/donna». All'interno del progetto si legge che: «La lotta contro la violenza di genere - sia contro le donne che contro le popolazioni LGBT (lesbiche, gay, bisessuali e transessuali) - non può prescindere dalle azioni di appoggio ai cambiamenti culturali, principalmente nei gruppi di età più giovane per i quali ha a che fare con l'approccio di genere e alla propria sessualità». Il terzo anno di applicazione del progetto è incentrato sulla «lotta alle

discriminazioni contro le popolazioni LGBT». Studenti del liceo della Provincia di Torino, es. Liceo delle Scienze Umane *Regina Margherita*, Liceo *Marie Curie*;

15) Cordenons, Torre, Casarsa, ecc. (PD), Marzo 2015 (ultima applicazione segnalata). Progetto regionale "A scuola per conoscerci: isolamento, bullismo e omofobia, strategie di intervento in ambiente scolastico". Si legge nella "Premessa" alla presentazione del progetto: «L'omofobia è estremamente diffusa nella società italiana, e purtroppo anche nella nostra regione: in ambito educativo lo stesso personale scolastico o i genitori possono essere impreparati o avere pregiudizi omofobici, reagendo quindi [...] con una preoccupazione per l'anormalità della condizione omosessuale, confondendo in questo modo il problema dell'omofobia con l'orientamento sessuale della vittima. Reazioni di questo genere causano nelle vittime di aggressione un forte senso di isolamento e impotenza [...] Inoltre all'omofobia di derivazione sociale, culturale e istituzionale si accompagna l'omofobia interiorizzata. Gli atteggiamenti e i sentimenti negativi nei confronti dell'omosessualità vengono interiorizzati nel processo di sviluppo da tutte le persone, comprese quelle omosessuali». 100 classi delle Medie e del Liceo nella Regione del Friuli;

16) Piacenza, Marzo 2015. Progetto "Viva l'Amore": contiene istruzioni dettagliate, con tanto di illustrazioni, sull'uso dei contraccettivi, e sezioni dedicate alla masturbazione. Affronta anche i temi dell'«identità e delle discriminazioni di genere». Si chiede ai ragazzi se condividono il «modello di uomo e di donna» proposto in famiglia, con l'obiettivo di combattere gli «stereotipi di genere». Si propongono ai ragazzi pensieri come il seguente: «Pensavo che per crescere bene servissero un padre e una madre. Invece ho amici con genitori separati, single o addirittura omosessuali! Quel che conta è volersi bene [...]». Scuola Media *Italo Calvino*, terza Media;

17) Friuli Venezia Giulia, Marzo 2015. Progetto "Gioco del rispetto - Pari e dispari": kit "ludico didattico" che prevede che i bambini si travestano con abiti tipici dell'altro genere e nominino i rispettivi genitali. Secondo l'Associazione Goap, partner dell'iniziativa, bisogna agire «precocemente sulle nuove generazioni offrendo loro modelli più egualitari e liberi dagli stereotipi di genere». I travestimenti, «anche con vestiti normali, da maschio e femmina», caratterizzano il gioco "Se fossi" per piccoli da 3-6 anni. Si prevede «lo scambio di ruoli tra tutti i componenti della scuola: i bambini con le bambine (scambiandosi i vestiti laddove è possibile e imitandosi), la maestra con i bambini e viceversa». Nel gioco "Se io fossi te: un po' diversi un po' uguali, l'importante è che siamo pari", ai bambini di 5/6 anni si presenta il gioco del dottore: «i bambini/e (che) possono esplorare i corpi dei loro compagni/e [...] ovviamente i bambini/e possono riconoscere che ci sono delle differenze fisiche che li caratterizzano, in particolare nell'area genitale». Per questo bisogna «nominare senza timore i genitali maschili e femminili». 45 classi di Scuole dell'Infanzia;

18) Lazio, Febbraio 2015. Una serie di progetti di contrasto all'omotransfobia finanziati dalla Regione Lazio: "Laboratorio contro la discriminazione delle persone LGBT", "Stop LGBT Bullying", "D@P - Diritti al punto" e "LGBT ... All Right(s)!". Il primo prevede laboratori per «comprendere cos'è l'identità, cosa ci definisce, quanto questa definizione sia variabile, fluida o composita». "LGBT ... All Right(s)!" si propone di far acquisire a docenti e a studenti «informazioni, conoscenze, strumenti e metodologie per combattere l'omo-lesbo-transfobia e promuovere i diritti sociali per le persone LGBT (Lesbiche, Gay, Bisessuali, Transessuali)», così anche trasmettere informazioni «relative ai concetti di identità di genere/sessuale, orientamenti sessuali LGBT». Il progetto "D@P - Diritti al Punto" prevede dei «percorsi formativi per gli studenti delle scuole medie superiori del Lazio contro l'omofobia e le altre

forme di discriminazione». 25mila studenti di 50 Scuole soprattutto Secondarie di Primo e Secondo grado del Lazio. Alcune delle scuole di Roma coinvolte: Scuola Elementare *Victor Hugo Girolami*, Scuola Media *Fabrizio De Andrè* e Liceo Classico Statale *Aristofane*;

19) Campalto (Venezia), Gennaio 2015. Progetto "Piccole donne e piccoli uomini crescono insieme": un percorso di «educazione al genere» che intende dare «l'opportunità di parlare di identità di genere a un gruppo di bambini di età compresa tra sei e otto anni», per evitare che nei bambini «si cristallizzino stereotipi legati alle identità e ai ruoli di genere». Il progetto vuole dare «valenza al genere in termini di possibilità e di desiderio e non di destino» e quindi «interpretare quali sono i destini, ovvero le gabbie, i modelli dominanti, le pressioni culturali che investono la crescita di ragazzi e ragazze» e che provengono dalla famiglia e dalla società. Istituto Comprensivo *A. Gramsci*, classi delle Elementari;

20) Vaiano (Prato), Gennaio 2015. Percorso formativo "Educare alle differenze di sviluppo sessuale, identità di genere, ruolo, orientamento affettivo sessuale e situazione familiare": «Il percorso mira allo sviluppo di conoscenze, abilità e competenze nell'utilizzo [...] dei più recenti risultati degli studi di genere, dei queer studies e dei family studies». È costituito da tre moduli intitolati: "La formazione dell'identità e gli stereotipi di genere"; "Dalla famiglia alle famiglie"; "Binarismo sessuale, varianza di genere e accoglienza delle differenze". ICS *Bartolini*, per il Personale educatore e insegnante;

21) Roma, anni 2014-2016. "Il Piano LGBT @ Roma. 2014 - 2016" comprende un glossario con definizioni come «Omonegatività: [...] si riferisce all'intera gamma di sentimenti, atteggiamenti e comportamenti negativi verso l'omosessualità e le persone omosessuali frutto di una concezione negativa dell'omosessualità che nasce da una cultura e da una società eterosessista». Quanto all'ambito scolastico si sottolinea che «da

formazione svolge un ruolo fondamentale per valorizzare le differenze e promuovere il rispetto per l'orientamento sessuale e l'identità di genere delle persone». Si intende «Eliminare gli stereotipi e le discriminazioni basate sull'orientamento sessuale e sull'identità di genere che possono essere inconsapevolmente agite durante la pratica professionale del personale capitolino». Tra le misure concrete per le scuole: «incontro con le famiglie per confrontarsi sulle tematiche riguardanti l'omofobia, l'orientamento sessuale e l'identità di genere». Piano d'intervento in molteplici ambiti, incluso quello delle Scuole;

22) Lasino (TN), Dicembre 2014. Presentazione "Storie di un certo genere" di Giulia Selmi sull'importanza delle favole: «ogni narrazione esprime sempre una identità di genere [e posiziona] l'*Io narrante* all'interno delle categorizzazioni che la nostra cultura ci rende disponibili (tra cui la dicotomia maschile/femminile)». Denuncia gli «stereotipi di genere» nelle «favole tradizionali» e promuove favole come "Il bell'anatroccolo" e "Nei panni di Zaff" (dopo vengono citate nell'elenco di *ProVita* Onlus[276]). Centro famiglie. Per docenti e genitori;

23) Roma , Dicembre 2014. Lettura della favola gay "Piccolo uovo", di Francesca Pardi (Ed. *Lo Stampatello*). Un racconto a fumetti che propone ai più piccoli un «viaggio per conoscere i più diversi tipi di famiglie». PS: fonti testimoniano che «una mamma di un bimbo dell'Asilo chiede maggiori informazioni sul progetto e viene "aggredita" ed accusata di "omofobia" durante un consiglio straordinario del Comitato di Gestione di cui la mamma è membro» (18.12.2014). Asilo nido comunale *Cecchina*;

---

276 *http://www.notizieprovita.it/wp-content/uploads/2015/06/Specia le_Dossier_Progetti_Gender_Scuola_ProVita.pdf* - Osservatorio in costante e continuo aggiornamento. A brave sarà diffusa la nuova versione. Qui c'è l'elenco delle biblioteche comunali con "libri gender": *http://www. notizieprovita.it/wp-content/uploads/2015/03/biblioteche-comunali_libri-gender.pdf*

24) Siena, Novembre 2014. Progetto "Non sono una principessa. Educare al genere attraverso la lettura" che esprime preoccupazione per il fatto che «al momento del loro ingresso nella scuola i bambini e le bambine si sono già identificate nel loro ruolo sessuale». Scuola Primaria *Federigo Tozzi*, quinta Elementare;

25) Roma, Novembre 2014. Corso di formazione sulla "Strategia nazionale per la prevenzione e il contrasto delle discriminazioni basate sull'orientamento sessuale e sull'identità di genere" dell'UNAR, con l'obiettivo di «riflettere sull'importanza del linguaggio come possibile veicolo di stereotipi; [...] riflettere sugli strumenti di governance per una scuola inclusiva delle differenze per orientamento sessuale e identità di genere; conoscere alcuni esempi di buone pratiche di associazioni LGBT [...]; condividere strumenti per una programmazione didattica inclusiva delle tematiche LGBT [...]». Corso rivolto ai Direttori dei Dipartimenti del MIUR, e ai Direttori Generali e di seconda fascia degli Uffici Scolastici Regionali;

26) Bari, Novembre 2014. All'interno del progetto "Generare culture non violente", oltre ad altre iniziative ispirate alla «cultura di genere», l'autrice Manuela Salvi conduce una lettura animata e laboratorio dal libro "Nei panni di Zaff" (*Fatatrac* Ed.), storia di «un bambino transgender che vuole essere una principessa e corona il suo desiderio, presentando come normale l'identificazione nel genere opposto al sesso biologico» (dopo è citata nell'elenco di *ProVita* Onlus). Bambine delle Scuole Primarie;

27) Cagliari, Novembre 2014. Progetto di educazione alla lettura "Ci_piacCiAmo" che rimanda ad un elenco di fiabe gay o ispirate al gender come "Il Bell'Anatroccolo" (*Lo Stampatello* Ed.) e "Nei panni di Zaff" (*Fatatrac* Ed.), storia di un bambino transgender che vuole essere una principessa e corona il suo desiderio, presentando come normale l'identificazione nel genere opposto al sesso biologico: «Tutti gli dicevano: Ma Zaff! Tu 6 maschio. Puoi fare il re [...] ma la principessa proprio no. Le

principesse il pisello non ce l'hanno!!»; Zaff: «E va bene, ho il pisello ma che fastidio vi dà? Lo nasconderò ben bene sotto la gonna [...]»; «Sono la principessa sul pisello [...] si sfilò il vestito di merletti e fili d'oro e lo consegnò a Zaff. "Farai la principessa col pisello, e che nessuna fiati" [...] Zaff indossò il vestito [...] Il segreto per vivere per sempre felici e contenti: Essere ciò che sentiamo di essere senza vergognarsi mai»; «"Ciao Zaff. Come va la tua nuova vita da principessa?" - "Bene [...]" - "Pensi che farai la principessa per molto tempo?" "[...] Sicuramente finché ne avrò voglia"». Istituto Comprensivo *Randaccio* e Scuola Primaria *Nanni Loy*;

28) Roma (zona Bufalotta), Novembre 2014. Vengono proposte le fiabe gay "Perché hai due papà?", storia di una coppia gay che ricorre all'utero in affitto per avere dei bambini, e "Piccola storia di una famiglia: perché hai due mamme?" di Francesca Pardi (Ed. *Stampatello*). Una favola in cui si legge: «Le due mamme volevano una famiglia, ma mancava il semino. Franci si è fatta dare in una clinica olandese il semino donato da un signore gentile e l'ha messo nella pancia di Mery». Si è letto ai bambini anche "Il bell'anatroccolo", storia di un paperotto maschio che scopre di essere una «femminuccia ed è orgoglioso di esserlo». Asilo nido comunale *Il Castello Incantato*;

29) Lentate, Cesano, Seveso e Meda (MB), Ottobre e Novembre 2014. Progetto "Dillo con parole sue", per «contrastare la violenza di genere e il bullismo omofobico e transfobico», in cui si legge: «L'idea che si debba aderire ad un ruolo di genere precostituito per essere considerati "normali" è un ostacolo alla piena realizzazione di chi per qualsiasi ragione non vi si riconosce. Tra le aspettative sociali dell'essere maschi e femmine l'eterosessualità è forse la più forte [...] l'orientamento sessuale eterosessuale è preferibile all'omosessualità, un'identità di genere congruente al sesso biologico è preferibile alla transessualità, poiché vengono considerati naturali e ovvi; ciò che si distanzia da questa normalità viene considerato un difetto nel

binarismo di genere. Chi decide che un certo comportamento è "normale" siamo noi che, ancorati a certi principi e stereotipi, decidiamo di vivere ignorando altre realtà». Scuole Primarie e Secondarie;

30) Formello (RM), Ottobre 2014. Progetto "Come cambio? Cosa cambia? Percorso di educazione affettiva ed emotiva per lo sviluppo dell'identità di genere e corporea". Mira a «sollecitare il senso critico dei ragazzi rispetto agli stereotipi sessuali». Il progetto prevede la «somministrazione di un questionario su temi riguardanti la sessualità» e parla anche «della prima volta [...] di anticoncezionali [...] di omosessualità e identità di genere», etc... Scuola Media *Roberto Rossellini*, Istituto Comprensivo *Barbara Rizzo*, seconda media;

31) Roma, Settembre 2014. Video "A che genere giochiamo?" che riprende un "Laboratorio" svolto presso la Scuola Primaria nell'anno 2013/2014. Si vedono educatrici che leggono ai bambini il libro "Nei panni di Zaff?", storia di un bambino che vuole diventare una principessa (min. 2:17 - il link lo inseriremo nelle fonti a fine *Appendice 1*); e il libro "Rosaconfetto", storia che rappresenta elefanti rosa femmine ed elefanti grigi maschi e in cui, alla fine, le differenze tra maschi e femmine vengono annullate, tanto che «Oggi non si riesce più a distinguere in quella tribù i maschi dalle femmine perché tutti gli elefanti sono grigi». Vengono mostrati anche giochi che prevedono uno scambio di vestiti tra maschi e femmine. Scuola Primaria *Carlo Pisacane*;

32) Roma, Settembre 2014. Progetto "Educare alle differenze", in risposta all'«esigenza espressa con maggiore forza da tutt@ @ partecipanti [che] è stata quella che venga messa in campo e garantita una FORMAZIONE che riguardi le tematiche legate ai generi». Si sostiene che bisognerebbe introdurre i bambini da 0-6 anni al tema «del transgenderismo, dell'intersessualismo e del transessualismo finora tabù per tutto ciò che concerne il rapporto con questa fascia di età e la

riflessione che la riguarda» e ad «attuare le linee guida dell'OMS che evidenziano la necessità di introdurre l'educazione sessuale, in relazione alle differenze di genere, secondo un approccio globale, da prima dei 4 anni». Corsi per educatrici ed insegnanti di Asili nido, Scuole materne, Elementari e Medie;

33) Verona, Settembre 2014. Lettera del Comune che invita ad educare i figli alla lettura, allegando la pubblicità del libretto gay "E con Tango siamo in tre". Genitori di figli che frequentano le Scuole materne comunali;

34) Bologna, Marzo-Giugno 2014. Ciclo di incontri in cui si legge ai bambini la fiaba gay "E con Tango siamo in tre" (Ed. Junior). Laboratorio didattico per bambini 4-8 anni;

35) Provincia di Milano, Aprile 2014. Diffusione del progetto "ImPARI a scuola", guida operativa finalizzata a «diffondere la cultura di genere nei percorsi scolastici primari e secondari [...] riflessione sulle differenze e sugli stereotipi di genere»; la famiglia è definita come «sentimento». Diverse Scuole nella provincia di Milano;

36) Castelnovo ne' Monti (Reggio Emilia), Aprile 2014. Alcuni rappresentanti dell'*Arcigay*, dopo aver tenuto in classe una «lezione contro l'omofobia», hanno distribuito a studenti minorenni un opuscolo illustrativo intitolato "SAFER SEX HIV e Infezioni Sessualmente Trasmissibili" contenenti descrizioni dettagliate su come avere rapporti omosessuali: «[...] nel caso di *rimming* (pratica sessuale che comporta il contatto della bocca con l'ano o con le regioni perianali, *NdR*), se la tua bocca entra in contatto con le feci [...] Per proteggerti dall'epatite A durante i rapporti oro-anali puoi utilizzare [...] un preservativo tagliato a metà e appoggiato all'ano del partner [...] Se fai il pompino senza preservativo, non farti venire in bocca e non ingoiare [...] Se però capita che l'altro ti venga in bocca, sputa lo sperma immediatamente [...]». Istituto ITCG *Cattaneo-Dall'Aglio*;

37) Modena, Aprile 2014. Intervento di Vladimiro Guadagno, in arte "Luxuria" e Alberto Bignardi (Presidente di

Arcigay Modena) all'Assemblea di Istituto: discorso di Luxuria sulla figura del transgender e su come «trans si nasce». Proiettato il video sulla transessualità del regista Pierfrancesco Diliberto. Liceo Classico *Muratori*;

38) Cusago (MI), Aprile 2014. La favola gay "E con Tango siamo in tre" è stata spiegata dal personale dirigente della scuola, sottolineando che affrontare queste tematiche è necessario, come da alcune direttive dell'OMS. Si è affermato di dover trattare tematiche sessuali con bambini molto piccoli (3-6 anni). I testi non erano in alcun modo menzionati né nel POF né nel Progetto Pedagogico ed Organizzativo della scuola. Scuola dell'infanzia Paritaria Cattolica Parrocchiale *Ragni* dal primo anno della Scuola materna;

39) Pontassieve (FI), Marzo 2014. Progetto "E.COS. Decostruire per costruire" avente le finalità di «rendere elastica la rappresentazione dei ruoli di genere rispetto a ciò che si ritiene sia 'pertinente' o 'conveniente' a maschi e femmine in termini di desiderabilità, responsabilità, affettività e comportamenti; […] promuovere distanziamento critico da stereotipi di genere che blocchino od ostacolino lo sviluppo di scelte di vita, […] anche rispetto al rifiuto di schemi di genere precostituiti; […] attraverso un lavoro indiretto sulle rappresentazioni sociali delle variabilità sessuali, fatto sia sugli insegnanti che sugli studenti, favorire l'accettazione di maschi e femmine 'anomali' rispetto allo standard atteso». Diversi Istituti scolastici dalla Scuola dell'infanzia fino alle Medie;

40) Roma, Marzo 2014. "Iniziamo a parlarne", ciclo di tre incontri sull'educazione all'affettività e alle relazioni. Hanno avuto luogo, per i bambini, «letture e i laboratori di *Leggere senza stereotipi* che permetteranno di intraprendere un percorso parallelo a quello de@ adult@» (sic). Il progetto comprende libri come "Nei panni di Zaff" e "E con Tango siamo in tre". Inoltre si sono svolti tre laboratori: "1, 2, 3 … quante famiglie!"; "E perché non io?", su «genere, ruoli di genere e relazioni»; e "Mi sento …", su «forme

dell'affettività e della sessualità». Istituto Comprensivo *Ferraironi*, Scuola Primaria *Iqbal Masih*;

41) Roma, Febbraio 2014. Piano di aggiornamento per l'anno scolastico 2013-2014. Intende «sostenere [...] la pluralità dei modelli familiari e dei ruoli sessuali; [...] favorire le insegnanti/educatrici nella lettura dei processi di identificazione degli stereotipi e dei pregiudizi di genere; [...] favorire la formazione di personalità libere e per la decostruzione degli stereotipi». Per le educatrici dei Nidi e le insegnanti delle Scuole dell'infanzia di *Roma Capitale*;

42) Perugia, Città di Castello, Terni, Assisi, Marsciano, Bastia Umbra (Umbria), Febbraio 2014. Distribuzione dei libretti dell'UNAR e favole gay come "Qual è il segreto di papà" di Francesca Pardi (Ed. *Lo Stampatello*), storia di un papà che abbandona la propria famiglia per andare con un uomo e spiega ai suoi figli la propria omosessualità; e "Piccolo uovo", di Francesca Pardi (Ed. *Lo Stampatello*), racconto a fumetti che propone ai più piccoli un «viaggio per conoscere i più diversi tipi di famiglie». Vari Asili nido e Biblioteche comunali;

43) Febbraio 2014. Diffusione della trilogia di manuali dal titolo "Educare alla diversità a scuola". I libretti chiedono agli insegnanti di «non usare analogie che facciano riferimento a una prospettiva eteronormativa [...] Nell'elaborazione di compiti, inventare situazioni che facciano riferimento a una varietà di strutture familiari ed espressioni di genere. Per esempio: "Rosa e i suoi papà hanno comprato tre lattine di tè freddo al bar. Se ogni lattina costa 2 euro, quanto hanno speso?"». Quanto alla definizione di "omofobia": «I tratti caratteriali, sociali e culturali, come il grado di religiosità, costituiscono fattori importanti da tenere in considerazione nel delineare il ritratto di un individuo omofobo [...] vi è un modello omofobo di tipo religioso, che considera l'omosessualità un peccato». Gli insegnanti dovranno tentare di fare «immedesimare gli alunni "eterosessuali" con gli "omosessuali" e mettere gli alunni "in contatto con sentimenti e

emozioni che possono provare persone gay o lesbiche"». È proposto un elenco di documentari come "Kràmpack", in cui la masturbazione fra due ragazzi è presentata come «esplorazione e gioco». Per gli insegnanti delle Scuole elementari, medie e superiori;

44) Venezia, Febbraio 2014. Distribuzione della favola gay "E con Tango siamo in tre" (Ed. *Junior*), storia di due pinguini, entrambi maschi, che si incontrano nello zoo di New York e si innamorano. Il custode del parco affida loro un uovo di un'altra coppia perché lo covino: nasce così Tango. 10 Asili nido e 36 Scuole materne;

45) Treviso, Gennaio 2014. Nell'ambito del progetto "Educazione all'affettività" viene proiettato ai ragazzi (minori di 14 anni) il film "Le migliori cose del mondo" di Laìs Bodanzky. Il film racconta il dramma di un ragazzino, il padre del quale, scopertosi gay, abbandona moglie e figli per vivere con il suo "compagno"; il tutto accompagnato da scene esplicite di masturbazione da parti di giovanissimi attori. Istituto Comprensivo n.5 *Coletti*, terza media;

46) Roma, Gennaio 2014. Progetto "La scuola fa la differenza": otto corsi formativi «dedicati anche a chi lavora con la delicata fascia di età 0-3 anni». Obiettivi del progetto sono «supplire a carenza formative […] in merito alla costruzione delle identità di genere […] in particolare per nidi e scuole dell'infanzia», promuovere «la pluralità dei modelli familiari e dei ruoli sessuali […] decodificare comportamenti […] che possono veicolare modelli identitari e di relazione stereotipati e stereotipanti, al fine di decostruirli e fornire a bambine e bambini un orizzonte più libero […]». 200 insegnanti di Scuole dell'infanzia e Asili nido;

47) Roma, Gennaio 2014. A minori di 16 anni alcuni insegnanti hanno chiesto di leggere e poi di svolgere un tema sul romanzo "Sei come sei" di Melania Mazzucco. Il romanzo parla di una bambina "figlia" di due omosessuali tramite utero in

affitto, e contiene descrizioni dettagliate di masturbazione e di rapporti orali tra ragazzi: «Si inginocchiò [...] e poi, con un guizzo fulmineo [...] ficcò la testa fra le gambe di Mariani e si infilò l'uccello in bocca. Aveva un odore penetrante di urina, e un sapore dolce. [...] Mariani lasciò fare. Giose lo inghiottì fino all'ultima goccia e sentì il suo sapore in gola per giorni. Il fatto si ripeté altre due volte, innalzandolo a livelli di beatitudine inaudita [...]». Liceo Classico *Giulio Cesare*, quinta ginnasio;

48) Friuli Venezia Giulia, Novembre 2013. Questionario "Progetto regionale di prevenzione e contrasto al fenomeno del bullismo omofobico". Domande per rilevare l'"omofobia" tra gli insegnanti. Si chiede di esprimere il proprio accordo/disaccordo su frasi come: «il rapporto sessuale tra due uomini è qualcosa di sbagliato [...] penso che i gay siano disgustosi [...] l'omosessualità è una malattia». Oppure: «A scuola, quando a qualcuno viene detto o viene scritto di lui "finocchio, frocio, culattone", cosa fa Lei generalmente?». Operatori scolastici vari;

49) Bologna, Ottobre 2013. Spettacolo per bambini "La bella Rosaspina addormentata", prima tappa del progetto "Teatro Arcobaleno", «dedicato alle differenze come portatrici di ricchezza culturale e promosso da *Gender Bender* [...]. Un'occasione per raccontare come sia possibile andare in maniera creativa oltre le norme e gli stereotipi del maschile e del femminile». Racconta la storia di Rosaspina che si abbandona al sonno ancora bambina e si risveglia ormai donna. Nel frattempo, il mondo è andato avanti: «Prima e seconda guerra mondiale, gli anni '70, i Beatles, la televisione, i matrimoni gay, Facebook». E così quando si sveglia, Rosaspina «si innamora perdutamente di un principe moderno, diverso, che svelerà solo alla fine la sua vera identità»: cioè di essere, in realtà una "donna-principessa". Teatro *Testoni Ragazzi*, per bambini dall'età di sette anni;

50) Roma (quartiere Africano), Marzo 2013. Cancellate la festa del papà e della mamma per non discriminare i bambini con

famiglie "diverse" (in particolare, omosessuali), sostituite dalla "festa delle famiglie". Scuola materna comunale *I sei colori di Ugo*;

51) Milano, 2012. Progetto "Promozione dei diritti umani e alla lotta all'omofobia - Rainbow". Mette in connessione associazioni gay e lesbiche europee, scuole e professionisti dei media attraverso lo studio degli stereotipi e promuove il diritto di bambini e bambine, ragazze e ragazzi alla loro identità - con particolare riferimento al genere e all'orientamento sessuale - aiutandoli a contrastare l'omofobia con l'uso di strumenti didattici». In esso si legge: «Le prescrizioni sociali sul genere (ruoli di genere) amplificano quindi le differenze tra maschi e femmine, che non sono però mai 'universali'. L'idea dunque che si debba aderire a tale modello per essere "normali" è un ostacolo alla piena realizzazione di chi per qualsiasi ragione non vi si riconosce. Tra le aspettative sociali relative all'essere maschi e femmine, l'eterosessualità […] è forse la più forte […] Gli stereotipi relativi al genere (essere maschio o femmina) condizionano la nostra educazione sin dalla nascita anche in riferimento alle emozioni. Nascere femmina spesso significa essere educata ad un maggiore contatto con i propri sentimenti […] È importante riconoscere questa discriminazione sociale […] contrastarla e superarla, dando visibilità ai tanti esempi di matrimonio omosessuale e di famiglie omogenitoriali». Contiene un gioco (*Chi resta indietro?*) in cui si chiede ai ragazzi di calarsi nei panni di un personaggio, che può essere ad esempio un «uomo gay con compagno convivente da 10 anni», oppure un "transessuale MtF con compagn* extracomunitario". Destinato alle Scuole superiori di Secondo grado;

52) Perugia, Aprile 2012. Assemblea studentesca avente per oggetto «orientamento sessuale, identità di genere, bullismo omofobico» e per relatore un esponente del Gruppo Giovani *Arcigay* Perugia. Viene messo a disposizione degli studenti un opuscolo con immagini di una coppia di ragazzi nudi e una coppia

di ragazze nude e consigli pratici per attività sessuale di tipo omosessuale. Liceo Scientifico *Galeazzo Alessi*, terzo anno;

53) Bologna, Febbraio 2009. Percorso laboratoriale "Questioni di genere" sui temi «dell'identità di genere, della violenza di genere, delle discriminazioni, del maschile e del femminile». Parte del percorso ha avuto ad oggetto le «identità in transito», cioè transessuali/transgender, e ha incluso un confronto con il vicepresidente (transessuale) del *Movimento Identità Transessuale* e la messa in scena del film "Mery per sempre", storia di un transgender che si faceva chiamare Mery. Liceo *Minghetti*, studenti del triennio;

54) San Benedetto del Tronto (Ascoli), Agosto 2008. Recita teatrale gay: «il Principe Azzurro si fa corteggiare dalle principesse Biancaneve, Cenerentola ed altre; alla fine il principe sceglie un uomo ammettendo di essere gay». Centro ricreativo estivo, gestito dalla Cooperativa "Systema", per bambini 4-10 anni;

55) Tutto il territorio nazionale da applicarsi nel triennio 2013 - 2015. "Strategia nazionale per la prevenzione e il contrasto delle discriminazioni basate sull'orientamento sessuale e sull'identità di genere" dell'UNAR. Il documento contiene direttive da attuare anche nelle scuole, basate sulla «identità di genere», sulla promozione dei «diversi tipi di famiglie», sul sostegno ai «processi di transizione di genere», ecc. Promuove la parificazione di «ogni orientamento affettivo» e si propone di «favorire l'*empowerment* delle persone LGBT nelle scuole, sia tra gli insegnanti che tra gli alunni». È stato redatto dopo consultazione esclusiva con associazioni LGBT. Per le Scuole di ogni ordine e grado;

56) Europa, 2010; versione italiana del Dicembre 2011, diffusa nell'Ottobre 2013. "Standards per l'Educazione Sessuale in Europa" dell'*Organizzazione Mondiale della Sanità*. Si tratta di direttive per l'educazione sessuale nelle scuole europee. Ci sono specifiche direttive per le diverse fasce d'età: da 0-4 anni; 4-6; 6-9;

9-12, 12-15 e sopra i 15 anni. Quando i bambini hanno da 4 a 6 bisognerebbe già informarli sulle «relazioni omosessuali», e dai 12 anni sulla «identità di genere». Soprattutto, da 0 a 4 anni, i bambini devono già sapere di avere il «diritto di esplorare le diverse identità di genere» ed essere informati «sul piacere nel toccare il proprio corpo, e sulla masturbazione infantile precoce». Per le scuole di ogni ordine e grado.

Elenco sitografia e bibliografia del Dossier a cura di *ProVita* Onlus - nostra raccolta di Documenti PDF, DOC e JPG in continuo aggiornamento consultabili qui:

https://goo.gl/yn4Gg0

Appendice 2. Indottrinamento gender: le immagini

Ci siamo permessi di acquistare e studiare alcuni libri di cosiddetto "gender". Non intendiamo né attaccare gli Autori e né gli Editori, bensì esclusivamente documentare, consapevoli che questi testi già finiscono nelle mani dei nostri figli, di tutti i bambini. Alcuni esempi:

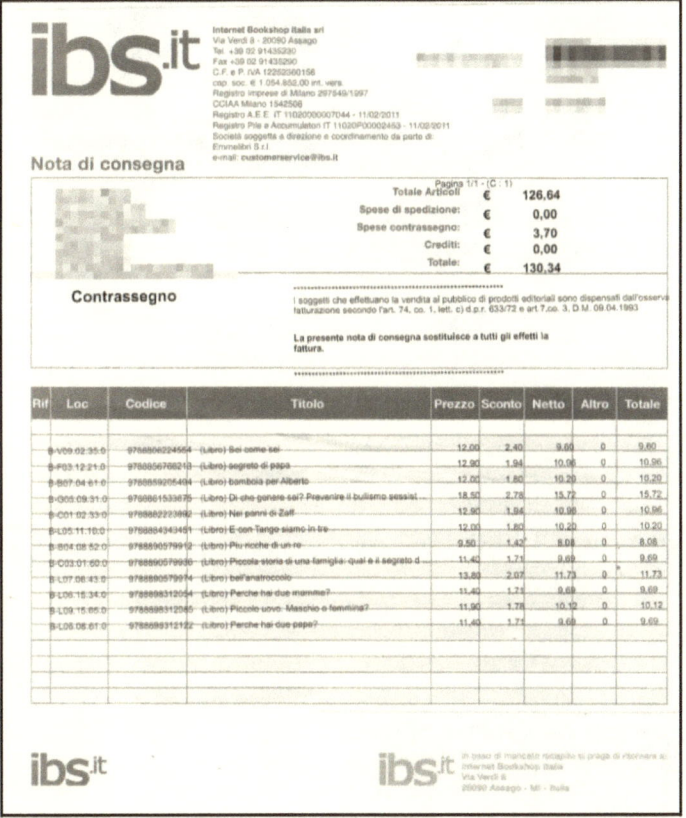

PIÙ RICCHE DI UN RE

Cinzia Barbero • BUM ill&art

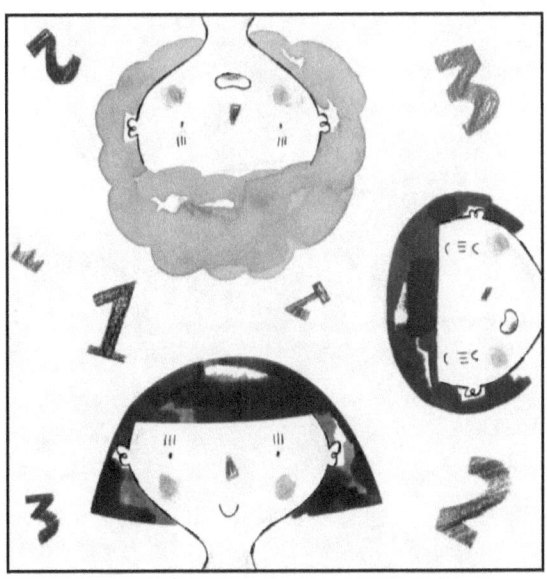

Francesca Pardi

PERCHÉ HAI DUE PAPÀ?

Annalisa Sanmartino e Giulia Torelli

LO STAMPATELLO

PICCOLA STORIA DI UNA FAMIGLIA

Prima di cena Andrea disegna una nave di quattro piani e Lia scrive una lettera a Harry Potter.

Papà Franco cucina e papà Tom apparecchia.

221

Francesca Pardi

PERCHÉ HAI DUE MAMME?

Annalisa Sanmartino e Giulia Torelli

PICCOLA STORIA DI UNA FAMIGLIA

LO STAMPATELLO

Ma per fare un bimbo ci vogliono un uomo e una donna: la donna ha l'ovino nella pancia e l'uomo mette il semino...
Meri e Franci erano due donne, avevano solo ovini. Mancava il semino!

In Olanda c'è una clinica dove dei signori gentili donano i loro semini per chi non ne ha, o per chi ne ha che non funzionano (a volte anche certi papà ne hanno bisogno).

Franci si è fatta dare un semino nella clinica olandese e...

FRANCESCA PARDI DESIDERIA GUICCIARDINI

Qual è il Segreto
Di Papà ?

LO STAMPATELLO

PICCOLA STORIA DI UNA FAMIGLIA

Il loro papà, per fortuna, non è un bandito, non è ammalato e non è neanche una spia: papà è innamorato, di un maschio come lui!

Finalmente ha raccontato che lui e Luca si vogliono bene, e che – se qui si potesse – si sposerebbero, proprio come un uomo e una donna.

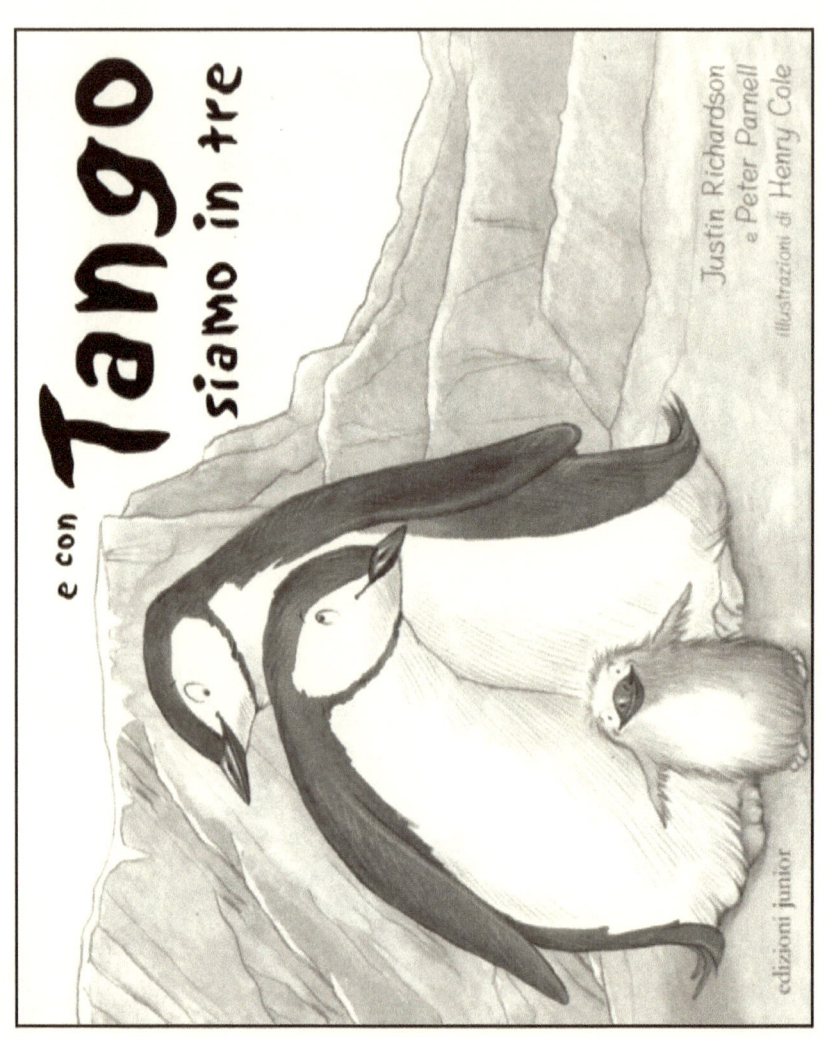

e con **Tango** siamo in tre

Justin Richardson
e Peter Parnell

Illustrazioni di Henry Cole

edizioni junior

226

Roy e Silo insegnarono a Tango il verso per richiamare la loro attenzione quando era affamato. Lo nutrirono con il loro becco. Lo ripararono nel nido durante la notte.

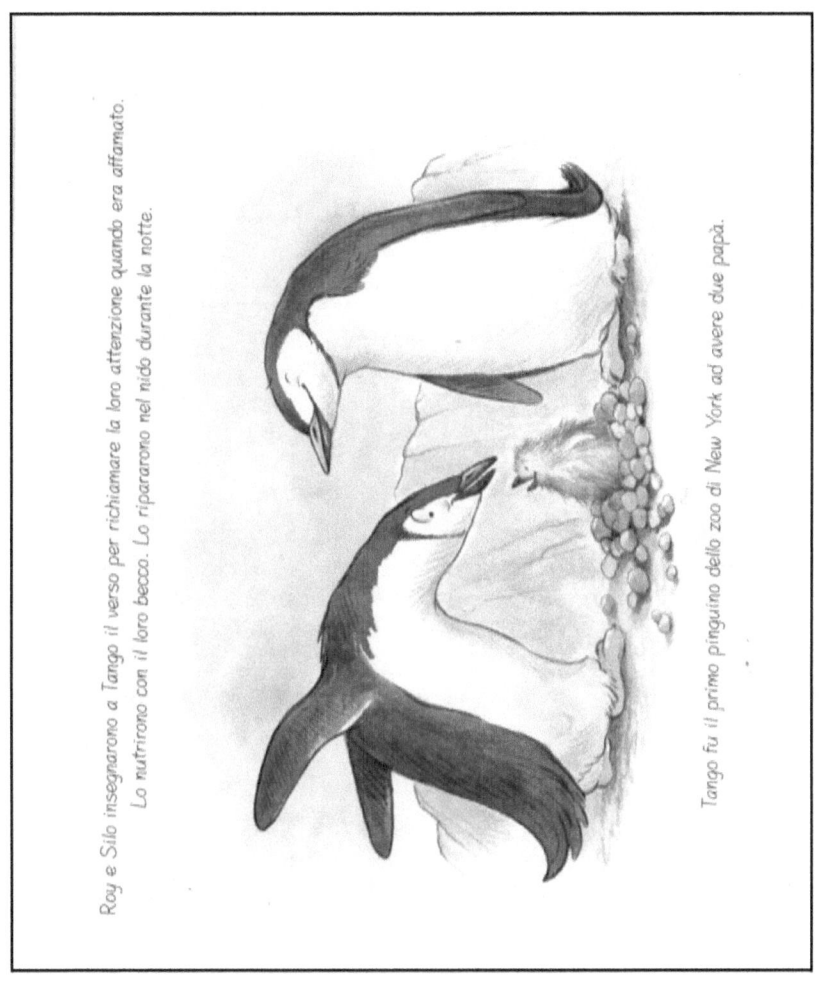

Tango fu il primo pinguino dello zoo di New York ad avere due papà.

a cura di
Beatrice Gusmano
Tiziana Mangarella

DI CHE GENERE SEI?

Prevenire il bullismo sessista e omotransfobico

edizioni la meridiana
partenze

Chi può dire chi si deve amare? Chi ha il diritto di negare l'identità di qualcun altro o qualcun'altra? Chi stabilisce come ci si debba mostrare, come ci si debba vestire, quale tipo di vita e di relazioni desiderare?
Agli insegnanti viene sempre più chiesto di adeguare gli apprendimenti, di formare competenze, di preparare le "risorse umane" da spendere in un futuribile mercato del lavoro mentre, nel frattempo, rischia di scivolare sullo sfondo la centralità dei ragazzi come persone impegnate a gestire, troppo spesso in solitudine, il proprio sviluppo, elaborare le proprie rappresentazioni di femminilità e maschilità e, attraverso queste, definire la qualità delle relazioni con se stessi e con i coetanei.
La dimensione relazionale resta un terreno irrinunciabile d'impegno per gli educatori, e ancor più la dimensione delle relazioni tra generi, così come l'approccio con i diversi orientamenti sessuali, in un momento nel quale si intensificano la stereotipizzazione dell'immaginario maschile e femminile e i fenomeni di bullismo sessista e omofobico.

Questo denso e ricco manuale intende fornire molto più che una necessaria cornice teorica. Offre anche concreti strumenti di analisi degli stereotipi di genere e, soprattutto, un variegato repertorio di strumenti operativi per agire in contesti educativi con adolescenti.
Incrociando una lettura interdisciplinare, introduce a percorsi d'aula per prevenire e contrastare le discriminazioni sessiste e il bullismo omotransfobico, in tutte le possibili declinazioni.

Beatrice Gusmano, sociologa, si occupa di educazione al genere nei contesti scolastici; politiche pubbliche per il riconoscimento dei diritti per le persone LGBTQI; discriminazione, tutele e coming out in ambito lavorativo; micropolitiche dell'intimità.

Tiziana Mangarella, sociologa, svolge attività di ricerca, monitoraggio, valutazione e formazione in ambito educativo e socio-sanitario, occupandosi di tutela e salute dei minori, politiche per l'infanzia, l'adolescenza e la famiglia. Collabora con enti pubblici, scuole e organizzazioni non profit che lavorano per la prevenzione del disagio, la promozione delle pari opportunità e il contrasto agli stereotipi di genere.

In copertina disegno di Silvio Boselli

ISBN 978-88-6153-387-5

9 788861 533875

Euro 18,50 (I.i.)

SUPER ET

MELANIA G. MAZZUCCO

SEI COME SEI

Una figlia, due padri, una famiglia normale. Un desiderio esaudito e un sogno spezzato. Il coraggio e la dolcezza per disarmare i pregiudizi.

Eva ha undici anni ma sa già cos'è il dolore. L'ha scoperto quando suo padre Christian è morto all'improvviso. Eva sa già cos'è l'abbandono, perché anche suo padre Giose adesso non c'è piú: si è ritirato in un casale sugli Appennini quando il tribunale, dopo la morte di Christian, ha deciso che non è lui il tutore piú adeguato per sua figlia e ha preferito affidarla a uno zio che vive a Milano. Ma Eva conosce bene anche la felicità: perché lei, Christian e Giose sono stati una famiglia felice, unita e bellissima. E, per riacciuffare quella felicità, Eva è disposta a fuggire, ad attraversare l'Italia e tornare da Giose, per fargli tutte le domande che non gli ha mai fatto.
Drammatico e divertente, veloce come un romanzo d'avventura, *Sei come sei* ci porta dentro l'amore tra un padre e una figlia, diversi da tutti e a tutti uguali, dentro i sentimenti che uniscono le persone al di là dei ruoli e delle leggi.

«Eva esce dal libro come un'eroina letteraria in vera regola».
Michele Serra

«Un romanzo che scava gallerie profonde nelle emozioni. Un elogio delle radici dell'amore».
Fabio Geda

MELANIA G. MAZZUCCO nasce a Roma nel 1966. Esordisce con il romanzo *Il bacio della Medusa* (1996), a cui fanno seguito *La camera di Baltus* (1998), *Lei cosí amata* (2000, Premio Napoli), *Vita* (2003, Premio Strega), *Un giorno perfetto* (2005), da cui il regista Ferzan Ozpetek trae l'omonimo film, *La lunga attesa dell'angelo* (2008, Premio Bagutta), *Jacomo Tintoretto & i suoi figli. Storia di una famiglia veneziana* (2009, Premio Comisso), *Limbo* (2012, Premio Elsa Morante per la Narrativa e Bottari-Lattes-Grinzane), *Il bassotto e la Regina* (2012), *Sei come sei* (2013), *Il museo del mondo* (2014). Nel gennaio 2011 riceve il Premio letterario Viareggio-Tobino come Autore dell'Anno. I suoi romanzi sono tradotti in 25 paesi.

In copertina: foto © Philippe Levy / Readymade-Images / Plainpicture.
Progetto grafico: 46xy.

ISBN 978-88-06-22455-4

€ 12,00

9 788806 224554

La nonna è molto interessata!
Poi vanno a fare una passeggiata e Alberto le dice:
«Sai, a me piacerebbe tanto avere una bambola».
«Che bella idea!» dice la nonna.

235

– E chissà – si chiede –
se sono un maschio o una femmina...

Il giorno dopo la maestra ha spiegato in classe che *gay* non è un insulto, *gay* è una parola inglese che in italiano vuol dire allegro.

Indice

Bibliografia e Sitografia

- 80.241.231.25/Ucei/PDF/2013/2013-09-17/20130917255 60960.pdf
- acpeds.org/the-college-speaks/position-statements/parenting-issues/homosexual-parenting-is-it-time-for-change
- advocate.com/
- aipass.org/files/AIP_position_statement_diffusione_studi_di_genere_12_marzo_2015(1).pdf
- American Psychiatric Association - Group for the Advancement of Psychiatry (2002), Psichiatria culturale. Un'introduzione, 2004, Cortina
- American Psychiatric Association (2000). Diagnostic and Statistical Manual of Mental Disorder, Fourth Edition, Text Revision, APA, Washington, DC; tr. it. Masson, 2002
- American Heritage Dictionary of English Language, 3a ed., Houghton Mifflin, Boston - New York 1992,754. Tradotto da padre Carbone nel suo LIBRO Gender
- American Psychiatric Association Diagnostic and Statistic Manual of Mental Disorders, fifth edition, APA 2013
- Ann P. Haas et al., Suicide and Suicide Risk in Lesbian, Gay, Bisexual, and Transgender Populations: Review and Recommendations, in Journal of Homosexuality, Gennaio 2011
- ansa.it/lombardia/notizie/2015/10/06/lombardia-approva-mozione-anti-gender_febcc904-e89f-42b8-8f6a-96d16fea158c.html
- ansa.it/sito/notizie/cultura/musica/2015/03/15/elton-john-contro-dolce-gabbana_e04c2d80-961d-482a-9667-1030fee6fab5.html
- ansa.it/sito/notizie/mondo/2014/04/26/madonna-su-buzzfeed-putin-e-gay_ea3dc2c7-db16-4589-bf6d-db6740819d86.html
- ansa.it/sito/notizie/topnews/2015/11/09/cirinna-unioni-civili-o-sciopero-fame_448f38ea-b570-4bb7-a4f4-8b3f2c76de31.html
- archiviostorico.corriere.it/2012/agosto/14/Quella_Torino_cui_era_vietato_co_8_120814014.shtml
- Arcigay.it/le-indegne-affermazioni-di-chiara-atzori/
- arcigaymilano.org/riviste/articoli.asp?IDTestata=1432&Anno=2003
- arcigayverona.blogspot.it/2014/11/amnesty-international-sulla-mozione.html
- articolotre.com/2014/08/la-delirante-omofobia-di-joseph-nicolosi-corsi-per-guarire-dal-cancro-dellomosessualita/
- As Nature Made Him. The Boy Who Was Raised as a Girl, J. Colapinto, 2000
- atfp.it/2012/102-marzo-2012/678-che-guevara-il-mostro-dietro-il-mito.html
- atfp.it/2012/102-marzo-2012/683-dallomosessua lita-si-puo-guarire.html

- atfp.it/rivista-tfp/2015/234-giugno-2015/1071-omosessualita-suicidio-e-malattie-mentali.html
- atfp.it/rivista-tfp/2015/237-ottobre-2015/1116-il-transgenderismo-e-un-disturbo-mentale.html
- avvenire.it/Cronaca/Pagine/intervista_parsi.aspx
- avvenire.it/Cronaca/Pagine/intervista_simeone.aspx
- avvenire.it/Cronaca/Pagine/piccolo-uovo-famiglia-coppie-gay-spettacolo-scuole-milano-polemica-.aspx
- avvenire.it/Cronaca/Pagine/Sconvolgere-lidentit-sessuale-premessa-per-ideologie-totalitarie-.aspx
- balcanicaucaso.org/aree/Albania/L-omosessualita-in-Albania-una-malattia-26250
- blogosocial.com/omofobia-nuove-regole-giornalisti/
- butac.it/leducazione-sessuale-disinformazione-giornalistica/
- Butler J., Gender trouble. Feminism and the subversion of identity, 1990, 4* ed., Routledge, New York 2007, p. 7. Citato in Gender, p. Carbone
- calcydros.wordpress.com/2012/10/27/homocaust-lomofob ia-comunista-di-che-guevara/
- caselaw.findlaw.com/us-11th-circuit/1420205.html
- cdn.tempi.it/wp-content/uploads/2013/12/omofobia-oscad.pdf
- Charles W. Socarides, January 24, 1922 - December 25, 2005, The Sexual Deviations and the Diagnostic Manual, su American Journal of Psychoterapy
- Che genere di Islam. Omosessuali, queer e transessuali tra shari'a e nuove interpretazioni, Guardi Jolanda, Vanzan Anna, 2012, Ediesse
- comune.torino.it/politichedigenere/lgbt/lgbt_glossario/glossario-lgbt-2.shtml
- Congregazione per la Dottrina della Fede, Lettera sulla cura pastorale delle persone omosessuali, Libreria Editrice Vaticana, Città del Vaticano, 1995, rist. 2012
- Corpo e identità di gender, cur. Terenzi P., 2007, Franco Angeli
- corriere.it/cronache/cards/problema-gender-teoria-spiegata-5-punti/i-generi-secondo-teoria-gender.shtml
- corriere.it/politica/10_aprile_16/vendola-gay-cattolico_fc1b98b0-491f-11df-af35-00144f02aabe.shtml
- corriere.it/scuola/medie/15_ottobre_07/scuola-gender-regione-lombardia-faraone-b2d5226e-6ce3-11e5-8dcf-ce34181ab04a.shtml
- corrieredelveneto.corriere.it/veneto/notizie/cronaca/2014/14-ottobre-2014/regione-passa-mozione-che-tutela-famiglia-uomo-donna-230345087468.shtml
- corrieredelveneto.corriere.it/veneto/notizie/cronaca/2015/4-settembre-2015/pinguini-2-papa-semini-ovetti-gatti-ecco-cosa-narrano-libri-messi-bando-2301874996116.shtml

- Cultura di genere e politiche di pari opportunità. Il gender mainstreaming alla prova tra UE e Mediterraneo, cur. Di Sarcina F., 2015, Il Mulino
- culturagay.it/recensione/10697
- culturagay.it/saggio/26
- D. Fergusson, L. Horwood, A. Beautrais, Is sexual orientation related to mental health problems and suicidality in young people?, in Archieves of General Psychiatry, vol. 56, n. 10, 1999
- demetra.regione.emilia-romagna.it/al/monitor.php?urn=er:assemblealegislativa:attoindirizzo:9;4402
- Di che genere sei? Prevenire il bullismo sessista e omotransfobico, cur. Gusmano B., Mangarella T., 2014, la meridiana
- documentazione.info/i-dati-sullomofobia-in-italia-unemergenza
- Donne e uomini che cambiano. Relazioni di genere, identità sessuali e mutamento sociale, cur. Ruspini E., 2005, Guerini Scientifica
- Dossier Gender 2015, ProVita Onlus
- DSM IV. Guida alla diagnosi dei disturbi dell'infanzia e dell'adolescenza, Rapoport,J.L., Ismond,D.R., 2000, Masson Italia
- dsm5.org/documents/gender%20dysphoria%20fact%20sheet.pdf
- E con Tango siamo in tre, Parnell Peter, Richardson Justin, 2010, Junior
- Educare alla diversità a scuola, Scuola primaria, Istituto A.T. Beck, 2013
- Educare alla diversità a scuola, Scuola secondaria di primo grado, Istituto A.T. Beck, 2013
- Educare alla diversità a scuola, Scuola secondaria di secondo grado, Istituto A.T. Beck, 2013
- Educare alle differenze, Documento conclusivo della due giorni nazionale, 20 e 21 settembre 2014
- elementidicriticaomosessuale.blogspot.it/2012/10/identita-di-genere-fluida-la-prepotenza.html
- Eretici, G. K. Chesterton, Lindau, Torino, 2010 (originale del 1905)
- espresso.repubblica.it/attualita/2015/01/15/news/il-convegno-omofobo-le-tesi-anti-gay-e-la-protesta-in-piazza-1.195294
- espresso.repubblica.it/palazzo/2015/07/08/news/ivan-scalfarotto-vi-spiego-perche-da-dieci-giorni-digiuno-per-la-legge-sulle-unioni-gay-1.220512
- Eugenetica e altri malanni, G. K. Chesterton, Cantagalli, Bologna, 2008
- europaoggi.it/content/view/902/45/
- europarl.europa.eu/sides/getDoc.do?pubRef=-//EP//TEXT+TA+P6-TA-2006-0018+0+DOC+XML+V0//IT
- facebook.com/Giacomelli.Trieste/posts/817778538271730
- facebook.com/Giuseppe.Povia
- finanzaonline.com/forum/arena-politica/1488284-pd-partito-degli-onesti-per-una-italia-giusta-e-per-gli-italiani-49.html - Poche fonti.
- firenze.repubblica.it/cronaca/2015/10/28/news/ritirano_la_figlia_dalla_scuola_per_la_favola_gender-126090113/

- fixcas.com/news/2012/Regnerus.pdf
- forumfamiglie.org/allegati/rassegna_32439.pdf
- fra.europa.eu/sites/default/files/fra_uploads/370-FRA-hdgso-part2-NR_DK.pdf
- fra.europa.eu/sites/default/files/fra_uploads/386-FRA-hdgso-part2-NR_NL.pdf
- fuorischemablog.wordpress.com/2014/04/11/educare-alla-diversita-a-scuola/
- G. Remafedi, J. A. Farrow, R. W. Deisher, Risk factors for attempted suicide in gay and bisexual youth, in Pediatrics, n. 87, 1991
- gaiaitalia.com/2011/07/06/iva-zanicchi-prega-per-i-gay-perche-ritrovino-la-retta-via/
- gaiaspia.wordpress.com/2012/08/27/iva-zanicchi-premiata-da-Arcigay-firma-la-mozione-del-pdl-contro-i-matrimoni-omosessuali/
- Gay e trans la parola ai protagonisti, AA VV, ProVita Onlus, 2014
- gay.tv/articolo/il-malawi-inizia-a-parlare-di-omosessualita/3889/
- gay.tv/articolo/omosessualita-in-cina-cosa-significa-essere-gay-a-pechino-oggi/38051/
- gay.tv/articolo/vladimir-luxuria-essere-transessuali-non-e-una-malattia-petizione-contro-loms/37903/
- gayburg.blogspot.it/2015/07/la-regione-basilicata-approva-una.html
- gay-forum.it/forum/index.php/topic/28635-germania-a-lezione-di-gender-bimbi-svengono-a-scuola/
- gay-forum.it/forum/index.php/topic/7183-che-guevara/
- gaywave.it/articolo/anche-iva-zanicchi-prega-per-i-gay-ma-perche/32199/
- gaywave.it/articolo/prete-omofobo-arrestato-in-inghilterra/11209/
- Gender (d)istruzione. Le nuove forme d'indrottinamento nelle scuole italiane, Amato Gianfranco, 2015, Fede & Cultura
- Gender diversity e strategie manageriali per la valorizzazione delle differenze. Interviste HRC Academy a donne manager di successo, cur. Panetta C., Romita M. T., 2009, Franco Angeli
- Gender revolution. Il relativismo in azione, Kuby Gabriele, 2008, Cantagalli
- Gender. L'anello mancante?, Carbone Giorgio M., 2015, ESD-Edizioni Studio Domenicano
- Gender. Una mappa per orientarsi, Cantelmi Tonino, 2015, Paoline Editoriale Libri
- Gender/Genere. Contro vecchie e nuove esclusioni, cur. Durst M., Roverselli C., 2015, ETS
- giornalettismo.com/archives/1384749/il-manifesto-omofobo-degli-estremisti-cattolici/
- giornalettismo.com/archives/258108/togliatti-era-fascista-con-i-gay/
- giuristiperlavita.org/joomla/notizie-e-commenti/86-macche-omofobia-la-legge-scalfarotto-e-eterofoba

- gliscritti.it/blog/entry/2711
- google.it/webhp?sourceid=chrome-instant&ion=1&espv=2&ie=UTF-8#q=%22fiabe+gender%22
- Growing Up Straight by George A. Reker
- gruppolot.it/wp/.
- gruppolot.it/wp/wp-content/uploads/2013/05/NARTH-ITALIA-DOCUMENTI-LIBRETTO-N-1-GRUPPOLOT-ONLUS.pdf
- Harold - I. Lief, Sexual Survey no.4 current thinking on homosexuality, Medical Aspects of Human Sexuality 2 (1977)
- hatecrime.osce.org/italy
- hunterforjustice.typepad.com/files/gartrell-adolescents.pdf
- icd10data.com/ICD10CM/Codes/F01-F99/F60-F69/F64-/F64.1
- Identità di genere. Consulenza tecnica per la riattribuzione del sesso, 2014, Franco Angeli
- Identità e differenze. Introduzione agli studi delle donne e di genere, Sapegno M. Serena, 2011, Mondadori Università
- identitadigenere.com/index.php?mod=pagina&id=9; Cf. Meyer-Bahlburg, 2009a; Winters, 2005
- II secondo sesso [Gallimard, Paris 1949], trad. di R. Cantini e M. Andreose, Il Saggiatore, Milano 2002
- Il bell'anatroccolo, Fierstein Harvey, 2012, Lo Stampatello
- Il disturbo dell'identità di genere. Diagnosi, eziologia, trattamento, cur. Dè, ttore D., 2005, McGraw-Hill Education
- Il gender. Una questione politica e culturale, Peeters Marguerite A., 2014, San Paolo Edizioni
- Il gioco del rispetto, cur. Lucia Beltramini e Daniela Paci, 2014, PariDispari
- Il mistero nuziale e le sfide del gender. Uomo e donna: è ancora possibile?, Meroni Fabrizio, 2015, Cantagalli
- Il sacramento del Diavolo, Carlo Di Pietro, Marcello Stanzione, 2013, Fede & Cultura
- Il segreto di papà, Cugnidoro Rocco, 2013, Gruppo Albatros Il Filo
- ilfattoquotidiano.it/2011/10/23/ero-gay-ma-sono-guarito-e-polemica-sulla-conversione-di-adamo-creato/165847/
- ilfattoquotidiano.it/2013/06/11/vaticano-denuncia-di-papa-francesco-in-vaticano-esiste-lobby-gay-molto-potente/623370/
- ilfattoquotidiano.it/2014/07/28/cambio-di-sesso-il-genere-e-la-nostra-identita/1072738/
- ilfattoquotidiano.it/2015/03/26/gay-in-cina-prima-erano-arrestati-rinchiusi-valgono-300-miliardi-dollari/1533071/
- ilfattoquotidiano.it/2015/08/17/sir-elton-john-vs-luigi-brugnaro-il-sindaco-di-venezia-e-bigotto-e-cafone/1963769/
- ilfattoquotidiano.it/2015/09/04/regione-veneto-ok-a-mozione-anti-teoria-gender-nelle-scuole-favorisce-abusi-sessuali-e-pedofilia/2008001/

- ilfattoquotidiano.it/2015/10/29/massa-in-classe-vengono-lette-favole-gender-genitori-ritirano-figlia-da-scuola/2172067/
- ilfattoquotidiano.it/2015/11/10/michela-marzano-lateoria-gender-non-esiste-questa-battaglia-ideologica-rischia-di-bloccare-la-legge-sulle-unioni-civili/2207011/
- ilfoglio.it/articoli/2013/11/05/gli-psichiatri-usa-sdoganano-la-pedofilia-da-malattia-a-orientamento___1-v-99671-rubriche_c297.htm
- ilgazzettino.it/VICENZA-BASSANO/VICENZA/luca_di_tolve_contestato_schio_gay/notizie/853567.shtml
- ilgiornale.it/news/cronache/libri-gender-allasilo-vogliono-plagiare-i-nostri-figli-1191631.html
- ilgiornale.it/news/cronache/no-favole-gender-i-genitori-ritirano-figlia-scuola-1188205.html
- ilgiornale.it/news/milano/libro-gender-comune-invita-scrittrice-e-polemiche-1193405.html
- ilgiornale.it/news/mondo/germania-lezione-gender-bimbi-svengono-scuola-e-chi-protesta-1067842.html
- ilgiornale.it/news/politica/gasparri-contro-barilla-subalterno-lobby-gay-boicottiamo-i-1070280.html
- ilgiornale.it/news/politica/giro-affari-dei-gay-vale-mille-miliardi-1073861.html
- ilgiornale.it/news/politica/unioni-civili-scalfarotto-rompe-digiuno-adinolfi-sbeffeggia-1153193.html
- ilgiornale.it/sites/default/files/documenti/1426079229-IL%20GIOCO%20DEL%20RISPETTO_Linee%20Guida%202_slim.pdf
- ilmattino.it/PRIMOPIANO/CRONACA/krzysztof_charamsa_teologo_vaticano_gay/notizie/1601927.shtml
- ilmetapontino.it/politica/15410-marrese-omofoba-la-mozione-pace.html
- ilquotidianodellabasilicata.it/news/cronache/737314/Lo-striscione-dell-Arcigay-sul-.html
- ilquotidianodellabasilicata.it/news/politica/739414/Passa-in-consiglio-la-mozione-di.html
- ilrevisionista.com/2013/03/20/comunismo-e-omosessualita-quando-si-leggono-le-sole-pagine-pari-dei-libri/
- ilsecoloxix.it/p/genova/2015/10/28/ASDiXsD-liguria_ministero_gender.shtml
- iltempo.it/politica/2015/09/19/la-trilogia-dei-manuali-diffusi-all-insaputa-del-miur-1.1458851
- ImPari a scuola, Percorso sulle pari opportunità promosso dalle Consigliere provinciali di parità di Milano e Monza-Brianza
- Irving Bieber e coll, Omosessualità, Il Pensiero Scientifico Editore, Roma, 1977

- Relazione, Istituto di Studi Comunisti Palmiro Togliatti, Roma, 11-13 novembre 1975
- istitutobeck.com/progetto-unar.html
- it.answers.yahoo.com/question/index?qid=20080722042057AAq2YR1
- it.ibtimes.com/articles/68967/20140730/omofobia-lgbt-discriminazioni-italia-europa.htm
- it.wikipedia.org/wiki/Crossdressing
- it.wikipedia.org/wiki/Empowerment
- it.wikipedia.org/wiki/Gay
- it.wikipedia.org/wiki/Teorie_sulla_differenziazione_dell%27orientamento_sessuale
- Jaffe F. S., Activities relevant to the study of population policy for United States, Memorandum to Bernard Berelson (11 marzo 1969); ID., in Family Planning Perspective 1970, 2, 4, 25-31. Il Memorandum è tradotto e ampiamente riportato in Puccetti R., Carbone G., Baldini V., Pillole che uccidono, Edizioni Studio Domenicano, Bologna 2012, 2a ed., 190-193. Dal libro Gender, Giorgio M. Carbone
- jstor.org/stable/2657413?seq=1#page_scan_tab_contents
- Kirk M., Madsen H., After the Ball. How America will conquer it fear and hatred of Gays in the 90's, Penguin, New York, 1989
- Kit Anti-discriminazione, Io dico no alla violenza e alla discriminazione, Strumento di sensibilizzazione, informazione e formazione, Dipartimento per le Pari Opportunità, IV settimana contro la violenza, 2013, Inprinting
- La questione gender. Una sfida antropologica, Fumagalli Aristide, 2015, Queriniana
- La questione gender: riflessioni filosofiche e giuridiche, Rivista Studium (2015), Vol. 4, 2015, Studium
- La satanica bandiera della pace, Carlo Di Pietro, LDCaterina63, 2013, Segno
- La scuola fa la differenza, progetto educativo
- La teoria del gender e l'origine dell'omosessualità. Una sfida culturale, Anatrella Tony, 2015, San Paolo Edizioni
- La teoria del gender. Per l'uomo o contro l'uomo? Atti del Convegno, Verona, 21 settembre 2013, 2014, Solfanelli
- lanuovabq.it/it/articoli-ecco-come-vogliono-rieducare-i-nostri-figli-8404.htm
- lanuovabq.it/it/articoli-la-lobby-gay-imbavaglia-i-giornalisti-7973.htm
- lanuovabq.it/it/articoliPdf-suicidi-dei-gay-lomofobia-non-centra-7283.pdf
- lanuovabq.it/it/articoli-serve-un-utero-in-affitto-per-bambino-su-misura-12164.htm
- lastampa.it/2013/01/12/italia/cronache/da-noi-troppi-silenzi-la-societa-deve-imparare-ad-aiutare-i-genitori-exhKBGGS8FPbdksejXbyaM/pagina.html
- lastampa.it/2013/12/20/valanga-emendamenti-ncd-a-ddl-su-omofobia-legge-liberticida-PS9WR1t38gjRt2v8ThwPaN/pagina.html?exp=1

- lastampa.it/2015/03/18/societa/figli-di-coppie-gay-dolce-e-gabbana-a-elton-john-non-si-boicotta-chi-la-pensa-diversamente-onu2FfkM0AyhAJOdOk0MYI/pagina.html
- la-zanzara.radio24.ilsole24ore.com/il-marito-di-scialpi-denuncia-discriminazione-gay-in-ospedale-chiama-medico-si-e-inventato-tutto/
- Le identità di genere, Ruspini Elisabetta, 2009, Carocci
- Le Origini occulte del Nazismo, René Alleau, Edizioni Mediterranee.
- Le politiche contro la violenza di genere nel welfare che cambia. Concetti, modelli e servizi, cur. Cimagalli F., 2014, Franco Angeli
- lemonde.fr/idees/article/2012/12/04/non-a-un-monde-sans-sexes_1799504_3232.html
- lgbtnewsitalia.com/2015_07_31_mozione-omofoba-basilicata-il-consigliere-omofobo-il-gender-vuole-vietarci-di-definirci-maschio-o-femmina/
- liberoquotidiano.it/news/11601471/Gaffe-di-Madonna-sul-web-.html
- liberoquotidiano.it/news/personaggi/1261431/Luxuria---Torno-cattolica-se-il-Papa-apre-ai-gay-.html
- Linee guida per un'informazione rispettosa delle persone LGBT, Presidenza del Consiglio dei Ministri, Dipartimento per le Pari Opportunità, UNAR, cur. Giorgia Serughetti, Redattore sociale
- linkiesta.it/it/article/2013/12/10/utero-in-affitto-diventare-mamme-costa-100mila-euro/18243/
- Long Road to Freedom: The Advocate History of the Gay and Lesbian Movement, Mark Thompsan e Randy Shilts, St Martins Pr; 1st edition,
- lucaditolve.it/
- luccaindiretta.it/2011-08-07-02-51-05/item/46575-salvini-a-torre-del-lago-insorge-la-comunita-gay-e-lesbica.html
- macrolibrarsi.it/speciali/manipolare-l-uomo-il-sogno-dei-poteri-forti.php
- Malleus Maleficarum, Jacob Sprenger e Heinrich Institor Kramer
- mariomieli.net/linee-guida-unar-sotto-il-fuoco-incrociato-de-lavvenire-e-del-nuovo-centro-destra-ncd.html
- martedidelguado.wordpress.com/2011/05/18/la-parola-proibita-lomosessualita-nei-paesi-musulmani/
- mattinopadova.gelocal.it/padova/cronaca/2015/11/09/news/boldrini-a-padova-migranti-basta-usare-la-parola-emergenza-1.12415005
- medicitalia.it/dizionario-medico/gender
- Michael King et al., A systematic review of mental disorder, suicide, and deliberate self harm in lesbian, gay and bisexual people, in Bio Medical Center, Psychiatry, 18 Agosto 2008
- mondodomani.org/filosofiatorvergata/docenti/gambino/
- Money Amore e mal d'amore - Love and Love Sickness, Baltimore 1980 - Feltrinelli, Milano 1983, 298-299. Cf. G. M. Carbone, Gender. L'anello mancante?

- Morten Frisch, Jacob Simonsen, Marriage, cohabitation and mortality in Denmark: national cohort study of 6,5 million persons followed for up to three decades (1982 - 2011), in International Journal of Epidemiology, vol. 42, n. 2
- narth.com/docs/patterson.html
- narth.com/docs/perloff.html
- Nati per essere liberi. Famiglia e scuola: educazione sessuale no-gender theory, Cantelmi Tonino, 2015, Paoline Editoriale Libri
- ncbi.nlm.nih.gov/pubmed/16613625
- ncbi.nlm.nih.gov/pubmed/18982959
- Nei panni di Zaff, Salvi Manuela, Cavallaro Francesca, 2005, Fatatrac
- noaimatrimonigayinitalia.it/2015/10/01/falso-caso-omofobia-a-monza-ogni-scusa-e-buona-per-la-caccia-ai-cattolici/
- Non sono una principessa, Educare al genere attraverso Del. G.C. n.390
- notizie.tiscali.it/articoli/politica/13/05/03/biancofiore-polemiche-gay.html
- notizieprovita.it/filosofia-e-morale/altissimo-tasso-di-suicidi-tra-i-gay-non-e-colpa-dellomofobia/
- notizieprovita.it/tag/fiabe-gay/
- notizieprovita.it/notizie-dallitalia/il-trentino-alto-adige-dice-no-a-genitore1-e-genitore2/
- notizieprovita.it/notizie-dallitalia/omofobia-in-italia-ecco-i-dati-osce/
- notizieprovita.it/notizie-dallitalia/omofobia-la-repubb lica-confe rma-non-e-un-problema-italiano/
- notizieprovita.it/notizie-dal-mondo/il-figlio-di-elton-john-utero-in-affitto-acquistato-ed-anni-di-sofferenza-per-il-bambino/
- notizieprovita.it/wp-content/uploads/2015/03/biblioteche-comunali_libri-gender.pdf
- notizieprovita.it/wp-content/uploads/2015/06/Speciale_Dossier_Progetti_Gender_Scuola_ProVita.pdf
- notizieprovita.it/wp-content/uploads/2015/06/Speciale_Dossier_Progetti_Gender_Scuola_ProVita.pdf
- Oltre l'identità sessuale. Teorie queer e corpi transgender, Monceri Flavia, 2010, ETS
- Omosessualità & normalità. Colloquio con Joseph Nicolosi, Roberto Marchesini, su Studi Cattolici n. 525, novembre 2004
- omosessualitaeidentita.blogspot.it/
- omphalospg.it/component/content/article/78-progetti/lotta-alle-discriminazioni/367-l-inesistenza-della-teoria-del-gender-la-circolare-del-ministero-dell-istruzione-alle-scuole.html?gclid=CIKP0OCUmMkCFUv3wgodDFIAYg
- OMS, Lexicon of alcohol and drug terms, OMS- WHO, 1995, Ginevra

- ontologismi.wordpress.com/2015/04/07/claude-halmos-e-sbagliato-affermare-che-le-coppie-omosessuali-sono-uguali-a-quelle-etero/
- Orientamenti pastorali, Dossier: La teoria del "gender": origini, falsità, equivoci, pericoli, COP, 2015, EDB, Edizione fuori commercio
- osservatoriogender.famigliadomani.it/libertutt-lindottrinamento-gender-nelle-scuole-di-massa-carrara/
- panorama.it/economia/lavoro/pensioni-reversibilita-quanto-costa-coppie-gay/
- Papà, mamma e gender, Marzano Michela, 2015, UTET
- Paper Genders. Il mito del cambiamento di sesso, Heyer Walt, 2013, SugarCo
- pariopportunita.gov.it/index.php/archivio-notizie/2310-unar-on-line-la-strategia-nazionale-per-la-prevenzione-ed-il-contrasto-delle-discriminazioni-basate-sullorientamento-sessuale-e-sullidentita-di-genere
- parma.repubblica.it/cronaca/2013/09/26/news/dove_c_barilla_c_casa_ma_non_per_gli_omosessuali-67302356/
- Perché hai due papà?, Pardi Francesca, 2014, Lo Stampatello
- pewglobal.org/2013/06/04/the-global-divide-on-homosexuality/
- Piccola storia di una famiglia. Perché hai due mamme?, Pardi Francesca, 2011, Lo Stampatello
- Piccola storia di una famiglia: qual è il segreto di papà?, Pardi Francesca, Guicciardini Desideria, 2011, Lo Stampatello
- Piccolo uovo, Pardi Francesca, Altan Tullio F., 2011, Lo Stampatello
- Piccolo uovo. Maschio o femmina?, Pardi Francesca, Altan Tullio F., 2013, Lo Stampatello
- Più ricche di un re, Barbero Cinzia, 2011, Lo Stampatello
- Progetto piccole donne e piccoli uomini crescono insieme, Campalto (VE), gennaio 2015
- Psichiatria psicodinamica. Nuova ed. basata sul DSM-IV, Gabbard,G.O., 1995, Cortina, Milano
- psychiatryonline.it/node/4738
- psychologies.com/Planete/Societe/Articles-et-Dossiers/L-adoption-par-des-couples-homosexuels-et-l-enfant-dans-tout-ca
- qelsi.it/2014/che-guevara-organizzo-il-primo-campo-di-concentramento-per-gay/
- queerblog.it/post/11437/pippo-franco-prega-per-la-guarigione-dei-gay
- radiospada.org/2015/05/il-sentimentalismo-ovvero-la-teologia-del-sentimento-che-porta-ad-eresia-e-scisma/
- raffaellocortina.it/essere-omosessuali
- rainbowman56.wordpress.com/2015/03/28/lideologia-eterosessista-dei-cristofascisti/
- rassegna.camera.it/chiosco_new/pagweb/getPDFarticolo.asp?currentArticle=1QYU29
- regione.basilicata.it/giunta/site/Giunta/detail.jsp?otype=1012&id= 2998772

- repubblica.it/cronaca/2013/12/13/news/l_orgoglio_e_i_pregiudizi_comuni care_senza_discriminare_omosessuali_e_transessuali-73529278/
- repubblica.it/cronaca/2015/03/10/news/trieste_all_asilo_i_bimbi_si_scamb iano_i_vestiti_per_la_parita_di_genere_ma_i_genitori_insorgono-109163768/
- repubblica.it/cronaca/2015/05/17/news/giornata_contro_l_omofobia_chiar a_saraceno_la_teoria_gender_non_esiste_-114469481/
- repubblica.it/politica/2013/05/26/news/lettera_ boldrini-59649413/
- repubblica.it/politica/2013/08/11/news/suicidio_14enne_associazione_gay_ omofobia_emergenza_subito_legge-64620882/
- repubblica.it/vaticano/2015/10/03/news/prelato_polacco_si_dichiara_gay_l ombardi_dovra_lasciare_incarichi-124223138/
- ricerca.gelocal.it/lacittadisalerno/archivio/lacittadisalerno/ 2010/01/24/15wc72401_A3.txt.html
- rinocammilleri.com/2015/07/istat/
- riscossacristiana.it/libelli-educativi-anti-omofobi-dellunar-di-gianfranco-amato/
- river-blog.com/2011/06/21/pippo-franco-lomofobo-che-non-taspetti/
- rivistastudio.com/standard/mim-weisburd-essere-gender-fluid/
- Robert Spitzer, Can Some Gay Men and Lesbians Change Their Sexual Orientation? 200 Participants Reporting a Change from Homosexual to Heterosexual Orientation, New Orleans, 2001
- Robin M. Mathy, Susan D. Cochran, Jorn Olsen, Vickie M. Mays, The association between relationship markers of sexual orientation and suicide: Denmark, 1990-2001, in Social Psychiatry and Psychiatric Epidemiology, 24 dicembre 2009
- Safe Sex HIV e infezioni sessualmente trasmissibili, Opuscolo distribuito nelle scuole, Arcigay, Associazione italiana LGBT
- Scott J. W., Genere, politica, storia, Viellla, Roma, 2013
- Scuola, è guerra sul gender, Leggendaria, Vol. 110, 2015, Iacobellieditore
- Sei come sei, Mazzucco Melania G., 2015, Einaudi
- senato.it/japp/bgt/showdoc/frame.jsp?tipodoc=Resaula&leg=17&id=00813 922&part=doc_dc-allegatob_ab-sezionetit_i-atto_30144 8&parse=no&stampa=si&toc=no
- Sex/gender: gli equivoci dell'uguaglianza, Palazzani Laura, 2011, Giappichelli
- Sexual Strands: Understanding and Treating Sexual Anomalies in Men, Ron Langevin, RoutLedge Taylor & Francis Group, New Jersey, 2009
- siciliapress.com/il-presidente-rosario-crocetta-i-gay-e-lamico-confessore/
- Simon Le Vay, Queer Science, Cambridge, MIT Press, 1996
- Somma di Teologia dogmatica, Giuseppe Casali
- springer.com/article/10.1007/s13524-012-0169-x?no-access=true
- Standard per l'educazione sessuale in Europa, Ufficio Regionale per l'Europa dell'OMS e BZgA, FISS, Colonia 2010

- Statement of Purpose - Dichiarazione di intenti, riprodotto in Clendinen D., Nagourney A., Out for Good. The Struggle to Build a Gay Rights Movement in America, Simon & Schuster, New York 1999

- Strategia nazionale per la prevenzione e il contrasto delle discriminazioni basate sull'orientamento sessuale e sull'identità di genere, Presidenza del Consiglio dei Ministri, Dipartimento per le Pari Opportunità, UNAR, 2013-2015

- T. G. M. Sandfort, R. De Graaf, Rob V. Bijl, Paul Schnabel, Same-Sex Sexual Behaviour and Psychiatric Disorders, in Archives of General Psychiatry, vol. 58, Gennaio 2001

- tandfonline.com/doi/abs/10.1300/J087v20n01_06

- tempi.it/avviso-ai-giornalisti-cattolici-ecco-come-non-scrivere-un-articolo-con-tic-omofobici#.VkX3xrcvfRY

- tempi.it/cambiare-identita-di-genere-tutti-i-giorni-perche-no-la-clinica-di-chicago-che-educa-i-bambini-trans-di-tre-anni#.VkR2WbcvfRY

- tempi.it/francia-didier-pirrodon-prete-arrestato-matrimonio-gay#.VkW_K7cvfRY

- tempi.it/francia-manif-pour-tous-nicolas-condannato-a-quattro-mesi-di-prigione-perche-manifestava-contro-il-matrimonio-gay#.VkXAibcvfRa

- tempi.it/inghilterra-predicatori-arrestati-san-paolo-omofobia#.Vk25JXYvfRY

- tempi.it/non-ti-senti-ne-maschio-ne-femmina-facebook-usa-ti-invita-a-scegliere-tra-56-generi-pangender-mtf-two-spirit#.VkR79bcvfRY

- tempi.it/omofobia-legge-agapo-genitori-gay-omosessuali-lettera-boldrini#.VknejnYvfRY

- tempi.it/omofobia-legge-appello-nozze-gay-reato#.Vk W4WbcvfRZ

- tempi.it/omosessualita-omofobia-londra-inghilterra-miano-predicatore-arresto#.VkW8cbcvfRZ

- tempi.it/sindaco-francese-rifiuta-di-celebrare-un-matrimonio-gay-e-chiede-lobiezione-di-coscienza-rischia-tre-anni-di-carcere#.VkXA0bcvfRZ

- Terapia riparativa, documentazione scientifica, vol. 1, Narth Italia

- tgcom24.mediaset.it/mondo/usa-figlio-nero-a-due-lesbiche-bianche-la-coppia-fa-causa-il-giudice-la-boccia_2132115-201502a.shtml

- The dialectic of sex, New York 1970, Guaraldi, Firenze 1974

- toscanaspettacolo.it/19698/liber-tutt/

- treccani.it/enciclopedia/gender-genere_(Dizionario_di_filosofia)/

- treccani.it/vocabolario/eiaculazione/

- treccani.it/vocabolario/ovulazione/

- treccani.it/vocabolario/parto2/

- uccronline.it/ 2013/04/27/no-ad-un-mondo-senza-sessi-il-bimbo-ha-diritto-a-padre-e-madre/

- uccronline.it/2012/03/27/psicologi-filosofi-e-giuristi-si-oppongono-alle-nozze-gay/

- uccronline.it/2013/ 04/12/scienziati-sociali-contro-le-adozioni-gay/
- uccronline.it/2013/01/16/adozione-agli-omosessuali-gli-studi-scientifici-dicono-di-no/
- uccronline.it/2013/01/30/nuovi-psicologi-prendono-posizione-contro-ladozione-gay/
- uccronline.it/2013/02/14/i-figli-di-coppie-omo-tendono-a-diventare-omo/
- uccronline.it/2014/01/20/lomofobia-in-italia-solo-28-segna lazioni-allanno/
- uccronline.it/2014/02/01/hitzlsperger-fa-coming-out-in-italia-non-esiste-lomofobia/
- uccronline.it/2015/04/16/perche-il-mondo-lgbt-ha-bisogno-di-negare-lesistenza-della-teoria-del-gender/
- uccronline.it/2015/04/23/il-suicidio-degli-omosessuali-non-dipende-dallomofobia/
- ugei.it/quando-cenerentola-era-ariana
- Una bambola per Alberto, Zolotow Charlotte, Delacroix Clothilde, 2014, EDT-Giralangolo
- unar.it/unar/portal/wp-content/uploads/2014/01/lineeguida_informazionelgbt.pdf
- unicef.it/doc/599/convenzione-diritti-infanzia-adolescenza.htm
- unicef.it/doc/6112/eliminare-la-discriminazione-contro-i-bambini-e-i-genitori-basata-su-orientamento-sessuale-e-identita-di-genere.htm
- vatican.va/roman_curia/congregations/cfaith/incontri/rc_con_cfaith_20150 114_esztergom-eijk_it.html
- vitomancuso.it/2015/03/30/perche-la-chiesa-accettera-la-teoria-del-gender/
- Voglio la mamma, Mario Adinolfi, 2014, Youcanprint
- w2.vatican.va/content/pius-xii/it/encyclicals/documents/hf_p-xii_enc_09041944_orientalis-ecclesiae.html
- w2.vatican.va/content/pius-xii/it/encyclicals/documents/hf_p-xii_enc_29061943_mystici-corporis-christi.html
- w2.vatican.va/content/pius-xii/it/encyclicals/documents/hf_p-xii_enc_12081950_humani-generis.html
- Wikipedia, varie voci
- wikipink.org/index.php?title=Rete_RE.A.DY.
- wired.it/attualita/politica/2015/03/13/teoria-del-gender/
- wired.it/internet/social-network/2015/04/10/face book -gender-free/
- wordreference.com/enit/Empowerment
- xa.yimg.com/kq/groups/19806419/959920590/name/Full+Article.pdf
- youtu.be/Ag2jB70lJDk
- zenit.org/it/articles/ideologia-gender-il-paradosso-norvegese

#FamilyDay2016, Roma, Circo Massimo, 30 Gennaio 2016

Toni Brandi (Presidente *ProVita*), Jennifer Lahl (Presidente del *Center for Bioethics and Culture Network*) ed Aurelio Pace al *#FamilyDay2016*

#FamilyDay2016, in difesa della famiglia e dei bambini

Gender: ascesa e dittatura della teoria che "non esiste"
di Aurelio Pace e Carlo Di Pietro

Prima stampa della Prima Edizione
Mese di Febbraio 2016

ISBN-13: 978-1522772538
ISBN-10: 1522772537

www.ingramcontent.com/pod-product-compliance
Lightning Source LLC
Chambersburg PA
CBHW030426290526
45786CB00001B/154